高职高专营销类专业能力本位系列教材

编写指导委员会

高职高专营销类专业能力本位系列教材

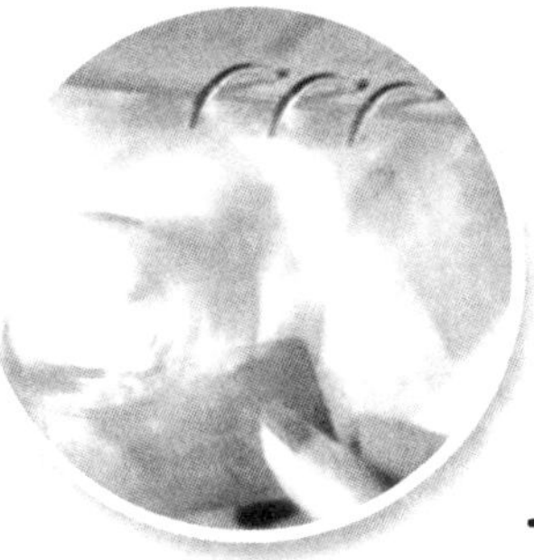

市场调查与分析

SHICHANG DIAOCHA YU FENXI

主 编：汤 俊

副主编：董先剑 付 萍 宋启平

暨南大学出版社
JINAN UNIVERSITY PRESS
中国·广州

图书在版编目(CIP)数据

市场调查与分析/汤俊主编. —广州:暨南大学出版社,2010.9(2013.9 重印)
(高职高专营销类专业能力本位系列教材)
ISBN 978-7-81135-573-4

Ⅰ.①市… Ⅱ.①汤… Ⅲ.①市场—调查—高等学校:技术学校—教材②市场需求分析—高等学校:技术学校—教材 Ⅳ.①F713.52

中国版本图书馆 CIP 数据核字(2010)第 137750 号

出版发行:暨南大学出版社

地　址:中国广州暨南大学
电　话:总编室(8620)85221601
　　　营销部(8620)85225284　85228291　85228292(邮购)
传　真:(8620)85221583(办公室)　85223774(营销部)
邮　编:510630
网　址:http://www.jnupress.com　http://press.jnu.edu.cn

排　版:广州市天河星辰文化发展部照排中心
印　刷:广州市怡升印刷有限公司

开　本:787mm×1092mm　1/16
印　张:13.5
字　数:350 千
版　次:2010 年 9 月第 1 版
印　次:2013 年 9 月第 3 次
印　数:5001—8000 册

定　价:28.00 元

(暨大版图书如有印装质量问题,请与出版社总编室联系调换)

总 序

“十一五”期间，教育部、财政部决定实施国家示范性高等职业院校建设计划，通过重点建设100所国家示范性高职院校，带动全国高职院校深化改革，提升高等职业教育的整体建设水平。这标志着我国高等职业教育进入了一个追求内涵发展的新历史阶段。这是科学发展观在我国高等教育领域的具体体现，对促进我国高等职业教育更好更快发展具有重大的战略意义。

在人数与规模上，高职教育已占有我国高等教育的半壁江山。经过多年的发展，高职教育已从当初规模化建设转向突出内涵发展，转向深入课程改革与提升学生的核心专业能力培养上来。在当前全国各类学校争创示范院校中，我国高等职业教育正在进行一场颠覆性变革。如何进行内涵建设，提高课程教学质量，是当前所有高职院校面临的一项重要课题。

随着我国生产力水平的不断提高，市场竞争日益激烈，传统的营销方式越来越不能满足经济发展的需要，市场向营销工作提出了更高要求，也向营销人才培养提出了更高要求。2006年以来，广东交通职业技术学院开始在全院各专业中大力推行基于工作过程和岗位能力的课程教学改革。我们通过工学结合基地建设、专家讲座、说课比赛、教学示范、教学观摩、教学评价、教师培训、教案评比等一系列工作，将教学改革逐步推进，并在各专业与各一线教师中深入开展。根据我院“航标灯精神”和“铺路石品格”的人才培养理念，各专业对原有的专业课程体系进行了根本性的改造，并取得了初步的成效。

为了满足实际教学的需要和进一步巩固改革成果，在充分调查与分析的基础上，我们组织近二十所高职学校的百余位专业老师及多名知名企业的专业人士共同编写了这套营销类专业能力本位系列教材。我们力求将知名企业实践与理论有机结合起来，以就业岗位为导向，强调分析企业实际工作过程与岗位关键能力训练。重点结合近年来国内尤其是广东的知名企业营销工作来进行内容提炼与编排。充分听取和吸收企业人员的意见，每一本教材都有企业顾问参与编写或是进行审核。合理补充新知识与新内容，充分体现高职教育特点。每一个案例、技能训练活动、习题等都精益求精，强调实践性与可操作性。真正把教师备课、授课、辅导答疑、学生考证、企业实际工作内容、岗位能力训练等教学、实训环节有机地结合起来。其编写特色主要体现在以下几个方面：

（1）突出能力本位。力求面向专业培养方向和岗位工作要求，不断强调学生岗位业务操作能力和自我学习、思维能力以及创造性解决问题的能力，促进学生就业以及后续发展。

（2）内容新颖。借鉴国内外最新教材与成果，案例取材主要为近几年国内尤其是广东省内的知名企业实践经验，内容突出岗位实际操作，融会最新理论与实践成果。

（3）合作交流。本系列教材由全国近二十所高职院校近百名专业教师与企业专业人士共同合作编著而成，相互交流学习，集思广益，共同编写，具有较强的实战性与适用性。

（4）配套产品丰富。本系列教材除有电子课件外，还有教学用视频、习题、考卷、知名企业一手岗位训练内容等，为一线教师提升教学质量提供方便。

衷心希望这套系列教材能有助于进一步深化高职院校营销类专业教学改革，为新形势下高职营销人才培养做出一份贡献。同时，也希望广大教师与读者多提宝贵意见。

广东交通职业技术学院院长　陈周钦

2009 年 2 月

前 言

有人说：“如果将企业的市场营销活动比作一列有很多车厢的火车，那么市场调查就是这列火车上最重要的组成部分之一。它扮演着双重角色，一方面它为火车提供动力引擎，是火车头；另一方面又将各节车厢联系起来，是车厢间的纽带。”市场调查如此重要，因此它是市场营销、工商管理、电子商务等专业学生必须掌握的一项重要技能，也是这类专业的一门重要专业课程。

近些年来，“工学结合”的人才培养模式、“基于工作过程”的项目课程开发、“理实一体化”、“教·学·做同步”的教学过程设计等职教改革和理论研究的热点，成为我们耳熟能详的词语。它们是指导教改和课改的基本指导思想，同时这也吹响了教材改革的号角。

我们编写这本教材的指导思想就是要结合最新的职教理念，以市场调查和分析工作过程为导向，采用任务驱动方式介绍市场调查与分析工作的实际内容。全书共有十个项目：认识市场调查、界定调查问题、撰写调查方案、获取二手资料、设计调查问卷、设计调查抽样、开展实地调查、整理调查资料、分析调查数据、撰写调查报告。这十个项目也构成了一个完整的调查工作过程，每一个项目又以任务描述及任务要点开始，单独成一个学习单元。这种设计虽然也有些不足，如并非所有的调查活动都需要这十步，但对于学生理解市场调查的过程来讲仍十分有必要，这样可以让学生既见树木又见森林，同时还能增加学生学习的兴趣与信心。概括地讲，本教材有以下特点：

（1）项目导向。力求将传统教材中的章节学科体系结合市场调查实际设计成教学项目，每一教学项目融知识学习与实践训练于一体，体现“做中学，学中做”的职教思想。围绕高职高专教育的培养目标，确立“立足学生素质的全面提高，突出专业技能培养”的指导思想，合理安排理论与实践教学。

（2）科学实用。教材的编写顺序符合学生的学习心理，与真实的调查过程相一致。项目之间既可独立成章，也是前后连贯一体。科学地借鉴大中专院校现有教材建设中的成功经验和有关资料，同时借鉴企业培训教材的灵活性，以强化教材的科学性和实用性。

（3）便于学习。本教材注意与教学方法改革相配套。整合近几年市场调查课程教学改革成果，对教材编写体例和内容进行了新的适应性调整。在编写体例上注意与教学方法相结合，采用项目教学、任务驱动、经典案例、综合实训等形式；并通过问答题、技能题、上机题作为巩固练习，最大可能地方便学生学习。

本教材由广东松山职业技术学院汤俊任主编，副主编为董先剑、付萍、宋启平。全书具体编写的人员分工为：汤俊（前言、项目一、项目五、项目七、项目九）；董先剑（项目二、项目三，罗定职业技术学院）；付萍（项目六、项目八，广东松山职业技术学院）；宋启平（项目四、项目十，广州番禺职业技术学院）。

本书在编写过程中，参考了大量国内外关于市场调查方面的教材和部分调查企业的有关成果，并得到韶关市部分商贸企业和广东省部分兄弟院校的支持和配合，在此一并表示衷心的感谢。尽管在本教材付梓之前，我们进行了三轮的教学实践，针对在教材使用过程中存在的问题做了多次的完善，但仍有不少疏漏、不当之处，希望专业教师和其他读者多多批评指正，在此不胜感激。我们将继续努力，跟踪教材的使用情况，不断发现新问题，根据职教发展的新形势和新要求进行修订，希望它能成一本真正让广大专业教师和学生满意的优秀教材。

编者

2010 年 6 月

目　录

总　序 …… 001
前　言 …… 001

项目一　认识市场调查 …… 001
　一、市场营销 …… 002
　二、市场调查 …… 003
　三、市场调查的程序 …… 007
　四、市场调查行业发展机会 …… 009
项目二　界定调查问题 …… 017
　一、确定市场调查需要 …… 018
　二、明确市场调查意图 …… 019
　三、了解营销问题背景 …… 021
　四、确定市场调查目标 …… 023
　五、确定目标时需要注意的问题 …… 025
项目三　撰写调查方案 …… 030
　一、市场调查设计 …… 031
　二、策划市场调查方案 …… 035
　三、撰写市场调查方案 …… 039
项目四　获取二手资料 …… 056
　一、二手资料的定义 …… 057
　二、二手资料的来源 …… 060
　三、二手资料的收集方法 …… 062
　四、二手资料的储存和管理方式 …… 063
　五、网络调查法 …… 065
　六、获得二手资料 …… 069
项目五　设计调查问卷 …… 075
　一、问卷设计的准备 …… 076

二、设计问题类型 …… 081
三、设计问题的答案 …… 086
四、设计调查问卷 …… 088
项目六　设计调查抽样 …… 096
一、抽样调查概述 …… 097
二、如何使用随机抽样法 …… 103
三、如何使用非随机抽样法 …… 108
四、抽样调查中的误差控制 …… 108
项目七　开展实地调查 …… 115
一、访谈调查法 …… 116
二、观察调查法 …… 122
三、实验调查法 …… 127
四、其他实地调查方法 …… 132
项目八　整理调查资料 …… 146
一、调查问卷的整理 …… 147
二、数据的编码与录入 …… 149
三、绘制图表 …… 157
项目九　分析调查数据 …… 169
一、确定数据的基本类型 …… 170
二、单变量描述统计分析 …… 172
三、列联表分析 …… 177
四、相关与回归分析 …… 182
项目十　撰写调查报告 …… 195
一、构思市场调查报告的框架 …… 196
二、撰写市场调查报告 …… 198
三、市场调查结果的沟通 …… 202

参考文献 …… 209

项目一　认识市场调查

●项目目标

理解并解释市场调查的定义、目标和应用；

熟悉市场调查的主要内容及其类型；

了解市场调查的主要工作流程；

熟悉市场调查工作岗位及相关要求。

●技能要求

能针对企业的现实问题开展市场调查的必要性分析。

●提交成果

完成一份描述国内企业开展市场调查现状的报告书。

●教学建议

建议课内4学时，课外2学时。教学可在普通教室内进行，成立项目小组。本项目要求学生对市场营销有基本的了解，并具备基本查阅资料的能力。

●任务描述

市场调查对于大多数人来讲并不是一个陌生的词语，每个人都在平时的生活中或主动或被动地不同程度地被卷入市场调查之中。于是这便会让很多人产生一种错觉，市场调查是一件容易之事，每个人都认为自己已具备实施一次调查的能力。实际上，很多人夸大了自己所具有的调查能力。本任务旨在测试学生调查的基本技能，了解学生对市场调查的认识，在此基础上帮助学生树立对市场调查的正确认识。

任务主题：数码相机消费需求的访问调查。

实施方法：课堂上学生两两配对，如果是奇数，剩下的一名学生与老师配对，现场访问，访问者可互换角色，并汇报调查结果。访谈时间尽量控制在20分钟内，根据实际情况也可延长时间。上台汇报时间控制在15分钟内。

思考问题：

本次访问调查中你遇到了哪些困难？

你在本调查中共扮演了哪几个角色？

你是否相信你的调查对象讲的是真话？为什么？怎样才能让他（她）们讲真话？

在调查中，你有什么感受？你感觉自己有什么心理障碍？

你觉得你是否准确地报道了你的调查对象的观点？为什么？

你所收集的信息足以帮助数码相机供应商解决有关问题吗？为什么？

如果让你重新做一次这个调查，你打算如何去做？

●任务要点

要成功地完成上述任务，学生必须了解问题的背景，并理解市场营销和市场调查的本质属性：一是市场调查与市场营销的关系，发挥什么作用及如何发挥作用的；二是市场调查的定义、目标及运用情况如何；三是市场调查的基本过程和主要方法有哪些；四是市场调查有哪些基本岗位，这些岗位的职能又有哪些，相互间是如何配合的。要加深对市场调查的了解，学生还需要在课外收集企业开展市场调查工作的基本资料，从而建立起对市场的整体认识。

一、市场营销

要正确地理解市场调查，首先要对市场营销有正确的理解，因为市场调查是市场营销的一个重要组成部分，如果不知道市场调查如何与营销过程相匹配，就无法理解市场调查及其在市场营销活动中所发挥的作用。

美国市场营销协会（AMA）把营销定义为一种组织职能，为了组织自身及利益相关者的利益而向客户创造、传播、传递价值，并管理客户关系的一系列过程。也可理解为市场营销是规划和实现各种创意、商品和服务的概念、定价、促销和分销的过程，目的是实现能满足个人和组织目标的交换活动。

长期以来，无论是企业的经营者还是消费者都认为营销就是买东西，只是通过创造产品，采取有效的促销、分销和定价决策，从而使利润最大化，企业着重通过分销渠道终端出现的实体产品来为顾客提供价值。其实，这只是在完成销售工作，并不是营销工作的全部。一般地，在企业中营销工作的具体实施主要集中在两个部门，一个是市场部，另一个是销售部。它们的主要目标及具体分工如图 1－1 所示。

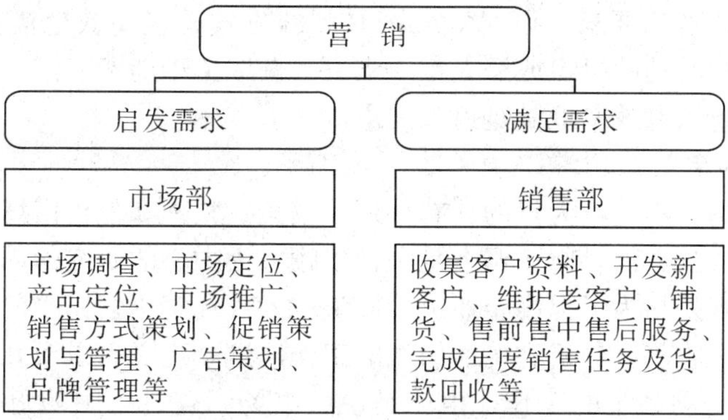

图 1－1　企业营销组织的分工

由此不难看出，要提高企业的营销效率，企业必须转变营销思维。时下迫于竞争的压力，一些企业已经开始转变，他们开始采用一种以服务为中心的营销观点。这样做的诸多好处在于：一是能够识别企业核心能力以及构成潜在竞争优势的基础知识和技能；二是能够识别可能从这些核心能力中受益的潜在顾客；三是能够与这些顾客建立关系，允许这些顾客帮助创造价值以满足他们特定的需求；四是能够对市场的反馈进行评估，从这些反馈中进行学习，从而提高能够提供给公众的价值。这种营销观点的启示之一是企业必须比以顾客为导向（制造和销售企业认为顾客需要的东西）做得更多，企业必须与顾客合作，并向他们学习以适应他们日益变化的需要；另一个启示是产品不能被认为是与服务分享的。海尔的五星级服务不是顾客选择海尔产品的主要因素之一吗？这也正是在营销一种服务。只不过这种服务碰巧包含有洗衣机、电冰箱等这些副产品。这种营销观点是建立在顾客导向基础上的“服务主导”观点。

“服务主导”的营销观点意味着信息对营销决策更为重要了，决策者们需要信息来了解他们企业的真正核心能力是什么；如何与顾客建立有意义的关系；如何为顾客创造、传播及传递价值；如何收集、反馈和衡量顾客接受度以及确定如何对这些反馈作出合适的反应。菲利浦·科特勒在《营销管理》中提到，“可口可乐公司知道消费者最喜欢喝4℃的可口可乐，平均一年看69条可口可乐的广告；每年人们花费大约20美元去购买鲜花；阿肯色州是美国花生酱消费最低的州；51%的男人走路时先迈左脚，而65%的女性却先迈右脚；宝洁公司则通过一项市场研究发现人们喜欢折叠还是弄皱卫生纸……”为了作出正确的决策，组织决策者需要高质量的信息，而市场调查主要是为决策者提供信息。

当然，不是所有的企业实施的所有营销活动都能取得成功，宝洁公司为东方人开发的润妍洗发水就失败了。总之，产品失败的例子成千上万。彼得·德鲁克曾论述过“企业应如何避免失败”，他说成功的公司是如此的懂得和理解顾客，以至于公司推出新产品或开展促销时间正好与顾客准备购买产品的时间相一致。营销人员如何才能做到正确理解顾客需求并准确传递价值呢？答案是通过拥有正确的信息，而这正是市场调查的职责所在。

二、市场调查

营销观念要求把消费者满意而不是利润最大化当作组织的目标。即：组织应当具有消费者导向，并设法了解消费者的要求，以对双方都有利的方式迅速高效地满足这些需求。这意味着，任何从事市场调查活动的组织或个人都应当设法获取关于消费者需求的信息，并将这些信息汇集起来，以协助组织有效率地满足这些需求。

（一）市场调查的定义

市场调查是以提高营销效益为目的，有计划地收集、整理和分析市场的信息资料，提出解决问题的建议的一种科学方法。市场调查是一种以顾客为中心的研究活动。本书对市场调查作了如下定义：市场调查是指为了提高企业决策质量以发现和解决营销中的机遇和问题而开展的系统地、客观地识别、收集、分析和传播信息的工作。这个定义有以下几个方面值得注意：

（1）市场调查是一项系统的工作。也就是说，市场调查过程中的每一个阶段都必须进行系统的规划。每一阶段的所有步骤也应有条不紊、有理有据而且尽可能地事先计划。市场调查应使用科学的方法对资料进行收集和分析，以验证以前的假设和概念。

（2）市场调查必须客观，即应努力提供真实状况的准确信息。因此，调查工作应不偏不倚。尽管调查工作总是受到调查者的主观感情的影响，但应避免受调查者和管理者个人或政治偏见的影响。在个人或政治利益驱动下开展调查就违反了基本的工作标准，这种带有严重倾向性的调查必然会导致先入为主的发现。因此，每一位市场调查者都应将“实事求是”作为自己的工作格言。市场调查的作用就是通过信息把消费者、公众和营销者联系起来，这里所说的信息就是用来确定和定义营销机会和问题，产生、提炼和评估营销行动，掌握营销步骤和促进人们把营销作为一个过程来理解信息。市场调查根据解决这些问题所需要详细说明的信息，设计收集信息的方法，管理和执行信息收集过程和分析结果，提示发现其内涵。

（3）市场调查包括识别、收集、分析和传播信息等，这个过程的每一个阶段都非常重要。首先，我们要发现和解释市场调查的问题或机遇，以此来判断需要调查哪些信息。由于每一个营销的机遇都要转变成一个需要调查的问题，因此“问题”和“机遇”两个词在这里可以互换使用。其次，要辨别相关的信息来源，根据效用对难易不同的收集资料的方法进行评价，最终选择合适的方法来收集资料。接下来，需对收集的资料进行分析、解释和一定的推理。最后，将发现的事实、隐含的意义及建议整理成册，提供给营销决策者，使其发挥直接的作用。

（二）市场调查的目标

通过上面的介绍，市场调查的目标已十分明确，那就是为制定决策提供信息。这当然是正确的，但美国市场营销协会的定义中包括了消费者。市场调查的目标是通过提供能用于制定营销决策的信息，以将消费者与开展营销的企业联系起来。这可以理解为企业开展市场调查应确保是以消费者为导向的，所有市场调查工作的出发点都在于更好地满足消费者。

（三）市场调查的应用

根据上文的定义，从事市场调查的基本理由有两点：一是发现营销问题；二是解决营销问题。因此，市场调查可以划分为发现问题的调查与解决问题的调查两类（如图 1 – 2 所示）。

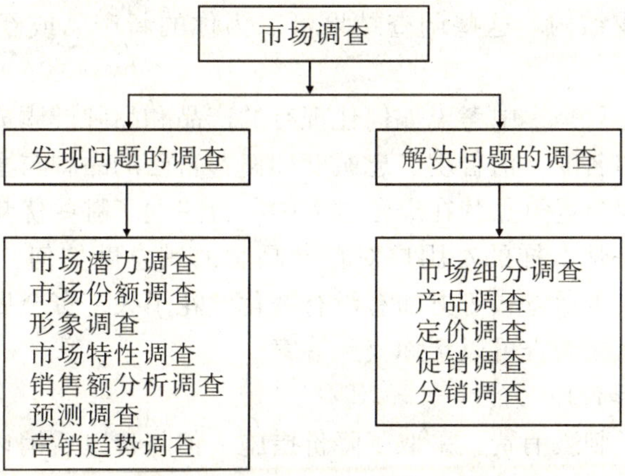

图1－2　市场调查的应用范围

发现问题的调查是指为了发现潜在的或将来可能发生的问题而进行的调查，包括对市场潜力、市场份额、公司或分支机构形象、市场特性、销售分析、短期预测、长期预测以及经营趋势的调查。一项对企业市场调查情况的调查表明：97%的被调查公司正在进行市场潜力、市场份额和市场特性方面的调查；90%的被调查公司正在使用其他类型的发现问题的调查方法。发现问题的调查能够提供关于市场环境的信息，并能帮助找出问题的根源。例如，正在下降的市场潜力表明公司会在完成增长目标方面出现问题。同样，如果公司的市场潜力提升，而市场份额却在逐步减少，这也表明存在一定的问题。另外，对经济、社会和文化趋势（如消费者行为的变化）的了解，可以发现基本的问题和机遇。实施发现问题的调查对于公司的生存和长期发展具有重要意义。

但是，问题或机会一旦被发现，就会采用“解决问题的调查”来找到解决方法。调查的结果用来解决具体的营销问题，有2/3以上的公司采用了“解决问题的调查”。图1－2显示了解决问题的调查所整理出来的各种类型的问题，包括市场细分、产品、价格、促销、分销调查。把市场调查分为两种主要类型，无论从理论上，还是从实践上看都是有效的。发现问题的调查和解决问题的调查关系密切，在一个既定的市场调查中可以混合采用这两种类型的调查。

由市场调查应用范围又可将市场调查分为探索性调查、描述性调查、因果性调查和预测性调查四种基本类型。四者的区别与联系在市场调查设计中详细介绍。

（四）市场调查的功能

市场调查的功能可以从四个方面来表述：描述功能、解释和诊断功能、假设检验功能、预测功能。

1. 描述功能

作为企业的营销经理，可能有这样的计划：进入一个新的产品领域、树立一个新的品牌、投放一个新的产品、开发一个新的区域市场，或者争取一个新的消费群体。这时候，你可能会有些茫然。你发现你对新市场很不了解，你不了解消费者、经销商、竞争对手，甚至不了解你自己，通过一些渠道搜集回来的信息不是支离破碎，就是陈旧过时，甚至真假难辨。这时候，你有两个选择：一个是赌一把，走一步看一步；另一个就是市场调查。市场调查可以帮助企业系统、科学地了解目标消费群的消费行为与心理，可以了解经销商的要求和顾虑，可以侦察竞争对手的市场表现和行业结构。这些调查结果可以为你的新产品或新品牌保驾护航，不至于“出师未捷身先死”。

更多的时候，你可能只是集中考虑如何让现有的产品和品牌健康成长。这时你是否有过这样的疑问：自己的品牌知名度、信誉度、忠诚度如何？自己的品牌与主要竞争品牌的市场占有率各是多少？自己的品牌与竞争品牌在经营过程中各自建立了哪些优势，存在哪些劣势？自己的品牌给消费者的形象是什么样的？用户对自己品牌的满意度如何？目标消费群在职业、收入、住房、年龄、心态、生活方式等方面有没有变化？花了大笔资金做的广告宣传或促销活动有没有效果？请相信，市场调查可以帮你找到答案。

2. 市场调查的解释和诊断功能

案例一：某公司为了刺激消费，采取了降价措施，但降价以后销售量不仅没有上去，反而比降价前差了。该公司百思不得其解：消费者究竟是怎么想的？

案例二：某著名手机品牌推出了不少新机型，但都不成功，而一款旧机型却十余年长盛不衰，这给该品牌的产品调整、技术更新和市场开拓带来了麻烦。中间问题出在哪里？产品？价格？渠道？还是消费者心理？

案例三：某国际性食品品牌在广东其他市场处处告捷，但就是在珠三角某市进展迟缓。难道真有“百慕大”？

案例四：某家电品牌做了大量广告，但业绩欠佳，而其主要竞争对手鲜见广告却销售喜人。问题出在哪里？

案例五：某房地产商开发了一大型楼盘，推出后买家如云，但当出售六成时，形势急转直下，不仅新买家日渐稀少，已签约的业主也有要求退房的。出什么问题了？

不知你以前是否碰上过这样的市场“怪现象”？如果碰上了，你可委托专业市场调查公司帮你“诊断”一下。市场调查可以对你的问题进行界定并初步分析，然后用适当的研究方法帮你找出现象的原因，找到原因后你就可以有针对性地采取对策了。一般来讲，这种针对某一特定问题的研究规模不一定很大，费用也不用太高。

3. 市场调查的假设检验功能

现象一：广告公司有几种广告创意，甚至已做出了几种脚本，究竟哪一个最好呢？广告公司内部、广告公司与广告主、广告主内部为此展开了长时间的激烈讨论，公说公有理，婆说婆有理。面红耳赤之后，常常是广告公司服从广告主，广告主内部也是“下级服从上级”了事。其实，为什么不去问问广告对象——消费者喜欢哪一个呢？

现象二：企业研发部门有多种产品方案，包括功能、外观、规格等，究竟哪一种方案最好呢？

现象三：企业准备调整价格，但空间调整多少才合适呢？

现象四：企业准备实施铺货计划，但以什么渠道为重点呢？一级批发商、二级批发商、大型商场、中小型商店还是自建专卖店？

现象五：企业开发出了新产品，面对两类市场，一类是成熟、竞争激烈但消费需求旺盛的市场；另一类是初级、竞争少但消费需求弱的市场。应该选择哪一类？

当你处于犹豫不决的时候，其实需要进行市场调查了，为什么一定要凭感觉、拍脑袋甚至赌一把呢？市场调查可以让你的决策理性化、科学化，可以降低你决策失败的风险。你的决策意味着巨大的投入，每降低一个百分点的风险，就可以省下不少“冤枉钱”。那种靠钱“砸”出来、靠广告“轰”出来、靠运气“碰”出来的市场只是泡沫市场，一旦面对真正残酷的竞争，就会土崩瓦解。国内商界这样的失败案例太多了。我们呼唤“理性决策”的中国营销时代早日到来！

4. 市场调查的预测功能

一般来讲，市场调查的预测功能在以下几种情况下发挥出来：

一是新产品开发。新产品开发是一种投资行为，这种投资回报率如何、是否亏本，必须事先弄清楚，即进行可行性研究，包括谁会买我们的产品，有多少人会买我们的产品，他们对我们的品牌是否接受，为什么接受或不接受等。如目前全国各地移动通信公司都在推出新的套餐业务，在推出之前都有可行性研究。

二是新市场开发。以移动通信为例，以前是以大、中城市为主要市场，现在县、镇一级市场和乡村市场已成为市场开发的重点。在新市场开发之前，有必要对该市场的市场容量、市场潜量、一年内的计划购买量、半年内的计划购买量等进行研究，以做到心中有数。

三是常规预测。为了做好市场计划，有必要定期（通常为一年）对市场潜量进行预测。这种预测对于供应、生产、销售、财务、人力资源、市场推广等方面的配套规划至关重要。以移动通信为例，每年一次的市场调查，可以对下一年度的放号量进行估计，这种估计对于网络建设、销售终端建设、各分公司任务分配、广告促销预算制定等都很有帮助。

我们常把市场调查比喻成大兵团作战时的侦察部队。一支小规模的地方武装不必这样的编制，因为它在当地土生土长，对战略地形十分清楚；而一旦这支武装队伍被收编或自身正规化了，变成了野战军，没有侦察部队就难以想象了。

三、市场调查的程序

实际工作中，一项完整的市场调查包括相互联系的几个基本过程，即：明确调查问题和目标、设计调查方案和计划、设计调查问卷、组织实地调查、调查资料的整理和分析、撰写调查报告及汇报。

（一）明确调查问题和目标

确定调查的问题和目标，是正式调查之前的一项重要的准备工作。这一工作环节主要应明确调查什么、为什么调查、采用什么方式调查、如何处理调查资料、如何发布调查结果等。这是市场调查应首先解决好的问题，因为这个问题解决了，整个调查工作才能做到有的放矢。按照企业的不同需要，市场调查的目标有所不同，企业实施经营战略时，必须调查宏观市场环境的发展变化趋势，尤其要调查所处行业未来的发展状况；企业制定市场营销策略时，要调查市场需求状况、市场竞争状况、消费者购买行为和营销要素情况；当企业在经营中遇到了问题，应针对存在的问题和产生的原因进行市场调查。

（二）设计调查方案和计划

确定了调查目标之后，就要拟订调查方案。调查方案是对某项调查而制订的一种指导调查研究过程的行动纲领或框架。不同的调查问题，在调查方案的具体设计上是有区别的。但一般而言，调查方案应包括：调查目的、调查对象、调查内容、调查的具体方法和工具、调查的地区或范围、调查资料的收集和整理方法、调查结果的发布等。

调查工作计划是对某项调查的组织领导、人员配备和考核、完成时间、工作进度和费用预算等事先进行的安排。它能使调查工作有序地进行，以保证调查方案的实施。

调查方案和工作计划各有不同的作用。一般的大型调查要分别制订调查方案和工作计划。但小型的调查可以将二者合并起来，统一考虑调查方案和工作计划。

（三）设计调查问卷

在进行正式调查之前还需要准备相关调查工具，特别是在实施大样本的调查中，调查问卷必须制定出来。一般地，可选择结构式问卷和测量式问卷。因为问卷的作用是如此重要，在设计问卷之前需要获取二手资料进一步确定拟调查的问题，要通过组织焦点小组访谈来初步确定问题的大概范围，还需要对问卷的初稿进一步完善。总之，一份优秀的问卷在调查中会取到事半功倍的效果，需要不断地完善，在调查中应引起足够的注意。

（四）组织实地调查

市场调查的各项准备工作完成后，开始进行问卷的实地调查工作，它的任务是组织调查人员深入实际，全面系统地收集各种数据资料。这一阶段是市场调查的主体，是调查能否取得预期目标的关键。一方面要求做好实地调查的组织领导工作，要按照事先划定的调查区域确定每个区域调查样本的数量，访问员的人数，每位访问员应访问样本的数量及访问路线，每个调查区域配备一名督导人员；明确调查人员及访问人员的工作任务和工作职责，做到工作任务落实到位，工作目标、责任明确。另一方面要求做好实地调查的协调、控制工作。调查组织人员要及时掌握实地调查的工作进度完成情况，协调好各个访问员间的工作进度；要及时了解访问员在访问中遇到的问题并帮助解决，对于调查中遇到的共性问题，提出统一的解决办法；要做到每天访问调查结束后，访问员首先对填写的问卷进行自查，然后由督导员对问卷进行检查，找出存在的问题，以便在后面的调查中及时改进。

（五）调查资料的整理和分析

实地调查结束后，即进入调查资料的整理和分析阶段，收集好已填写的调查表后，由调查人员对调查表进行逐份检查，剔除不合格的调查表，然后将合格调查表统一编号，以便于调查数据的统计。调查数据的统计可利用 Excel 电子表格软件完成，将调查数据输入计算机后，经 Excel 软件运行后，即可获得已列成表格的大量的统计数据。利用上述统计结果，就可以按照调查目的的要求，针对调查内容进行全面的分析工作。

（六）撰写调查报告及汇报

撰写调查报告是市场调查的最后一项工作内容，市场调查工作的成果将体现在最后的调查报告中。调查报告将提交企业决策者，作为企业制定市场营销策略的依据。市场调查报告要按规范的格式撰写，一个完整的市场调查报告格式由题目、目录、概要、正文、结论和建议、附件等组成。

有时还要求项目负责人将调查报告制作成 PPT，向相关人员进行集中汇报。

四、市场调查行业发展机会

（一）市场调查的实施机构与服务

制定营销决策所需要的绝大部分信息是由市场调查的提供者和服务机构提供的。图 1－3 对市场调查的提供者和服务机构进行了分类。

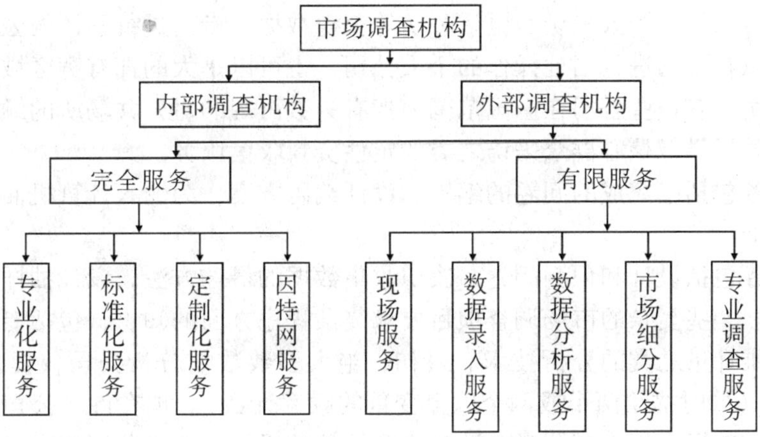

图 1－3　市场调查服务的分类

总的说来，市场调查机构可以分为内部和外部两种。内部调查机构是指设在公司里面的市场调查部门。许多公司，特别是大公司，从汽车公司（如上海大众）、消费产品公司（如宝洁）到银行（如工商银行）等都建立了自己的内部营销调查部门。市场调查部门在不同公司组织体系中的位置也有很大差别。一个极端是将该部门集中设立在公司总部；另一个极端是将该部门分散设在公司的各个分部。在后一种情况下，公司可能划分为产品部门和客户部门或者在各个地区设立分部，各个分部都安排市场调查人员，市场调查人员通常直接向分部的经理（而不是向总部的经理）汇报工作。对于具体的公司而言，设立市场调查部门的方式应根据其市场调查需求和组织体系而定，近几年的趋势是将市场调查工作集中于公司总部并适当削减调查工作人员。内部提供者通常要依靠外部提供者来完成具体的调查任务。

外部调查机构是被雇来提供市场调查数据的外面的公司。这些外部提供者，从小公司（由一个人或几个组成）到非常大的全球性公司，集合起来组成了市场调查企业。外部提供者可分为全面服务提供者或有限服务提供者。全面服务提供者所有范围内的市场调查，包括从界问题，开展步骤，设计问卷，抽取样本，收集、分析、解释数据到准备和提交报告的各个方面。

全面服务提供者的服务可进一步划分为专业化服务、标准化服务、定制化服务和因特网服务。

专业服务机构为其用户们收集信息。这些信息主要以鉴定、专题小组讨论、扫描装置和审计等方法获得。例如，尼尔森电视索引公司为观众提供信息和有关家庭观看具体电视节目的特点统计数据。尼尔森公司还提供扫描外存媒体跟踪数据，如超级市场结账柜台电子扫描所产生的数据，斯坦福研究所对顾客进行的年度调查。

标准服务机构是只用标准程序为不同的顾客提供调查的研究机构。例如，衡量广告的有效性和程序被标准化以后，它的结果就可以用于相比的交叉研究，评价的一般标准也就会建立起来。斯塔克读者总数调查是在评价出版物广告中用得最多的服务；另外一个非常有名的服务是盖洛普和罗宾逊杂志影响调查。

因特网服务由一些专门在因特网上进行市场调查的公司提供，如问卷星等。

有限提供者提供的服务专长于在市场调查的一个或几个阶段内提供服务。这些服务者提供的服务可以归类为：现场服务，数据录入服务，数据分析服务，市场细分服务和专业调查服务。现场服务通过邮件、个人采访、电话采访等获得数据。专门进行采访的公司被称为现场服务公司，它们可以是小的进行当地操作的个人公司，也可以是大的拥有宽区域电话服务线路采访设备的跨国公司。有一些公司在全国范围内拥有为数可观的对公共场所的顾客进行调查的采访设备。许多公司提供像核心群众采访之类的定性资料收信服务。

数据录入服务包括已完成的问卷的编辑、设计编码方案，为输入计算机而把这些数据记录在软磁盘或磁带上。

数据分析服务包括设计和预测问卷，决定收集数据的最佳方法，设计抽样方案，以及调查设计的其他方面。一些复杂的市场调查项目要求复杂程序方面的知识，包括专业化的实验和诸如关联分析和多维计量之类的分析技术。最初，绝大多数数据分析公司仅提供制表（频率计数）和交叉制表（同时描绘两个或两个以上变量的频率计数）。现在许多公司采用先进的统计技术来提供复杂的数据分析。随着微型计算机和软件的增加，许多公司现在已有能力分析它们自己的数据，但人们仍旧需要数据分析公司。

市场细分服务是指专门为特别的细分市场收集数据的公司，这些细分市场包括儿童、老年人、城镇居民、组织用户等特定区域市场，通过更有针对性的调查服务，从而获得更高质量的调查信息。

专业调查服务通过专门使用一种特殊的技术来为其客户提供服务。这些专门服务包括神秘顾客、口味测试、香味测试等。

（二）市场调查行业的工作职位

表 1－1　市场调查行业的工作职位

职位名称	职位要求	职位描述
调查员	学位：最好有学士学位，但不要求必须有；经验：略有非学术环境下市场调查经验	问卷和样本开发；组织实施实地调查；数据制表和分析；协助写作建议和报告
调查分析员	学位：工商管理或社会科学学士学位；经验：两至五年	将市场信息转述或解释为市场调查项目目标；设计和实施调查项目；分析和综合市场数据和顾客数据
高级调查分析员	学位：工管管理、统计学硕士或相当学位；经验：至少有三年在所涉及营销调查领域的工作经验	找出营销调查问题；推荐调查解决方案；监督调查项目；运用包括多变量分析法在内的各种统计技术

（续上表）

职位名称	职位要求	职位描述
营销信息经理	学位：管理、统计学硕士或相当学位；经验：五年以上从事营销信息系统、综合数据和一手数据调查的经验	负责创造和在组织时传播营销信息
项目经理	学位：社会科学专业的较高学位；经验：六至八年以上为客户从事调查的经验	项目管理和沟通技术；分析/报告写作；和客户接触；定量工作的任务很重
市场调查总监	学位：社会科学专业的较高学位；经验：四年以上从事完整的调查项目管理的经验和良好业绩	项目管理，包括问题管理、问卷设计、表格制定、现场工作的监督、分析/报告写作以及为客户做演示
调查客户经理	学位：社会科学专业的较高学位；经验：最少四年在调查公司工作的经验	为定制调查项目和特殊调查方法从事客户服务、调查设计、项目管理和分析/报告写作
方法论专家	学位：定量研究学科博士；经验：七年以上在企业环境中从事调查或微观营销的经验	为定制调查项目开发具有创新性的方法；指导对项目数据进行分析

（三）市场调查的资格认证

有统计数据显示，目前世界500强企业中，90%都建立了信息调查分析部门。其中微软约17%、可口可乐约5%、摩托罗拉约11%的利润源可以归功于市场调查分析。中国商业技师协会张会长认为，国外的市场调查和分析有特别的专业分工，调查策划、调查实施、数据分析是细化的，相关从业人员年收入都能突破10万元。统计部门有关负责人告诉记者，调查分析师在未来几年内缺口高达100万人。目前社会上从事市场调查和分析的人员多是从其他行业转行而来，素质良莠不齐。从招聘网站情况来看，大量市场调查员职位出现空缺。这也便催生了对市场从业人员从业资格的认证，市场调查分析师应运而生。

市场调查分析师是在各类企业或者其他社会组织中为本组织或受委托为其他组织从事市场调查、市场研究、信息分析及相关活动的人员。认证的主要对象是：在各类企事业单位或其他社会组织中，为本组织或受托为其他组织从事市场调查、市场研究、统计分析及相关活动的人员。市场调查人员培训认证细分为三个层级：市场调查员、助理市场调查师、市场调查分析师。市场调查人员资格培训认证实行统一认证标准、统一教材、统一试卷、统一考试评估，合格者颁发由中国商业技师协会授予的《中国市场调查职业人员资格证书》。

（四）市场调查行业的热点问题

网络带来了很多变化，这些变化不仅体现在人们购物、学习以及交流上，而且还体现在企业经营上，也使得调查行业发生了革命性的变化。网络技术显著地降低了多种调查成本，同时使得更复杂、更好的研究设计成为可能。如今，已经开发了在线调查的多种应用，调查的需求建议书、样本设计和排序、数据收集、数据分析以及报告撰写和发布都可以通过在线工具和服务来进行。

市场调查行业中的一个热点话题是消费者对市场调查侵犯隐私的抱怨不断增加，这就要求调查行业的企业和从业人员应遵循基本道德底线，以维护该行业的良性发展。其中应注意的一些不道德行为包括：假调查真推销，调查过程中有悖正直性、公平性，违反调查者保密原则等。

调查行业的国际化也是一个值得关注的话题，目前在国内已有相当多的国外调查公司开展相关的调查业务，他们的专业水平在国内有较高的竞争力。

●内容小结

本项目在对市场调查的定义、类型、内容及与市场营销关系等方面作基本介绍的基础上，围绕市场调查实施过程、组织机构及行业情况进行了分析，使学生对市场调查有一个整体性了解，从而提高对市场调查的兴趣，为后面课程的开展打下基础。由此也对开篇任务作出间接的回答。对于一项调查活动参考人员需要了解调查背景，选择合适的调查方法和分析方法，在实地调查过程中还需要掌握一些技巧，对收集到的有关信息还要进行进一步的分析，综合各个方面作出初步的判断。

●典型案例

宝洁公司的市场调查

当前洗发水市场的竞争愈演愈烈，新品牌纷纷涌现。而宝洁公司长期以来能一直牢牢保持着中国洗发水的霸主地位，主要得益于客观严密的市场调查体系。

要想把握商机，巩固和提高市场占有率，首先应了解洗发水行业的市场结构特点，针对不同的市场结构采取相应的营销策略。宝洁公司经过广泛、详细、周密的调查分析，形成了对策报告：宝洁公司是最大的寡头企业，而联合利华和丝宝集团也对宝洁构成了一定威胁。对于寡头企业来说，应当根据寡头垄断的市场结构特点，更多关注其竞争对手的行为，采取领先或跟进的营销战略，广告策略主要是维护品牌形象。

那么如何实施集中一点的战略呢？这就必须充分了解消费行为，了解不同消费群体差异及由此产生的不同需求，使产品更能够满足细分市场的消费需求。

78.2%的消费者购买洗发水的主要场所是超市或大型超市。在选购洗发水时，消费者普遍认为最重要的产品要素是功效，以5分制的评价尺度来衡量，功效的重视度最高，达到4.55分。其次，关心洗发水产品的成分配方和品牌的知名度，包装和价格相对来说是次要的。在考虑产品内在要素的同时，消费者的选择还会受到一些外界因素的影响，以10分制来衡量，为7.17分；其次是对广告的印象，为6.57分。由此可以看出，如果从产品的功效出发，形成产品间的差异，树立别具一格的品牌形象，更容易引起消费者的关注，也就更容易为消费者所理解和接受。同时，企业应当特别注意销售渠道和铺货问题，尤其是在超市及大型超市的铺货。

当然，对于不同的消费群体，其消费行为有所不同。例如，从年龄看，20～29岁的消费者洗发频率最高；相对于其他年龄段的消费者，14～19岁的消费者对产品功效和成分配方的重视程度更高；20～29岁的消费者对品牌知名度的重视程度高于其他年龄人群，对价格的重视程度却是各年龄层中最低的；40岁以上的消费者比其他年龄的消费者更看中价格要素；14～19岁的消费者比其他年龄层更易受广告促销的影响；在所有年龄段中，受购买方便性的影响最小的是20～29岁的消费者，影响最大的是40～49岁的消费者。从性别看，男性使用洗发水的频率明显高于女性；促销对女性购买的影响力高于男性。从不同区域看，广州的消费者使用洗发水的频率更高于北京和上海，因此在广州有更多的人选择750ml包装的洗发水，同时他们对价格的关心程度超过了对品牌知名度的重视。

［重点提示］

我国洗发水市场经过十多年的发展，已经逐步成熟，在这种情况下，单凭一个产品、一个广告就想从市场上获得丰厚的利润已不可能。想取得成功就必须充分研究市场，分析竞争对手。宝洁公司之所以处于领先地位，正是因为他们能够准确把握不同消费群体的不同需求，将其融入产品，形成不同的品牌形象，并将之准确地传达给消费者，最终获得广泛认同。

市场调查的误区

今天的时代被称作信息时代，所有的企业都需要获得准确而快速的信息，无论企业规模是大还是小，了解市场、了解顾客都是成功的基础。这一点很多人都已经认识到了，只可惜目前许多国内企业的这种"认识"还是口头上的，甚至还存在一些误区。对市场调查认识的误区有：

第一，认为对市场调查已经很重视。

许多国外的大企业对市场调查的重视程度很可能超乎了我们的想象，他们对市场和顾客可以说是了如指掌。例如菲利浦·科特勒在《营销管理》中提到，"可口可乐公司知道消费者最喜欢喝4℃的可口可乐，平均一年看69条可口可乐的广告；每年人们花费大约20美元去购买鲜花；阿肯色州是美国花生酱消费最低的州；51%的男人走路时先迈左脚，而65%的女性却先迈右脚；宝洁公司则通过一项市场研究发现人们喜欢折叠还是弄皱卫生纸……"当然这只是一些例子，从细微处可以看到精神，同时也可以看到距离。

第二，有了负责市场调查的人员或者是部门就认为有了市场调查。

实际上，调查从本质上讲是一种观念，而不是一个部门，更不是负责调查的人。也就是说，应当将市场调查作为一种实事求是的理念，融入思考问题、处理问题和管理决策当中。

宝洁公司不仅是世界上最先使用市场研究的公司之一，同时也是在中国市场上率先使用市场研究的先行者，被认为是中国市场调查行业的一大摇篮。中国宝洁公司虽然成立于

1988年，但1985年就开始在中国开展市场研究工作，也就是说，在合资公司成立的前三年就已经在中国开始了市场研究工作。公司总裁John Pepper在北京大学的演讲中说：“我们的首要任务是深刻理解我们的消费者：即消费者的需求是什么。不管我们在世界的哪一个角落开始我们的生意，对消费者需求的研究始终是我们工作的切入点。对消费者需要研究的结果会告诉我们应该向市场推出哪一种产品，应该采用哪一种配方以及哪一种广告会最终为我们带来效益。”同样的，公司前任总裁Smale在分析公司曾经经历过的错误时指出：“每当我们仔细地检讨我们曾经经历过的失败时，我们都会得出相同的结论，即失败的原因无一例外的都是由于我们没有深刻、全面地了解消费者及其所在的市场，从而导致我们过于乐观地估计了我们将要承担的风险。”

第三，市场调查真的有用吗？（对它的作用低估甚至怀疑）

在许多企业，尤其是中小企业，对市场调查仍然持不信任态度，不相信市场调查能解决企业的经营与销售难题。究其原因主要有两种：一种是观念问题，对自己的主观判断过于自信；另一种是由于部分低素质的市场调查公司粗制滥造的市场调查报告影响了企业对市场调查行业的信任。

第四，市场调查应该解决企业的所有问题。

相当一部分的企业认为，调查公司在接受企业市场调查业务的委托后，应当为企业解决存在的所有问题。但事实上，没有任何一家调查公司或者是任何一本市场营销学教材宣称市场调查是万能的。从理论上讲，市场调查只不过是采取某些有效的方法，为企业发现或解决某些特定问题的探索。

第五，将市场调查当作一件漂亮的装饰品，而并不在乎它的真正作用。

基于这一原因，他们同样并不在乎市场调查过程的真实有效性和调查报告的可参考性，其真正的意图是：付给市场调查公司一笔费用，以衬托企业对市场调查和消费者的重视。

第六，认为企业自己能完成全部的市场调查活动，无须委托专业的市场调查公司。

实际上，即使企业内部已经有了专门的部门从事这一活动，与专业市场调查公司的合作仍然是十分必要的。从社会分工来讲，资源的合理配置有利于提高专业化、提高工作效率、降低成本。市场调查是一门很专业的科学，作为企业完全没必要去建立一支庞大的队伍。

第七，花了不少钱就买到几个数据，认为不值得。

一个简单的道理：调查服务于决策，决策的质量需要成本，与决策失误所产生的损失相比，花在市场调查方面的成本实在是微不足道。

第八，这是最要命的一种，那就是把真正的市场调查简单地理解为自己认识的市场调查。

有的人认为调查是听取汇报，也有人认为调查就是走访，实际上真正的市场调查要远远超过这些范畴。同时，基于这样的认识，常常导致对科学的、严谨的调查方式产生相对较大的成本的怀疑。

（资料来源：http：//spire99. blog. 163. com/blog/static/1299872102009101970921 0/）

[重点提示]

据了解，在美国、日本等发达国家企业的市场营销活动中，科学的成分占80%，艺术的成分占20%；而中国企业刚好相反：科学的成分占20%，艺术的成分却占80%，甚至更高。由此造成了企业营销人员的困惑：为什么当初的计划不能如愿实现，为什么在实际操作中会遇到如此多的未预计到的问题，等等。实际上，直接的原因就在于：由于科学成分所占的比例太低，常常导致对营销活动无法掌控。

● 综合实训

实训项目一	认识市场调查
实训任务	回忆以往的经历，收集关于市场调查方法的资料，完成一份对市场调查的认识报告
实训时间	2 学时
实训重点	语言组织及表达能力
实训目标	1. 通过这次实际操作训练，帮助学生树立对市场调查的正确认识 2. 通过这次实际操作训练，帮助学生从根本上认识到市场调查在市场营销活动中的作用，树立顾客导向的观念
实施形式	1. 每人完成一份市场调查认识报告 2. 在班级进行交流，每个小组推荐2人交流其认识心得 3. 由教师与评议小组根据其发言情况进行打分
实训提示	正确的认识调查对开展调查工作有重要意义，学生认真进行自我分析，并深刻总结
实训成果	认识报告，小组讨论，推荐展示，教师讲评

●课后练习

(一) 问答题

1. 用自己的语言对市场调查下定义。
2. 用自己的语言对市场营销下定义。
3. 试描述市场调查在市场营销中的作用。
4. 市场调查可分为哪些类型？
5. 市场调查的主要步骤有哪些？
6. 市场调查的就业机会有哪些？

(二) 技能题

1. 试收集一则案例，分析它是如何通过市场调查来解决企业的营销问题的。
2. 对以下做法的评论，它们道德吗？你的理由是什么？

(1) 一家调查公司在进行电话调查收集作息后，让推销人员去潜在购买者的家里推销产品，该推销人员在电话中并没有尝试推销产品。

(2) 当你发现在电话调查中收集的信息被作为“合法的”营销调查报告的一部分时，你对前一描述的反应会有所改变吗？

(3) 推销人员发现，通过告诉人们他在进行一项调查，人们更愿意听取他的推销词。

(4) 在最终报告的附录中，调查人员列出了所有参与调查的应答者的名字，并在表示愿意跟客户的销售人员进行联系的名字旁边加注一个标记。

(5) 进行一个市场调查项目的学生随机从学生通信录里选择了其他学生的电子邮件地址来完成他的学期调查项目。

(三) 上机题

试访问国内三家知名的市场调查公司网站，撰写一份有关这三家公司提供的服务的报告。

项目二　界定调查问题

●项目目标

能与决策者充分沟通，分析营销问题的背景，确定市场调查目标。

●技能要求

辨别营销调查的不良时机；

识别并准确定义调查问题；

解决管理者与调查者对问题理解的差异，使问题明确化。

●提交成果

选择一背景企业，针对相关问题确定调查的问题，形成选题说明报告。

●教学建议

建议课内4学时，课外2学时。教学可在普通教室内进行，在老师相关讲解基础上组织学生分组讨论，并引导学生选择一个市场调查题目。本项目要求学生具备提出问题的能力。教师可组织部分较好选题和部分不好选题的公开讨论。

●任务描述

随着经济的发展，人们的生活水平日益增长，数码产品已经进入成千上万的普通家庭，成为人们外出游玩时不可缺少的工具。Ennz公司是国内一家著名的电子公司，领导层决定开发一款数码相机。但消费者喜欢什么类型的相机，市场上同类产品有哪些，他们都是通过什么渠道销售的呢？决策层急需了解相关情况。假如你们团队接受了Ennz公司的调查任务，接下来需要开展哪些工作呢？

●任务要点

确定要解决的问题是营销调查活动的起点。清楚、准确地发现并定义问题是开展营销调查的关键所在。在实际的工作过程中，由于管理者和调查者处在不同的立场，对问题有着不同的理解，所以将调查问题定义清楚就显得尤为重要，否则就会出现调查信息对解决问题毫无帮助的情况。本项目主要任务介绍了企业应该在何时开展营销调查，管理者如何对所确定的问题作出准确的理解，以及如何解决管理者与调查者在问题理解上的差异等一系列相关问题。

一、确定市场调查需要

（一）不需要市场调查

一项营销调查活动在正式开展之前，必须确定活动的最佳时机。因为并不是在所有的情况下开展营销调查活动对企业都是适宜的，如果选择的时机不佳，不仅会浪费企业的人力、物力、财力等各种资源，而且还会给企业发展调查活动带来负面的效应。在以下五种情况中，管理者最好不要决定开展调查活动：

1. 资金缺乏

由于资金缺乏而不宜进行营销调查的情况有两种：

首先，企业缺少开展调查活动所需的必要资金。如果一个项目要求被调查者的样本达到300个人，但预算只允许调查50个人，那么就很难保证调查后信息的真实性与可靠性。

其次，企业或许能够提供调查的资金，但是如果没有足够的后续资金去实施由调查分析报告所形成的决策，那么，调查活动也不应该开展。

2. 错过市场时机

如果企业已经错过将产品成功打入某一市场的最佳时机，那么就没必要再开展营销调查活动。对一种已经处在生命周期的衰退期或成熟期末期的产品，如电唱机或黑白电视机，还去做产品打入市场的调查活动是十分愚蠢的。对于很快就要达到市场饱和的产品，情况更是如此。但是，对于已经上市的产品，如果需要调整产品结构与形式来适应消费者口味和其他因素所带来的需求变化，做一些调查活动还是很有必要的。

3. 管理者还未对制定决策的所需信息达成一致

尽管先明确目标再进行调查似乎是显而易见的道理，但有时情况并非如此。虽然开展初步的或探索性的营销调查有助于更好地认识问题的本质，但是大型、紧急的调查项目却不能这样做。一味地按部就班，会贻误决策的最佳时机。此外，管理者若不能对决策所需信息达成一致，认识与意志不统一，决策也是不可能得以成功实施的。

4. 未对制定决策所需信息充分掌握

有些企业对某个市场已经研究了很多年，充分了解了目标顾客的特征，以及目标顾客对现有产品的好恶态度。在这种情况下再做进一步的调查是多余的，很难获取新的、更多更好的支持决策的市场信息。

5. 调查成本超过收益

如果与待定决策相关的信息可以随时免费得到，相信每位管理者都会乐意接受这些信息。不过这种情况几乎是不存在的。事实上，管理者不愿意为得到所需的信息而付出过多的金钱或情愿等待更长的时间。所以获取更多信息的意愿取决于管理者对信息的质量、价格以及时效的认识。在一般情况下，收集的信息更完整、更充分，决策的准确程度就会更高，相应地，支付的费用也会更大。总之，只有当信息的预期价值大于获取这些信息的成本时，调查活动才可以进行。

（二）是否需要市场调查

随着企业外部环境的变化，营销经理会面临这样一些问题："我们应该改变现行的营销策略吗?"如果是，那么"如何改变?"在决定是否开展市场调查之前管理者还需要认真思考以下几个问题：

1. 发现寻找信息的原因

公司通过集体议论，可以确定一下需要什么样的信息，利用这些信息将制定什么样的决策。然后可以进行详细举例说明，讨论者就所有问题排出优先顺序，这将有助于人们在个别感兴趣的问题中精选出核心问题。如果觉得问题越清楚，越显而易见，就越应该反思一下，自己是否已真正确定了调查问题。

2. 确定信息是否已经存在

如果现有的数据可以回答调查问题，企业便能节省更多时间和资金，也不需要进行进一步的调查。

3. 确定问题是否可以回答

在多数情况下，通过识别以下几种情况，就可以预测调查成功的可能性大小：肯定所需的信息已经存在或确实能够获得；基于以往的经验，虽然不能完全肯定，但是有相当把握能够收集到信息。信息是未知的，有探索失败的风险。

二、明确市场调查意图

在企业每天的经营活动中，各个部门可能都会面临这样或那样的问题，如经过千辛万苦开发出来的新产品没有得到市场的认可，销售局面迟迟不能打开；由于企业缺乏知名度，产品在国际市场上竞争能力弱；产品研发部门刚刚立项准备新的开发计划，突然传来市场上已有同类产品的消息……遇到这些令人烦恼的问题，很自然我们就会问"怎么办"、"如何才能加以改正"等。

如果你是这家公司的一名市场调查人员，当遇到这样的问题时，我们不要急于制订市场调查计划，而应该围绕问题，和相关人员进行充分的研究分析，以这些问题为基础，从分析中找出原因，才能清晰地确定调查意图，最终调查才会有意义。

我们一定听说过"盲人摸象"的故事，不论企业或是商家在进入市场前首先一定要经过认真细致的市场调查，确定其市场目标，否则就会像盲人摸象那样"粗枝大叶"，不能正确认清市场前景。这样的企业或商家一旦进入市场则毫无主动权，以致在无情的市场硝烟中落败。

例如，某公司发现其销售量已连续下降达 6 个月之久，管理者想知道真正原因究竟是什么。是经济衰退，广告支出减少，消费者偏好转变，还是代理商推销不力？市场调查者应先分析有关资料，然后找出研究问题并进一步作出假设、提出研究目标。假如调查人员认为上述问题是消费者偏好转变的话，再进一步分析、提出若干假设。如：消费者认为该公司产品设计落伍；竞争产品品牌的广告设计较佳等。

通过下面操作明确市场调查意图：

（一）与企业决策者进行充分沟通交流

1. 选择恰当时机和方式，对企业决策者进行访问

为了发现管理问题，调查者必须擅长和决策者接触。有许多因素使这种接触变得非常复杂。但依然要讲究方式方法，尽快与企业决策者进行沟通。另外，一个企业可能不止一位关键决策者，无论是单独见面还是集体见面都可能有困难。我们应该根据企业面临的问题，有意识地首先选择与直接相关的决策者见面，进行访谈。

2. 对问题进行初步分析

这时的问题分析是一种为了发现营销问题的实质和产生的原因而进行的全面综合检查。与企业决策者共同进行问题分析包括以下内容：

（1）导致企业必须采取行动、进行决策转变的事件，或者问题的演变过程。例如，企业某产品销售在短期内突然出现市场份额的急剧下降。

（2）针对以上问题，分析最可能的影响因素，以及决策者可以选择的不同措施。这些措施包括近期措施和长远措施。例如，产品市场份额短期大幅下降，主要原因是“产品陈旧”、“价格过高”、“消费者偏好发生转移”，还是“广告不新颖”等。

（3）企业决策者希望的市场情况是什么？

（4）评价有关新措施的不同选择标准。例如，对生产新的产品，可以用销售额、市场份额、赢利性、投资回报等标准进行评价。

（5）与制定新措施有关的企业文化。了解企业文化有利于我们市场调查工作的组织与实施、调查结论的提交。

3. 与决策者沟通交流的注意事项

（1）调查人员与决策者自由地交换意见在调查活动中是非常必要的。决策者应与调查人员相互合作、相互信任。

（2）营销调查是一项群体活动，在调查人员和决策者的接触中，双方必须坦诚，不应该有任何隐瞒。

（3）调查人员与决策者的关系必须友善、密切。决策者与调查人员应保持持续的接触，而不只是偶尔的接触。

（4）作为专业调查人员，与决策者的接触应具有创新性，而不能模式化。

（二）与产业专家进行沟通交流

作为专业调查公司的一员，我们在确定调查目标时，与决策者的访谈告一段落后，紧接着就应该与对公司和产品制造非常熟悉的产业（行业）专家进行沟通交流。

我们这里所称的专家包括委托单位内部的专家和外部的专家。在进行访谈的时候，一定要全神贯注，这些专家的知识与经验可以通过随意的个人交谈获得，我们也无须制作正式的调查问卷。

1. 进行专家访谈，先列出访谈提纲

在见面之前，我们应该事先将访谈内容列一个提纲，但是会见无须严格按照提前准备的题目顺序和问题进行，可以灵活地对计划进行随机调整，只要达到获得专家知识的目的即可。和专家会面只是为了界定调查问题，不应该希望马上就找到解决问题的方法。

2. 要善于甄别专家，有选择地吸收其经验

与专家沟通交流的方法更多地适用在为工业公司或产品技术特性而进行的营销调查中，这

类专家相对比较容易发现和接近。这种方法也适用于没有其他信息来源的情况下，如对一个全新的产品进行调查。专家对现有产品的改造和重新定位可以提供非常有价值的建议。

（三）分析二手资料

分析二手资料对于界定调查问题非常必要。通常情况下，收集二手资料是市场调查活动的开始，在此基础上再进行原始资料的收集。尽管收集二手资料不可能提供特定调查问题的全部答案，但二手资料在很多方面都是有用的。调查者应该首先围绕调查目的确定所需资料范围。所考虑的资料范围越广，越有可能涵盖所有的资料来源，资料主题的确定也就越准确。通过有效的引用、目录或其他工具，就可以划定资料来源范围，并利用各种辅助工具，包括书籍、期刊、官方文献资料的目录、索引、新闻报道等，从一般线索到特殊线索（二手资料的收集在项目四中详细介绍）。

（四）定性调查

在很多情况下，根据从决策者、产业专家处获得的信息以及收集的第二手信息仍不足以清楚确定市场调查问题。这时，我们可以采取定性调查的方法来了解问题及相关的潜在因素。

这种调查方法以少量样本为基础，经常采用的调查手段包括：召集小型座谈会或专家座谈会，让大家畅所欲言；与被访问者语言沟通（询问被调查者对刺激性语言的第一反应）以及深层次会见（面对面地会见以详细了解被调查者的想法）等。有时也采用其他的探索性调查手段，如对少量被调查者进行实验性调查，尽管在这个阶段进行的调查并不正式，但能提供很有价值的信息。

例如，Nickelodeon 公司已经注意到了新的人口生育高峰，这对电视观众意味着什么呢？通过一系列的试探性调查结果显示，长期以来根植于人们头脑中的一些观点是不正确的，即所谓在电视节目中女性形象只受女孩喜欢而不受男孩欢迎。而事实并非如此，随着试探性调查的深入，营销调查人员继续能够识别出一些关键问题和与这些问题相关的主要因素，这些就构成调查的主题。Nickelodeon 最终将调查问题界定为：一项以女孩为主角的活泼的娱乐栏目是否能同时受到男孩和女孩的喜欢，调查结果是肯定的。于是，公司推出了名为“Alex Macle 的秘密世界”的栏目，栏目的主角是女性，但是最终结果显示，这个节目近53%的观众是男性。

三、了解营销问题背景

通过前述工作，我们已经可以初步了解到企业所面临的“营销问题”是什么。这时，也不要急于开始正式的市场调查工作，还需要对问题进一步理清，以利于我们能够确切地界定市场调查目标。

如果你是一家专业公司的市场调查人员，你还应该了解这些问题出现的背景。这样，你才能够在分析相关因素的基础上，进一步明确市场调查目标。

一般的背景因素为：有关客户公司和产业的历史资料以及前景预测、公司的资源及各种限制、决策者的目标以及公司营销手段和生产技术等。

（一）了解企业目标

1. 了解企业历史资料和未来预测

了解与委托单位销售、市场份额、赢利性、技术、人口、人口统计学和生活方式有关的历史资料及趋势预测，能够帮助调查人员理解潜在的营销调查问题，对这种资料的分析应该在产业和公司的层次上进行。

例如，一个公司的销售下降，而同时整个产业的销售上升，这和整个产业销售同时下降是完全不同的问题，前者可以具体到这个公司。历史资料和未来预测对于揭示潜在的问题和机遇很有价值，尤其在公司资源有限和面临其他限制条件时。

2. 了解企业可利用资源和调查面临的限制条件

作为专业调查公司，如果要想恰当正确地确定调查问题的范围，必须要考虑到公司可以利用的资源（如公司和调查技术），以及面临限制的条件（如成本和时间）。

3. 了解企业目标

市场调查项目要取得成功，提出切实可行的调查结论，也必须清楚了解企业的目标和决策者的个人目标。

调查人员必须有能力找出这些目标。一个经常使用的方法，就是当面告诉决策者对一个问题各种可行的思路，然后问决策者愿意采取何种解决思路，如果决策者回答“不”，就进一步探讨寻找依靠这种思路无法实现的目标。

（二）了解企业的环境条件

1. 了解消费者行为

消费者行为是市场调查问题环境内容的一个重要组成部分。在大多数的营销决策中，所有的问题都会回到预测消费者对于营销者具体行为的反应上来。理解潜在的消费者行为对于理解市场调查问题非常有用，预测消费者行为应考虑以下因素：

（1）消费者和非消费者的人数及地域分布。

（2）消费者人口统计和心理特征。

（3）产品消费习惯以及相关种类产品的消费。

（4）传播媒体对消费行为以及对产品改进的反应。

（5）消费者对价格的敏感性。

（6）零售店的主要光顾人群。

（7）消费者的优先选择。

2. 了解企业所处的法制环境

法制环境包括公共政策、法律、政府代理机构。重要的法律领域包括专利、商标、特许使用权、交易合同、税收、关税等，法律对营销的每一个组成部分都有影响。

3. 了解企业所处的经济环境

营销调查问题的环境内容的另一个重要组成部分是经济环境，包括购买力、收入总额、可支配收入、价格、储蓄、可利用的信息以及总的经济形势。

4. 了解企业的营销以及技术手段

一个企业的营销以及技术手段会影响它的营销项目和战略实施。在更大范围说，技术环境的其他组成部分也应被考虑在内。技术的进步，如计算机的持续发展，对营销调查产生了深刻的影响。

例如：计算机的结账系统，使超级市场经营者能够监督每天消费者对于产品的需求，并能向调查者随时提供相关的数据。这样，零售的信息就能随时获得，这不仅包括公司品牌，也包括其他竞争性的品牌。数据收集的快速性和精确性使调查者能够对复杂的问题，如改进产品所带来的市场份额的每日变化，进行研究调查。

四、确定市场调查目标

市场调查方案是未经实践充分检验的理论，它是调查目标和理论模型之间的中间环节，是建立和发展科学理论的桥梁。调查者可以根据所提出的市场调查方案确定自己的调查方向，进行有目的、有计划的观测和实践，避免盲目性和被动性。通过与企业决策者沟通，与产业专家交流，进行资料分析，了解营销问题背景的一系列工作，实际上是我们对企业做了一个摸底调查。在此基础上，可以根据项目要求确定市场调查方案，或形成某种思路。此时你一定要将市场问题界定清楚，明确企业进行市场调查的意义，非常熟悉决策层想获得什么样的信息，至少你需要准备回答以下三个问题：

（1）客户为什么要进行调查？

（2）客户想通过调查获得什么信息？

（3）客户利用已获得的信息做什么？

例如：某商场在最近6个月销售额同比下降了20%，这种下降可能是由竞争加剧引起，也可能是营销策略制定不当所致。如果是后者，则需要说明是哪项策略，具体原因是什么。

调查目标的确定是一个从抽象到具体、从一般到特殊的过程。调查者首先应限定调查的范围，找出企业最需要了解和解决的问题；然后分析现有的与调查问题有关的资料，如企业销售记录、市场价格变化等。在此基础上明确本次调查需要重点收集的资料，最后再写出调查目标和问题的说明。

（一）将经营决策问题转化为市场调查问题

经营决策问题是决策者要做什么的问题，而市场调查问题是需要什么信息以及如何最有效地获取这些信息的问题，即市场调查可以为制定一个有效的决策提供必要的信息。经营决策问题是行为导向的，它关心的是决策者可以采取什么样的行动。如何才能收回失去的市场份额？市场是否可以细分为不同的部分？是否应该投放一种新产品？是否应该增加促销预算？

相对而言，市场调查问题是信息导向的。它的工作包括确定需要什么样的信息以及如何有效地获取这些信息。以某产品的市场份额下降，管理决策问题是如何夺回这些丢失的市场份额为例，可选择的行动方案包括调整现有产品、引入新产品、改变营销组合中的某些因素，或者重新选择细分市场。如果决策者与调查者都已确认问题是由于不恰当的市场细分而造成的，而且都想通过调查为此问题提供有用的信息，那么调查问题就是识别和评价其他细分市场的标准。

总之，经营决策问题与市场调查问题是不同的。

下面是发生在某商场的情况：

决策者：我们已经观察到顾客流量有所下降。

调查人员：您是怎么知道的？

决策者：这可以通过我们的销售额和市场份额反映出来。

调查人员：您为什么认为顾客流量下降了呢？

决策者：但愿我能够知道。

调查人员：竞争对手的情况如何？

决策者：我想，在某些方面我们略胜一筹，但在某些方面我们也稍逊一筹。

调查人员：您的顾客是如何评价贵店的呢？

决策者：我想大多数还是持肯定的态度，虽然我们在某一两个领域不尽如人意。

通过调查人员同决策者和关键主管的一系列对话，并通过二手资料和定性调查，最终确定了如下问题：

经营决策问题：我们应该如何提高商场的客流量。

市场调查问题：通过比较影响顾客流量的主要因素，确定该商场同其主要竞争对手的相对优势和劣势，评价顾客对商场的印象。

一般来说，经营决策问题是比较明确的，但要将其转化为市场调查问题并非如此简单。确定这类调查问题的原则，一是要防止过于宽泛或过于狭窄；二是要使收集的信息足够支持经营管理决策。

例如，开篇任务中决策是“公司推出一款什么特征的数码相机”，需要调查的问题可能有很多，可以确定为：消费者对数码相机的偏好程度以及购买意向、新产品的市场前景如何、是否有需求等。哪一种描述更好呢？根据上述原则，第一种描述可能更确切一些。

下面的例子进一步说明经营决策问题和市场调查问题的区别：

经营决策问题	市场调查问题
* 是否应该引进新产品	* 针对提议的新产品确定消费者偏好和购买倾向
* 是否应该改变广告活动	* 确定现有广告活动的效力、费用支持情况
* 是否应该进入新市场	* 该市场对产品的需求情况及相关制约因素
* 开设新店以增加市场渗透力	* 评估不同店址选择的前景
* 扩大顾客流量	* 现在顾客对商店的印象
* 为新产品开发包装	* 评估各种设计的效果

（二）将问题明确化

在确定了问题的范围和方向后，此时应该把问题做进一步的细化，为即将实施的调查工作做好全面准备。在明确问题时，应该做好以下几个方面的工作：

1. 细化问题

细化问题就是把要解决的问题用数字表达，给人以清晰、明确的感觉，同时，用量化的数字来说明问题，说服力会更强。比如，产品的包装、价格、预期达到的市场份额、消费者的购买力等。对无法量化的问题则要简单明了地概括，例如，认识到问题产生源于产品宣传方面的原因，那么就应该具体到是促销方面的原因还是广告方面的原因。

2. 征询其他人员的意见

在从事制造业的公司里，技术人员、生产工人以及其他员工都可能提供一些相关的信息与意见。而在非制造业公司，则需要征询客户经理等其他类型员工的意见。总之，在明确市场调查问题时，重要的就是在最终陈述该问题并开始调查之前，得到全部所需的信息，并把它具体化之后输入计算机保存。

3. 形成书面陈述

即使对很普通的调查而言，把问题定义形成书面文字，也不失为明智之举。形成书面定义，可以使表述的问题更清晰、更严谨，并作为资料的积累，长期保存下来，或许可以长期发挥作用。

五、确定目标时需要注意的问题

（一）不要将调查目标定得太宽

例如，确定调查目标主要有：研究品牌的市场营销战略、改善公司的竞争位置、改进公司的形象等，这些问题都不够具体，因而无法提供解决问题的途径或方案。

太宽的定义无法为调查的后续工作提供明确的方向。

（二）不要将调查目标定得太窄

将目标定义得太窄，就会使得决策者根据调查结果作决策时缺乏对市场情况的全盘把握，甚至导致决策的失败。

例如，在一项为某消费品公司进行的调查中，管理决策问题是如何对付某竞争对手发动的降价行动。因此，研究人员确定的备选行动路线为：作相应的减价以适应该竞争者的价格；维持原价格但应加大广告力度；适当减价，不必与竞争者相适应，但适当增加广告量。

为了减少定义目标时常犯的两类错误的出现，可以先将调查目标用比较宽泛的、一般性的术语来陈述，然后，确定具体的研究提纲。比较宽泛的陈述可以为问题提供较开阔的视角以避免出现第二类错误，而具体的研究提纲集中了问题的关键方面，从而可以为如何进一步操作提供清楚的指引路线。

（三）建立市场调查假设

为加强调查的目的性，调查者可事先提出假设，即先给出调查的观点，然后寻找材料加以说明。

例如：针对零售商店在最近6个月销售额同比下降20%的现实，可提出如下假设：一是商店销售额下降是由于竞争对手增加、顾客分流所致，企业的营销策略无问题；二是商店销售额下降是由于产品定价太高，周围顾客购买力水平低造成，竞争对手不是主要因素。依据假设进行调查，是探索性调查经常采用的方法，它可以使调查者抓住重点，提高效率，并带着结论去调查。

为使调查的目标更加明确和集中，企业也可以事先组织一次试调查，即依据现有的资料和所作假设进行试验性的访问调查。

●内容小结

在实施任何调查任务之前首先对要调查的问题要有清晰的了解，这其中包括调查时机是否合适，问题是否定义清楚，是否将经营管理问题转化成为市场调查问题，问题的背景如何，在确定问题后是否犯了目标过宽或过窄的错误。这一系列问题都需要在设计方案前做好。

●**典型案例**

公司的调查目标应该是什么

某家公司制造某产品多年，过去一直受政策保护，经营十分顺利，营业额节节上升，收益率尚佳。近年来，由于市场国际化、消费者消费习性多元化，致使该公司在既有产业的市场竞争上节节败退。加之现在经营包袱颇重，经营上的压力上升。是故该公司除积极地进行总体经营体质改善，以提高市场竞争之外，更积极寻求企业经营多角化，为企业寻找新契机。

在众多多角化计划中，几经节选之后，将“土地有效开发利用”列为优先计划。可是土地有效开发的途径很多，如土地出售、兴建大楼出售、发展旅游产业、兴建大型购物中心等。

该公司在某大都会区附近拥有的大量土地已列入都市计划，现在该公司最高经营层决定在该土地上建筑“大型购物中心”：第一，配合未来消费者购买习性多元化；第二，营业行为可产生可观现金流量，增加该公司营运周转能力；第三，继续保持土地所有权，以得土地增值之利。在下最后经营决定之前，该公司决定进行一次“大型购物中心之市场调查”，以帮助最高决策当局作最后决策。

[**重点提示**]

1. 借消费者调查，以便认识理想大型购物中心的形态；
2. 产品重点及服务重点，以便产生服务业经营差异化效果。

市场调查数据给企业带来的噩梦

上海生产宠物食品的某公司的一位老总出差来北京的时候，趁空闲时间，在西单图书大厦买了一本关于市场调查技术方面的书。3个月以后，他为这本书付出了三十几万元的代价。更可怕的是这种损失还在继续，除非这位老总的宠物食品公司关门，否则那本书会如同魔咒般伴随着他的商业生涯。

“最近两年，宠物食品市场空间增加了两三倍，竞争把很多国内企业逼到了死角。”有位记者在2005年北京民间统计调查论坛上见到了这位老总，“销售渠道相近，谁开发出好的产品，谁就有前途。以前做生意靠经验，我觉得产品设计要建立在科学的调查基础上。去年底，决定开始为产品设计做消费调查。”

原来，回到上海后，为了能够了解更多的消费信息，这位根据市场调查书中的技术介绍，亲自设计了精细的问卷，在上海选择了1 000个样本，并且保证所有的抽样在超级市场的宠物组购物人群中产生，内容涉及价格、包装、食量、周期、口味、配料六大方面，覆盖了所能想到的全部因素。沉甸甸的问卷让企业的高层着实兴奋了一段时间，谁也没有想到，市场调查正把他们拖向溃败。

2005 年初，这家上海企业的新配方、新包装狗粮产品上市了，短暂的旺销持续了一星期，随后就是全面萧条，后来产品在一些渠道甚至遭到了抵制。过低的销量让企业高层不知所措，当时这位远在美国的老总更是惊讶："科学的调查为什么还不如以前我们凭感觉定位来得准确?"到 2005 年 2 月初，新产品被迫从终端撤回，产品革新宣布失败。

这位老总告诉记者："我回国以后，请了十多个新产品的购买者回来座谈，他们拒绝再次购买的原因是宠物不喜欢吃。"产品的最终消费者并不是"人"，人只是一个购买者，错误的市场调查方向，决定了调查结论的局限，甚至荒谬。经历了这次失败，这位老总认识到了调查的两面性，调查可以增加商战的胜算，而失败的调查对企业来说是一场噩梦。

[重点提示]

1. 这位企业家以调查而形成的决策为什么会失败?
2. 这个案例对我们确定市场调查主题有什么启示?

● 综合实训

实训项目二	界定调查主题
实训任务	以小组为单位选择一个感兴趣的营销问题为调查课题，确定市场调查目标，例如，可把"在校大学生手机消费情况"确立为调查课题
实训时间	2 学时
实训重点	1. 确定调查目标运用能力 2. 训练学生思考、归纳、说明及团队协作能力
实训目标	1. 通过本项目训练，帮助学生认识到确定市场调查目标（调查立题）在市场调查活动中的重要作用 2. 通过本项目训练，帮助学生掌握科学确定市场调查目标的基本技能。学生能够根据有关项目要求，寻找调查要解决的问题、确定调查要达到的目标，明确调查的具体内容
实施形式	1. 以班（小组）为单位，可以从不同角度去思考、确定调查目标 2. 进行小组交流 3. 以班级为单位全面讨论
实训提示	此选题是后续课程的基础，对问题要了解透彻，争取背景企业的支持
实训成果	形成调查问题说明书，各组展示，教师讲评

备选题目：从下面给出的指导性题目中选择 1 个，或自选题目完成市场调查项目选题说明

的制作，并在同学中选择3～5名组成评议小组，对你的说明书进行评议，最后提交教师评定。

（1）汽车市场的个体消费需求调查分析。

（2）大学生求职意愿及需求市场调查分析。

（3）日用消费品价格上涨对城市居民生活的影响程度调查。

（4）大学生消费状况调查。

（5）大学生上网情况调查。

（6）居民使用国产家用电器意愿调查。

（7）大学生对学校后勤服务满意度调查。

●**课后练习**

（一）问答题

1. 自己试着总结如何对营销问题的背景进行了解。

2. 自己试着和同学合作一起模拟与专家交流，并从中总结一些心得体会。

3. 市场调查在哪些情况下不适合开展?

4. 如何区分经营决策问题和市场调查问题?

5. 自己试着就一些营销问题确立市场调查目标，并与同学讨论，看是否确切、可行。

（二）技能题

1. 索尼公司正在考虑延伸3英寸和6英寸便携电视的产品线。它认为消费者购买该产品线有三种情况：（1）作为礼物；（2）给孩子们在他们自己房内使用；（3）在运动会上使用。如果索尼想要知道消费者对这三种可能用途的偏好，应该如何陈述调查目标?

2. 几年前，在市区内建设商业步行街是城市再开发的热点，这些街道是通过禁止车辆进入特定区域而形成的。目标就是要创造能把观光客吸引到步行街的购物环境，并使地区的零售业重现活力。对于这样一个问题，作为管理者的市商业协会认为开发商业步行街可以增强城市的活力。为了获得更多的支持，他们做了一项调查，调查中要求消费者按照各种因素对拟作为商业步行街的地段进行评级，其中包括商品质量、选择、价格、停车以及流动性。但专业的调查人员认为这些方面还不足以确定是否要建设步行街，应该进行更加广泛的调查，还应该询问购物者的购物意愿。由于协会早已认定建设商业步行街是有必要的，做此次调查活动只是为了支持他们的决策而已，固有的思维方式阻碍其去进一步思考可能会产生的问题。调查的结果出来了，消费者在商品质量、选择和价格方面给了商业步行街很好的评级。但在停车和流动性方面给了最差的评级。最终步行街建成了，却没有产生应有的效益。你如何看待这个问题?

3. 一家烤制食品公司发现本公司生产的一种利润丰厚而且在市场上非常畅销的饼干，在东北地区出现了销售额大幅度下滑的情况。为此，公司及时做出反应，提出了以下问题：

（1）东北地区此种饼干销售额的下滑，是否预示将出现全国性的销售额下滑，还是仅局限于东北地区？这种现象是暂时的，还是会长期地持续下去?

（2）这次销售额的下降，是否是因大批的、具有不同口味的外地人口涌入东北地区而造成的?

（3）如果确定是由于大批外地人口涌入东北地区而引起销售额的下降，这些外地人口的不断扩散，会不会带来销售额的继续下降?

（4）公司的竞争对手是否已经显示出任何将利用这种新的市场形势的迹象？

（5）如果调查的结果表明，消费者的口味改变是引起销售额下降的关键原因，那么公司将采取什么措施？是调整公司产品的制作方案，还是采取其他措施？

（6）如果公司销售额的下降，不是由于消费者的口味改变而引起，那么是什么其他原因造成的？

（7）根据目前的售后利润而言，公司应该花费多少时间和财力来调查处理这个问题？你认为该公司对问题分析的思路清晰吗？为什么？

（三）上机题

上网分别收集一则企业面临经营决策时是如何通过定义调查问题的成功案例和失败案例，形成文字材料。

项目三　撰写调查方案

●项目目标

掌握调查方案的内容和结构，能设计专项调查方案。

●技能要求

掌握探索性调查方案设计方法；

掌握描述性调查方案设计方法；

掌握因果性调查方案设计方法。

●提交成果

提交一份调查设计方案。

●教学建议

建议课内 3 学时，课外 1 学时。教学可在多媒体教室内进行，在老师相关讲解基础上组织学生分组讨论，完成一份市场调查方案书。本项目要求学生具备一定的组织策划能力，团队协作精神强。

●任务描述

在上一单元中，我们确定 Ennz 公司在决定推出新款数码相机前需要了解消费者对数码相机的偏好程度及购买意向，这也是拟调查的问题和目标。如何顺利推进这一调查的进行，这需要方案和计划的保证。在正式开展调查之前企业需要拟订调查方案。

●任务要点

根据市场调查与分析业务活动顺序，本项目主要是市场调查方案的编写。市场调查方案是指导我们下面几个调查任务的蓝图，是指导我们调查工作的总纲。可以说调查方案设计的科学、系统、可操作与否关系到调查工作的成败。企业每一次调查所针对的问题可能都是不同的，即使有些问题相同，但是由于市场因素和环境的变化，解决问题所需要的信息也可能是不一样的，所以每一次调查活动都必须制订相应的调查计划和实施方案。经过市场调查方案的选择、精心设计编写之后，一份完整的市场调查方案就出现在了我们面前。为了使调查方案能有条不紊地指导我们的调查活动，我们还应该对方案进行一系列的讨论和修改，直到取得多方面的认可。

一、市场调查设计

（一）调查设计的定义

调查设计是开展某一营销研究项目时所要遵循的一个框架或计划，它详细描述获取市场调查问题所需要信息的必要程序。调查设计是执行调查项目的基础，一个好的调查设计将保证市场调查项目的高效执行，而错误的调查设计有时会带来灾难性的后果。在进行调查设计时一般需要考虑以下几个问题：

（1）定义所需要的信息，包括调查的主题和目标。

（2）调查设计的探索性阶段、描述性阶段或因果性阶段。

（3）详细说明测量与设计量表的程序。

（4）设计调查问卷（访谈表）或者合适的数据收集表格，并进行预调查。

（5）确定抽样过程及样本大小。

（6）制订数据分析计划及其他相关工作计划。

（二）调查设计的分类

一旦搞清楚了问题和调查目标，调查人员就会选择调查设计类型。恰当的调查设计对调查人员达到调查目标来说是很有必要的，调查设计大体上可以分为探索性调查设计与结论性调查设计，如图 3－1 所示。

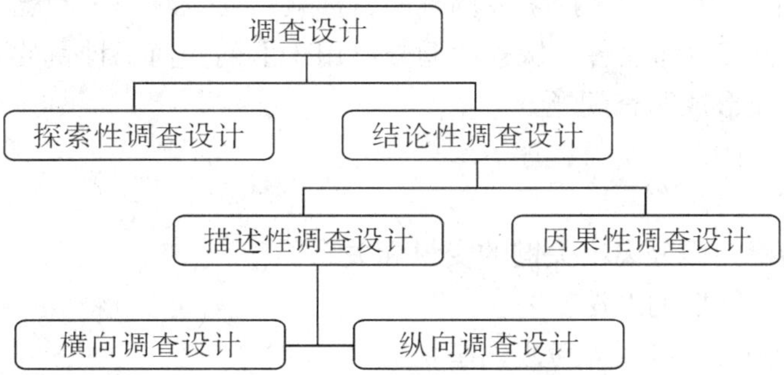

图 3－1　市场调查设计分类

探索性调查的主要目标是针对调查人员所面临的问题提出的看法与见解。当你必须准确地定义问题，确定相关的行动方案，或者想在提出调查方法之前考虑得更加周到时，就需要进行探索性调查。这一阶段只是大体定义所需要的信息，采用的调查程序是灵活的、非结构化的。例如，可以通过对行业专家进行访谈而得到数据。原始数据从性质上来看属于定性数据，并用相应的定性方法进行分析。考虑到调查过程中的这些特征，探索性调查的结果应该被看做是被动的，或者作为进一步调查的参考。一般来说，这样的调查之后是进一步的探索性调查或结论性调查。探索性调查，特别是定性调查，当作为整个调查过程时，应当谨慎地利用所得到的结果。

探索性调查所得到的观点可以被结论性调查所验证，因为结论性调查的目标是检验特定的假设，并验证特定的相互关系。这就要求清楚地说明所需要的信息。结论性调查通常比探索性调查更加正式与结构化，它建立在大量有代表性样本的基础之上，所得到的数据倾向于定量分析。这种调查所得到的结果从性质上看是结论性的，因此它们可以用做经营决策的依据。表3－1概括了探索性调查与结论性调查的区别。

表3－1　探索性调查与结论性调查的区别

比较项目	探索性调查	结论性调查
目标	* 提供对问题的看法与理解	* 检验特定的假设，并检验特定的相互关系
特征	* 只是大体定义出所需要的信息 * 研究过程灵活、非结构化 * 样本小、不具代表性 * 原始数据分析是定性分析	* 清楚地定义所需要的信息 * 研究过程正式且结构化 * 样本大、有代表性 * 数据分析是定量分析
结论	* 尝试性的	* 结论性的
结果	* 进一步的探索性调查或结论性调查紧随其后	* 结果用做经营决策的重要依据

1. 探索性调查

就像它的名称所隐含的一样，探索性调查的目标就是通过对一个问题或情况的探索或者研究，来提供对问题的洞察力和理解。探索性调查可用于下列任何一种目的：

（1）准确地界定或形成调查问题。

（2）确定可供选择的调查实行程序。

（3）设计假设。

（4）为进一步的检验而分离出关键的变量和关系。

（5）了解如何解决问题的办法。

（6）确定进一步调查所应优先考虑的事情。

通常，当调查者对开始进行的调查项目缺乏足够的了解时，探索性调查便有重要的意义。由于探索性调查还没有采用正式的调查计划和程序，因而其调查方法具有相当的灵活多样性。探索性调查很少采用设计调查问卷、大样本以及样本调查计划等调查方法，调查人员在调查过程中对新的调查思路和发现极为敏感。一旦有了新的思路或新的发现，他们会立即对调查方向作相应的调整。除非发现了没有可能性或者确定了另一个调查方向，他们会始终坚持这个新的调查方向。由于这个原因，探索性调查的调查重点经常随着新发现的产生而发生变化。这样，调查人员的创造力和灵敏性就在探索过程中发挥了举足轻重的作用。但是，调查人员的能力并不是取得探索调查成功的唯一的决定因素。使用以下调查方法对探索性调查的成功也很有帮助：专家调查、实验性调查、对第二手资料的分析、定性调查。

2. 描述性调查

顾名思义，描述性调查就是描述一些事物，通常指描述市场功能或特征。进行描述性调查的理由有以下几点：

（1）可以描述相关群体的特征。相关群体包括顾客、销售人员、机构以及市场等。

（2）可以估计在某个具体的群体中，具有特定行为特征的人所占的比重。

（3）可以判断顾客对产品特征的理解能力。

（4）可以判断营销变量的相互联系程度。

（5）可以作具体的预测。

进行描述性调查是以调查人员对调查问题状况有非常多的了解为前提的。实际上，探索性调查和描述性调查的一个关键区别在于描述性调查提前形成了具体的假设。这样，就非常清楚需要哪些信息。因此，描述性调查通常都是提前设计和规划好的，它通常建立在大量有代表性的样本的基础上。一个正式的调查设计必须明确指出选择信息渠道的方法以及从这些渠道收集资料的方法。描述性调查的设计通常需要明确回答与调查有关的6个基本问题，即人物是谁？什么事情？什么时间？什么地点？什么原因？什么方法？这6个问题简称6W。

绝大多数涉及描述性调查的营销调查，都采取下列四种主要的方法：第二手资料、调查、讨论小组、观察资料和其他资料。

尽管上面介绍的几种调查方法都非常典型，但应该认识到还有其他的调查方法。例如，可以采用探索性的提问（不确定性问题）或因果研究（实验）的方法来实施调查。如描述性的调查可以进一步分为横向调查和纵向调查。

3. 横向调查设计

横向调查设计是在营销调查中最常使用的描述性调查设计。这种设计方法的基本含义是既定的人口样本只收集一次信息，它包括单一的横向调查设计和多重的横向调查设计。在单一的横向设计中，只从目标人口中选出一个应答者样本，并且只向这个样本收集一次信息，因此这种设计也被称为单样本调查设计。在多重的横向调查设计中，尽管存在两个或两个以上的应答者样本，但从每个样本仍然只收集一次信息。通常，从不同的样本处收集信息的时间不同。

4. 纵向调查设计

纵向调查设计是指重复地对一个固定样本（或几个样本）的组成人员调查的方法。和横向调查设计不太相同，纵向调查设计在不同的时期仍选择组成人员相同的样本。换句话来说，同一个人会在不同时期里作为被调查对象。如果将横向调查设计和纵向调查设计作一个形象的比较，横向调查设计相当于对某一个特定时点上相关变量所拍的一张照片，而纵向调查设计则相当于对一段时间的状况变化所拍的一系列图片。

通常，“讨论小组”和“纵向调查设计”两个词可以互换使用。讨论小组是指由一群应答者组成的一个调查样本，通常这些应答者都是消费者，他们愿意在一段时间内定期接受调查并提供信息。大的企业集团通常都有自己的讨论小组。讨论小组成员通常会收到礼物、优惠券、资料或资金等作为对他们参与调查的奖励。

5. 小组分析

小组分析包括按适当时间间隔举行一系列的调查，小组是基本分析单位。一个小组由一群在同样的时间间隔中经历同样事件的应答者组成。

在分析小组中，在某一时点的样本中出现的应答者都不能在早于另一时点的样本中出现。例如，我们计划每隔10年对一组由年龄在8～19岁之间的人组成的年龄小组的饮料消费情况进行调查。这意味着每隔10年，我们就要选择一个不同的样本群体，每个应答者的年龄仍在8～19岁之间。也就是说，前后样本之间是相互独立的。一个在前一个样本中出现的人显然不可能再在后一个样本中出现，因为他的年龄已经不可能符合下一个样本中的要求（8～19岁）。这项调查最终的结果表明：这个年龄小组的饮料消费在逐年增长。对其他年龄小组的分析还是得出同样的结果。而且，我们还可以发现同一个小组的饮料消费量不会因为小组成员年龄的增加而有所下降。

6. 因果调查

因果调查目的是找到因果关系的证据。营销经理总是以假设的因果关系不停地作出决策，这些假设可能不正确，必须通过正确的调查对其进行检验。例如，通常价格下降会引起销售的增加和市场份额的提高，但在特定的竞争环境里，这个假设不能获得支持。因果调查对于实现下列的目的很有必要：

（1）理解哪些变量是原因（独立变量），哪些变量是结果（非独立变量）。

（2）判断原因变量和预测结果之间的关系的实质。

和描述性调查相似，因果调查也需要有计划、有结构的设计。尽管描述性调查可以判断变量之间的相互联系程度，但对于检验因果关系却不合适。检验因果关系需要进行原因调查设计，使得原因和独立变量能够在相对控制的环境里被操作运用。这里所说的“相对控制的环境”是指能够尽最大可能对那些影响非独立变量的其他变量实施和检查的环境，因果调查的主要方法是进行实验。

（三）选择市场调查方案

1. 不能肯定问题性质时，选用探索性调查方案

探索性调查是为了使问题更明确而进行的小规模调查活动。这种调查特别有助于把一个大而模糊的问题表达为小而准确的子问题，并识别出需要进一步调查的信息。

例如：某公司的市场份额去年下降了，公司无法一一查知原因，就可用探索性调查来发掘问题：是经济衰退的影响，是广告支出的减少，是销售代理效率低，还是消费者的习惯改变了等。

通常，调查者对开始进行的调查项目缺乏足够的了解，不能肯定问题的性质时，选用探索性调查方案。

2. 对有关情形缺乏完整的知识时，选择描述性调查方案

描述性调查是寻求对“谁”、“什么事情”、“什么时候”、“什么地点”这样一些问题的回答。它可以描述不同消费者群体在需要、态度、行为等方面的差异。描述的结果，尽管不能对“为什么”给出回答，但也可用作解决营销问题所需的全部信息。

例如：某商店了解到该店67%的顾客主要是年龄在18～44岁的妇女，并经常带着家人、朋友一起来购物。这种描述性调查提供了重要的决策信息，使商店重视直接向妇女开展促销活动。

3. 需要对问题严格定义时，选择因果调查方案

因果性调查是调查一个因素的改变是否引起另一个因素改变的研究活动，目的是识别变量

之间的因果关系。如预期价格、包装及广告费用等对销售额有影响。这项工作要求调查人员对所研究的课题有相当的知识，能够判断一种情况出现了，另一种情况会接着发生，并能说明其原因所在。

描述性调查可以说明某些现象或变量之间相互关联，但要说明某个变量是否引起或决定着其他变量的变化，就要用到因果关系调查。和描述性调查相似，因果调查也需要精心的设计，常用的方法是进行实验。

（四）市场调查方案选择的实际应用

探索性调查、描述性调查和因果调查是调查设计的主要类别，但是千万不能将它们之间的区别绝对化。一项具体的营销调查项目可能会涉及几种调查方案设计以实现多种目标。究竟应选择哪几种调查方案设计取决于调查问题的特征。下面我们提出一些选择调查设计的一般指导原则：

（1）如对调查问题的情况了解甚少，理想的做法是从探索性调查开始。探索性调查在下面几种情况下是比较恰当的：① 调查问题需要精确界定的时候；② 替换的行动方案需要被寻找出来的时候；③ 需要设计调查疑问或假设的时候。

（2）探索性调查是整个调查设计框架的第一步，在大多数情况下，探索性调查之后会出现描述性调查或因果调查。

（3）并不是所有的调查设计都有必要从探索性调查开始，这取决于调查问题被界定的确切程度以及调查人员对找到调查问题的确定程度。

（4）尽管探索性调查在一般情况下都是调查的第一步，但这并不是必然的规律。有时，探索性调查也被排在描述性调查和因果调查的后面。

例如，当描述性调查和因果调查的结果很难使管理人员解释的情况下，探索性调查就可以为解释这些调查结果提供更多的信息。

二、策划市场调查方案

不同市场调查方案格式有所区别，但一般格式均包括以下几部分：前言部分、调查课题的目的和意义、调查的内容和具体项目、调查对象和调查范围、调查的方法、资料分析的方法、调查的时间进度安排、经费预算开支情况、调查结果的表达形式、附录部分等。

（一）前言部分（方案的开头部分）

也就是方案的开头部分，应该简明扼要地介绍整个调查课题出台的背景原因。

例如，前言编写：天天健公司是我国饮料市场五巨头之一，2000 年以前很少做广告宣传，但 2003 年公司年度广告投入量达到 800 万元，主要是投在电视广告片、各种方式的售点 POP 广告、印刷品广告和极少量的灯箱广告等。为了有针对性地开展 2004 年度的产品宣传推介工作，促进产品品牌形象的传播和产品销售量的进一步提高，以便在激烈竞争的保健品市场中立于不败之地，公司拟进行一次广告效果调查，以供决策层参考。

（二）调查课题的目的和意义

较前言部分稍微详细，应指出项目的背景，想研究的问题和可能的几种备用决策，指明该项目的调查结果能给企业带来的决策价值、经济效益、社会效益，以及在理论上的重大价值。

例如，调查课题目的和意义编写：分析现有的各种广告媒介的宣传效果，了解现行广告作品的知晓度和顾客认同度，了解重点销售区域华南和华东地区市场的消费特征和消费习惯，为天天健口服液2004年度的广告作业计划提供客观的事实依据，并据此提供相应的建设性意见。

注意：编写市场调查方案首先要明确的就是调查目的。如果遇到对市场调查还不熟悉的客户，指出的问题未经考虑，范围广泛，这就需要研究人员针对企业本身和企业想要了解的问题进行调查、访问，熟悉企业背景，讨论企业的生产、销售情况，明确企业调查的目的和内容。

（三）调查的内容和具体项目

调查的主要内容和具体项目是依据我们所要解决的调查问题和目的所必需的信息资料来确定的。

例如，调查的内容和具体项目编写："关于××品牌专营店商业选址的调查"内容和项目见表3-2。

表3-2　关于××品牌专营店商业选址的调查

类别	项目	内容
消费与购物环境	商业氛围	商业区域范围大小、商业活动等级
	交通条件	是否靠近地铁、公共交通密度、停车是否方便
	银行网点情况	银行网点数量
	卫生环境	周围公厕卫生情况
	周围居民居住情况	居住密度、住房建筑类型
	休闲与娱乐	娱乐场所和类型
消费群体情况	人流量	不同时段人流量
	年龄	青少年、中年、老年
	性别	男、女
	衣着	低档、中档、高档

调查项目的选择要尽量做到"准"而"精"。具体而言，"准"就是要求调查项目反映的内容要与调查主题有密切的相关性，能反映调查要了解的问题的信息；"精"就是调查项目所涉及的资料能满足调查分析的需要，不存在对调查主题没有意义的多余项目。

（四）调查对象和调查范围

确定调查对象和调查范围，这主要是为了解决向谁调查和由谁来具体提供资料的问题。调查对象就是根据调查目的、任务确定调查的范围以及所要调查的总体，它是由某些性质上相同的许多调查单位所组成的。

市场调查对象和调查范围编写：在上例天天健公司天天健口服液广告效果调查中调查对象和范围描述如下：

例如：本项调查拟在华南、华东两个重点市场开展，调查的范围深入到上述地区的中心城市和有代表性的县市。调查对象将锁定为30岁以上的消费群体。

在一般情况下，调查对象的选择是根据消费品的种类及其分销渠道来确定的。也就是说，产品由生产者到消费者手中都经过了哪些环节，那么消费品的调查对象也就是哪几种人。

耐用消费品，一般分销渠道短，其调查对象主要为经销商或最终消费者；一般消费品，如自行车，价格一般为几百元，它的分销渠道要比消费者长些，因此，调查对象的选择主要为消费者和经销商。而很多价格低廉、形态较小的日用消费品，由于消费者一般是时用时买，以方便为宜，故它的零售商较多、分销渠道长，调查对象也就增加了零售商这个环节。

需要注意的是：必须严格规定调查对象的含义和范围，以免造成调查登记时由于含义和范围不清而发生错误。例如，城市个体经营户的经营情况调查，必须明确规定个体经营户的性质、行业范围和空间范围。

（五）调查的方法

方法的说明主要是详细说明选择什么方法去收集资料，具体的操作步骤是什么。如采取抽样调查方式，那么必须说明抽样方案的步骤，所取样本的大小和要达到的精度指标。

例如，调查方法编写：在上例天天健公司天天健口服液广告效果调查中调查方法说明如下：

考虑到此次调查工作涉及面广，因此拟采用多级抽样的方法。即在上述两个地区按月销量的大小分层，从市场调查的效果考虑，主要在天天健口服液的重点销售地区广东、上海、江苏、浙江的重点城市进行。并拟定每个城市抽取的样本数为400人，按年龄层次和性别比例分配名额。年龄层分段为：30～40岁，41～50岁，51～60岁，61岁以上；各层比例采用近似的1∶1，性别比亦采用1∶1。总样本数为4 400人。

调查的实施要求各地的访问员对所有抽中的400个样本实行面对面的街头访问。执行访问的访问员由当地市场营销专业的大学生担任，我方付给一定的劳务费用。每个调查地点由两名调查员执行访问，每个城市大约需要20名访问员。访问工作的质量监督控制工作以及资料的统计处理工作均由ABC市场调查公司负责。

（六）资料分析的方法

明确资料分析的方法和分析结果表达的形式等。

（七）调查的时间进度安排

在实际调查活动中，根据调查范围的大小，时间有长有短，但一般为一个月左右。基本原则是：

（1）保证调查的准确、真实性，不走马观花。

（2）尽早完成调查活动，保证时效性，同时也节省费用。

一般情况下，调查过程安排如下：

第一周准备：与客户商讨、确认计划建议书，进行二手资料的收集，了解行情，设计问卷。

第二周试调查：修改、确定问卷。

第三周具体实施调查。

第四周进行数据处理。

第五周编写报告，结束调查。

通常，在安排各个阶段工作时，还具体详细地安排需做哪些事项、由何人负责，并提出注意事项，所以需制作时间进度表。切记：计划应该设计得有一定的弹性和余地，以应付可能的意外事件之影响。市场调查进度表的一般格式如表 3 - 3 所示。

表 3 - 3　市场调查计划进度表

工作与活动内容	时间	参与单位和活动小组	主要负责人及成员	备注

(八) 经费预算开支情况

调查费用根据调查工作的种类、范围不同而不同。当然，即使同一种类，也会因质量要求差异而不同，不能一概而论。但经费预算基本上遵循一定原则，费用项目具体如下：资料收集、复印费；问卷设计、印刷费；实地调查劳务费；数据输入、统计劳务费；计算机数据处理费；报告撰稿费；打印装订费；组织管理费；税收；利润。

根据若干市场调查案例可以总结一般的经费预算比例，即策划费（20%）、访问费（40%）、统计费（30%）、报告费（10%）。若接受委托代理的市场调查，则需加上全部经费的 20% ~30% 的服务费作为税款、营业开支及代理公司应得的利润。

例如，调查经费预算编写：在上述天天健公司天天健口服液广告效果调查中调查费用预算，如表 3 - 4 所示。

表 3 - 4　市场调查估价单

费用支出项目	数量	单价/元	金额/元	备注
方案设计策划费	1 份	20 000	20 000	
抽样设计实施费			2 000	
问卷设计费	1 份	1 000	1 000	
问卷印刷装订费	4 400 份	4	1 760	
调查员劳务费	220 人	100	22 000	
……	……	……	……	
总计			62 000	

在调查费用问题上应避免两种情况：一是调查时间的拖延，这样必然造成费用开支的加大；二是缩减必要的调查费用。

(九) 调查结果的表达形式

确定市场调查结果的表达形式。如最终报告是书面报告还是口头报告，是否有阶段性报告等。

例如，结果表达形式编写：在上述天天健公司天天健口服液广告效果调查中调查结果的形式表达如下：

本次调查结果的表达形式为调查书面报告。具体内容将包括：前言、摘要、研究目的、研究方法、调查结果、结论和建议以及附录七个部分。交给客户两份书面材料。

（十）附录部分

附录部分内容应包括：开列出课题负责人及主要参加者的名单，并可扼要介绍一下团队成员的专长和分工情况；指明抽样方案的技术说明和细节说明；调查问卷设计中有关的技术参数；数据处理方法；所采用的软件等。

三、撰写市场调查方案

市场调查方案是市场调查研究成果的集中体现。撰写市场调查方案要根据调查任务、目的和所收集到的市场信息资料，经过分析研究，做出判断性结论，提出建设性的措施、意见，使调查报告在企业生产、营销工作中起到指导性的作用。

市场调查方案设计必须在保证满足项目完工的日程要求的前提下，充分考虑各项工作的逻辑顺序、难易程度、调查与预测力量的使用可能等因素，考虑到意外情况的出现，留有充分的时间，进行精心设计。

市场调查方案是对调查工作的整体构想，怎样才能保证策划的科学性、可行性。应该把握的关键问题在哪里。

市场调查目标的实现，最关键的因素是准确把握决策者需要了解的问题及信息资料，这需要调查人员与决策者（或委托方）在充分沟通基础上，进行大量的前期资料查询，有时还需要进行一些前期的调查，才能较好地把握。另外，周密策划调查对象与内容，才能确保收集的信息资料是必需的、正确的。

项目组在策划好调查项目的实施方案后，需要撰写一份市场调查方案，也可以称作市场调查项目策划书，或市场调查项目计划书。下面将就休闲服装市场调查方案的制作技术进行分析讨论。

（一）市场调查方案概要

以休闲服装市场调查方案为例，说明市场调查方案的撰写概要如下：

1. 前言

调查公司通过多次与服饰公司沟通，就休闲服装市场调查达成了共识。目前我国休闲服装市场品牌众多，市场竞争激烈，但另一方面，整个市场又存在以下问题：品牌定位不清晰；产品款式同质化现象严重；产品版型差距大；市场推广手法雷同等。

服饰公司能否对目前的市场环境有一个清晰的认识，能否在目前的市场竞争状态下找到市场空间和出路，取决于正确的市场定位和市场策略，只有对市场进行深入的了解与分析，才能确定如何进行产品定位，制定价格策略、渠道策略、促销策略，使产品成功进入市场。

在本次调查中，调查公司将集中优势资源，严格把控调查质量，科学实施调查流程，确保调查的顺利完成。

2. 调查目的

（1）通过市场调查，为××品牌寻找新的市场空间和出路。

（2）通过市场调查，了解目前休闲男装市场的竞争状况和特征。

（3）通过市场调查，了解竞争对手的市场策略和运作方法。

（4）通过市场调查，了解休闲男装市场的渠道模式和渠道结构。

（5）通过市场调查，了解消费者对休闲男装市场的消费习惯和偏好。

（6）通过市场调查，了解休闲男装市场的品牌三度竞争。

（7）通过市场调查，了解消费者对休闲男装产品的认知和看法等。

总之，本次调查最根本的目的是真实地反映休闲服装市场的竞争状况，为××品牌的定位及决策提供科学的依据。

3. 调查内容

（1）宏观市场调查：休闲服装市场的动态及市场格局；休闲服装细分市场的竞争特点和主要竞争手法；休闲服装细分市场的发展和市场空间；休闲服装细分产品的流行趋势研究；休闲服装细分市场知名品牌的优劣势分析；主要休闲服装企业分析和研究等。

（2）代理商调查：代理商对新兴市场的一些看法；代理商对不同风格休闲品牌的看法；代理商对市场空间和产品机会的看法；代理商对新品牌的市场定位的建议；代理商的市场运作手段和方法；代理商对产品、价格、款式、种类的需求；代理商对厂家合作的建议和要求；代理商对产品组合、市场推广的建议；代理商目前的市场运作状态与潜在需求之间的差异。

（3）零售商调查：零售商对不同品牌休闲风格的看法；零售商对当地休闲服装市场的看法；零售商对产品、价格、款式、种类等的需求及与现有状态间的差距；不同零售点的产品组合差异性；当地零售市场的主要竞争手段；该店销售得好的款式及其原因分析；该店产品的价格组合方式等。

（4）消费者研究。

产品调查：消费者对目前休闲服装产品的评价；消费者对产品质地的偏好趋势；消费者对休闲服装风格的偏好趋势；消费者对休闲服装款式的偏好趋势；消费者对产品组合的要求；消费者对产品色彩的偏好与趋势；消费者对产品图案的选择和爱好；消费者对休闲服装产品的潜在需求与休闲服装现状的差距等。

购买行为调查：消费者购买什么类型的休闲服装（WHAT）；消费者为何购买（WHY）；消费者何时购买（WHEN）；消费者何处购买（WHERE）；消费者为谁购买（WHO）；消费者如何购买（HOW）。

影响因素调查：卖场氛围对消费者购买的影响程度；影响消费者购买考虑的最主要因素；品牌对消费者购买的影响程度；风格对消费者购买的影响程度；价格对消费者购买的影响程度等。

品牌调查：休闲服装品牌知名度测试；休闲服装品牌认知度测试；休闲服装品牌满意度测试；××品牌联想测试等。

广告信息调查：消费者获取信息的主要渠道；消费者获取休闲服装信息的主要渠道；目前休闲服装信息的主要传播点；媒介接受对称性分析等。

竞争对手调查：消费者对竞争对手风格的认知；消费者对竞争对手产品的了解程度；消费者对竞争对手价格的接受程度；消费者对竞争对手利益点的接受程度等。

样本的构成调查：抽样样本的年龄构成；抽样样本的职业构成；抽样样本的文化程度构成；抽样样本的家庭收入构成；抽样样本的性别构成等。

4. 问卷设计思路

（1）问卷结构主要分为说明部分、甄别部分、主体部分、个人资料部分，同时问卷还包括访问员记录、被访者记录等。

（2）问卷形式采取开放性和封闭性相结合的方式。

（3）问卷逻辑采取思路连续法，既按照被调查者思考问题和对产品了解的程度来设计，在一些问题上，采取跳问等方式来实行消费者的逻辑思维。

（4）主要问题的构想：消费者单位与职业、过去购买的休闲服装品牌、最近购买的休闲服装品牌等。

5. 调查区域

以下区域作为调查的主要区域：北京市；外埠地区为天津、石家庄、济南、南京、广州、上海、杭州等城市。

调查区域点的分布原则上以当地的商业中心为焦点，同时考虑一些中、高档生活小区；各个区域要求覆盖以下各个调查点，以保证样本分布的均匀性和代表性（具体地点由督导到当地了解后决定）：商业中心区域；代理商经销点；大型商场休闲服装柜组；休闲服装专卖店。

6. 调查方法与样本量设计

（1）消费者抽样方法：采用便利抽样和配额抽样的方法。本次调查在各个城市中采取在街头或商业场所向过往或停留的消费者做休闲服装市场的产品测试；从总体样本中按照年龄层作为标志把总体样本分为若干类组，实施配额抽样。

（2）经销商、零售商调查方法：本次调查的深度访谈由调查公司有经验的调查人员按照调查提纲来了解相关信息，通过在商业场所观察不同品牌的销售情况和消费者的购买情况，获得市场信息。

（3）文献法：用于内部资料整理、文案研究等。

每个区域的样本量为300～500例。（规划书中样本量分配略）

7. 分析方法

对问卷进行统一的编码、数据录入工作。编码由编码员对已完成的问卷建立答案标准代码表（简称码表），今后进行问卷编码；选择不同地区、不同层次的访问来建立码表。

数据录入到电子表格中，并对数据进行电脑逻辑查错、数据核对等检查。用Excel软件对问卷进行数据分析，一般可开展样本结构分析、需求分析、交叉分析、相差回归分析。如果有需要还可开展高级统计分析，如聚类分析法分析被访者背景、消费习惯、生活方式、个性等；因子分析法分析影响消费者购买的原因、品牌差异性等；相关分析法分析影响消费者消费、评价品牌、产品与品牌、产品特性之间的内在关系；SWOT分析品牌的内在环境和外在环境，从而明确优势和劣势，认清市场机会和威胁，对于策略性决定有很大的指导作用。（本书中不作重点介绍）

8. 组织安排和预算

（1）机构安排及职责：设置项目负责人1名，负责项目的规划实施全过程，并对委托方负责；项目实施督导人员7名，在负责人的领导下组织开展调查工作，负责对调查员培训、督导问卷访谈、进行数据资料的整理分析、承担调查报告的撰写任务等；聘用调查人员70名，接受培训后，按要求完成问卷访谈工作。

（2）调查员的选拔与培训安排：从某高校三年级学生中选择70名经济类专业学生，仪表端正，举止得体，懂得一定的市场调查知识，具有较好的调查能力，具有认真负责的工作精神及职业热情，具有把握谈话气氛的能力。培训内容主要是休闲服装个体调查问卷访谈要求及技术。

（3）实施的进度安排：分准备、实施和结果处理三个阶段。准备阶段完成界定调查问题、设计调查方案、设计调查问卷三项工作；实施阶段完成资料的收集工作；结果处理阶段完成汇总、归纳、整理和分析，并将调查结果以书面的形式——调查报告表述出来。时间分配为：

调查方案规划设计、问卷的设计	…………	7个工作日
调查方案、问卷的修改、确认	…………	3个工作日
人员培训、安排	…………	3个工作日
实地访问阶段	…………	7个工作日
资料的审核	…………	5个工作日
数据预处理阶段	…………	5个工作日
数据统计分析阶段	…………	5个工作日
调查报告撰写阶段	…………	20个工作日
论证阶段	…………	10个工作日

（4）经费预算：包括策划费、交通费、调查人员培训费、公关费、访谈费、问卷调查礼品费、统计费、报告费等，具体金额略。

9. 附件

包括了聘用调查员承诺书、调查问卷、调查问卷复核表、访谈提纲、质量控制办法等（具体内容略）。

（二）市场调查方案撰写技术

1. 市场调查方案一般格式

上面提供的市场调查方案实例基本反映了一般的市场调查方案的格式，一个完整的市场调查方案通常包括八项内容，具体如下：

（1）概要或前言。它概述规划书要点，提供项目概况。

（2）背景。它描述和市场调查问题相关的背景。

（3）调查目的和意义。它描述调查项目要达到的目标，调查项目完成产生的现实意义等。

（4）调查的内容和范围。给出调查采集的信息资料的内容，调查对象范围的设定。

（5）调查采用的方式和方法。给出收集资料的类别与方式，调查采用的方法，问卷的类型、时间长度、平均会见时间，实施问卷的方法等。

（6）资料分析及结果提供形式。它包括资料分析的方法，分析结果的表达形式，是否有阶段性成果的报告，最终报告的形式等。

（7）调查进度安排和有关经费开支预算。

（8）附件。包括设计的问卷、调查表等。

2. 市场调查方案撰写技巧

（1）调查目标的陈述。这项内容实际上就是研究项目与主题确定后的简洁表述，在此部分，可以适当交代研究的来龙去脉，说明方案的局限性以及需要与委托方协商的内容。有时这部分内容也放在前言部分。

（2）研究范围。为了确保调查范围与对象的准确性，易于查找，在撰写市场调查方案的时候，研究范围一定要陈述具体明确，界定准确，能够运用定量指标来表述的一定要定量化，要说明调查的地域、调查的对象，解决“何处”、“何人”的问题。

（3）研究方法。为了顺利地完成市场调查任务，要对策划的调查方法进行精练准确的陈述，解决“以何种方法”进行调查，由此取得什么资料的问题。具体撰写中，对被调查者的数量、调查频率（即一次性调查还是在一段时间内跟踪调查）、调查的具体方法、样本选取的方法等要进行详细的规定。

（4）研究时间安排。实践中，各阶段所占研究时间比重可以参照下表的分配办法酌情分配与安排。

研究阶段	所占时间比重（%）
1. 研究目标的确定	5
2. 研究方案设计	10
3. 研究方法确定	5
4. 调查问卷的制作	10
5. 试调查	5
6. 数据收集整理	40
7. 数据分析	10
8. 市场调查报告的写作	10
9. 市场调查反馈	5
10. 合计	100

（5）经费预算。一般地，市场调查经费大致包括资料费、专家访谈顾问费、专家访谈场地费、交通费、调查费、报告制作费、统计费、杂费、税费和管理费等。比重较大的几项费用为交通费、调查费、报告制作费、统计费，依调查的性质不同而有一定的差异。目前，为保证问卷的回收量及其他调查类型被调查者的配合度，往往还要支付一定的礼品费，不过礼品的发放不能造成被调查者改变自己的态度，不能影响调查结果的可信度。

（6）研究人员预算。研究人员预算要陈述清楚不同类型研究人员的配比问题，主要需要市场分析、财务分析、访谈人员等专业人士，可以根据具体的项目适当调配各类人员的配合关系。

3. 撰写市场调查方案需要注意的问题

（1）重视市场调查方案的制作。一份完整的市场调查方案，上述内容均应涉及，不能有遗漏。而且，方案的制定必须建立在对调查背景的深刻认识上，尽量做到科学性与经济性的结合。格式可以灵活，但市场调查方案一般应由项目负责人来完成。

（2）进行方案的可行性研究。市场调查方案撰写好之后，应当从逻辑的层面对方案进行把关，考察其是否符合逻辑和情理；通过组织一些具有丰富市场调查经验的人士，对设计出来的市场调查方案进行初步研究和判断，说明方案的合理性和可行性；通过在小范围内选择部分单位进行试点调查，对方案进行实地检验，说明方案实施的可行性。

（3）对市场调查方案进行总体评价。一般情况下，对项目规划书从四个方面进行评价，即是否体现调查目的和要求，方案设计是否科学、完整和适用，是否具有可操作性，是否具有调查质量高的效果，是否有调查实效检验。

方案设计是否基本上体现了调查的目的和要求，这一条是最基本的，例如，第二次工业普查从摸清我国工业家底的目的出发，根据方案确定的调查范围、调查单位、调查内容，据此设置的一系列完整的指标体系，反映了我国工业的现状和全貌。方案指标设置的重点基本上能够体现国家调整工业内部结构、发展科学技术、提高职工素质、提高经济效益等方面的要求。

普查对生产、流通、分配和消费各个环节，设置许多相互联系、相互制约的指标，形成一套比较完整的指标体系，其特点是全面、系统和配套，适用性较强。

影响调查数据质量高低的因素是多方面的，但调查方案是否科学、可行，对最后的调查数据质量有直接的影响，调查的实际差错率应符合低于20‰的规定。评价一项调查方案的设计是否科学、准确，最终还要通过调查实施的成效来体现，即必须通过调查工作的实践检验，来观察方案中哪些符合实际，哪些不符合实际，产生的原因是什么，肯定正确的做法，找出不足之处并寻求改进方法，这样就可以使今后的调查方案设计更加接近客观实际。

●内容小结

本项目对调查设计进行了定义与分类，主要描述了探索性调查设计与结论性调查设计，并进一步将结论性调查设计分为描述性调查设计与因果性调查设计，并作了详细讨论。重点讨论了市场调查方案的撰写过程及要注意的事项。

●典型案例

采乐洗发水市场调查方案（节选）

一、调查背景

近年来，宝洁公司凭借其强大的品牌运作能力以及资金实力，在洗发水市场牢牢地坐稳了第一把交椅。但随着竞争加剧，局势慢慢起了变化，联合利华强势跟进，夏士莲、力士等多个洗发水品牌从宝洁手中夺走了不少市场份额。花王旗下品牌奥妮和舒蕾占据了中端，而低端的一块则归属了拉芳、亮庄、蒂花之秀、好迪等后起之秀。至此，中国洗发水行业呈现出一个典型的金字塔形品牌格局。通过市场细分，西安杨森于2002年推出了采乐，在药品和洗发水两个行业找到了一个交叉点。为了提高其在全国重点城市中的占有率，并为其今后的营销发展计划提供科学的依据，六人行市场调查公司在全国范围的重点城市进行一次专项市场营销调查。

二、调查目的

了解消费者对去屑洗发水的认知，探察对去屑洗发水的接受程度。了解产品的知名度、美誉度，确定今后营销计划的重点。

三、调查内容

根据上述研究目的，我们确定本次调查的内容主要包括：

分析采乐洗发水前期的营销计划（包括其销售渠道、媒体投放、产品终端和产品情况），消费者的产品期望，明晰其自身的优势和弱势，以及面临的机会和威胁。本部分主要是针对其营销计划进行全面的分析，从而为其今后的营销计划提供科学的依据。本部分所需的主要信息点是：消费者对于采乐洗发水的使用情况——是否用过，满意度，以及觉得产品的哪方面更加吸引消费者。采乐在前期营销计划的情况了解——怎样知道采乐的，通过什么渠道购买到采乐的，是否有未买到过采乐的情况，对于使用过采乐后的感觉，以及可以在产品上改进的地方。消费者对于去头屑这方面的认知——了解消费者对于去屑洗发水的认知，探察消费者对于去屑洗发水的接受程度。本部分旨在了解消费者的观念，以及对采乐前期推广的深入程度做一个调查。

本部分主要是对产品前期的销售宣传等消费者传达的信息的一个反馈。主要信息点有：对于采乐的了解程度——是否知道以及是否使用过，对于采乐的印象的评价（5分制）。此外，我们还将收集包括消费者的年龄、性别、收入、职业以及包括消费者的发质在内的背景资料以备统计分析之用。

四、目标被访者定义

因本次调查是针对采乐洗发水前期的营销计划实施情况的一个效果的反馈，我们在样本定义时遵循以下原则：一是样本要有广泛的代表性，以期能够基本反映消费者对于采乐洗发水的看法，以及能反映采乐前期营销计划的实施情况；二是样本要有针对性。由于采乐属于日用品，而且它主要是针对有头皮屑的人，价格也较高，所以就需要有一定的购买和支付能力。因此此次调查主要是针对有使用经验的人，主要在全国的重点城市做调查。基于以上原则，我们建议采用如下标准甄选目标被访者：20～45岁的城市居民，本人及亲属不在相应的单位工作（如市场调查公司，广告公司以及洗发水行业等），在过去的六个月内未接受或参加过任何形式的相关市场营销调查。

五、数据收集方法

本项目的数据收集方法如下：

六人行市场调查公司将根据与西安杨森公司探讨所达成的共识设计问卷，问卷长度控制在半个小时左右，问卷经双方商讨确定之后正式启用。

问卷抽样方法：在北京、哈尔滨、上海、广州、长沙、成都、西安7个城市中各选择400人作为调查对象，在每个城市的电话簿中随机选择400个号码，打电话核实受访者。在不断淘汰受访者的情况下，多次随机选择，直到选够400人为止。

采用结构性问卷进行入户调查。

样本量：根据以往经验以及最大允许误差 ±2%，考虑到统计分析对样本量的要求和成本方面的经济性，我们建议本次研究所需要的样本量为每个城市400个。

质量控制与复核：本次访问复核率为30%，其中15%为电话复核，15%为实地复核；我们将实行一票否决权，即发现访问员一份问卷作弊，该访问员的所有问卷作废；

为确保科学高效地完成调查工作，我们将成立专门的项目小组为客户服务。

六、数据录入与处理

参与此项目的所有数据录入及编码人员将参与问卷的制作与调查培训；在录入过程中需抽取10%的样本处理采用进行录入复核，以保证录入质量；数据处理采用SPSS软件进行。

七、研究时间安排（自项目确定之日起）

工作任务	执行时间	备注
方案与问卷设计	2010年3月第1周	
问卷试访	2010年3月第2周	
调查实施	2010年3月第3、4周	
数据处理	2010年4月第1、2周	
报告撰写与发布	2010年4月第3、4周	
报告提交	2010年5月第1周	

由六人行市场调查公司向西安杨森公司提交调查一份报告及所有的原始问卷，并提供市场调查报告、数据分析。

八、费用预算

项目费用预算约为6.7万元，其用途分别如下：

问卷设计、问卷印刷　　2万元

调查与复核费用　　1万元

数据处理（编码、录入、处理、分析）　　1.5万元

地区市场调查公司代理费用　　1.4万元

差旅及其他杂费　　0.8万元

合计　　（人民币）6.7万元整

[重点提示]

本案例选用六人行市场调查公司为采乐洗发水做的市场调查方案，让学生从中了解以下几个知识点：

（1）一个好的市场调查方案设计的思路。

（2）一份书面的市场调查市场调查方案的一般格式和内容。

（3）案例资料显示的市场调查方案的主要特点。

液态奶消费市场调查方案（节选）

一、市场调查目的

中国加入WTO后，乳品行业在面临巨大市场机遇的同时，竞争也必然会日益激烈，为了能更准确地了解乳品行业的市场现状、发展趋势，乳品市场的消费需求明确公司的发展方向，使自己在未来的市场格局中占据有利的位置，××食品公司准备在全国范围内进行一次系统、详尽的市场调查。

通过本次科学、严谨、全面的市场调查，了解××食品公司现有的品牌形象，品牌发展态势，确立今后的品牌定位；了解乳品消费行为（消费目的、消费心理、消费习惯、消费需求等），为公司未来的新产品开发提供市场依据。受北京××食品股份有限公司的委托，北京精准联合企划有限公司在与市场部×××先生进行沟通的基础上制订出以下调查方案。本方案的指导思想：有针对性、可操作性、经济性。

二、市场调查内容

（一）乳品行业状况调查

（1）我国乳品行业的市场现状；

（2）我国乳品的市场容量；

（3）我国乳品行业市场格局；

（4）加入WTO对我国乳品行业的影响；

（5）我国乳品行业的市场前景；

（6）我国乳品行业的发展趋势分析。

（二）品牌调查与分析

1. 品牌形象调查

（1）认为最好的乳品品牌，原因；

（2）饮用最多的乳品品牌，原因；

（3）是否知道××这个品牌；

（4）××公司的品牌形象如何；

（5）为××公司的整体品牌形象评分；

（6）为组成××公司品牌形象的以下方面评分：公司标志、企业文化、营销理念、管理水平、员工素质、技术水准、产品质量、售后服务、发展前景等。

（7）用几句话来概述××公司的品牌形象。

2. 品牌态势调查

（1）××品牌在乳品行业中的位置；

（2）××品牌发展过程与趋势；

（3）××品牌今后的发展方向。

3. 品牌定位调查

（1）消费者认为××是食品公司还是专业乳品公司；

（2）以上哪种品牌定位更好；

(3) 现在的××是国际品牌、全国品牌还是国内区域品牌；
(4) 未来的××品牌如何定位；
(5) 品牌定位对××公司发展的影响。

(三) 消费者行为调查

1. 消费需求调查

(1) 喝乳品（液态奶）的主要品牌；
(2) 选择喝该品牌的主要原因；
(3) 喝液态奶最主要能满足您的哪三种需求；
(4) 喝液态奶最关注的三个因素；
(5) 是否喝过××牛奶；
(6) 选择喝××牛奶的主要原因；
(7) 为什么不喝××牛奶；
(8) 为什么选择喝液态奶，而不是其他饮料；
(9) 您喜欢喝什么样的液态奶；
(10) 现有的液态奶产品有哪些不足；
(11) 您心中理想的液态奶是什么样的；
(12) 希望厂家推出什么样的液态奶产品；
(13) 购买液态奶产品主要受哪些因素的影响；
(14) 购买液态奶的决策过程是如何形成的。

2. 消费习惯调查

(1) 您喝液态奶有多长时间了；
(2) 您喝××液态奶有多长时间了；
(3) 每天喝液态奶的时间；
(4) 您喝液态奶最多的场合；
(5) 液态奶的饮用方式；
(6) 每月液态奶的消费量；
(7) 每月液态奶的花费；
(8) 购买液态奶的地点和方式；
(9) 购买液态奶的频次；
(10) 每次购买液态奶的数量；
(11) 您喝液态奶最多的季节；
(12) 您家里主要是谁负责购买液态奶；
(13) 您家里主要是谁在喝液态奶；
(14) 购买液态奶主要目的。

3. 产品调查

A. 口味调查

(1) 您最喜欢喝哪种口味的液态奶，原因；
(2) 您认为哪个品牌（种类）液态奶的口味最好，原因；
(3) 您认为××液态奶的口味如何，原因；
(4) 您认为××液态奶哪种类别的产品口味最好，原因；
(5) 口味对您购买液态奶产品有哪些影响。
B. 包装调查
(1) 您最喜欢喝哪种包装、容量的液态奶，原因；
(2) 您认为哪个品牌液态奶的包装最好，原因；
(3) 您认为××液态奶的包装如何，原因；
(4) 液态奶产品质量好主要表现在哪几个方面：新鲜度、牛奶纯度、色泽、口感等；
(5) 包装对您购买液态奶产品有哪些影响；
(6) ××液态奶在口味和包装方面与其他品牌相比有哪些优点与不足；
(7) 您认为××公司推出什么样的新产品会受消费者的欢迎。
4. 价格调查
(1) 您一般是购买哪个价位的液态奶；
(2) 从总体上说，您认为目前液态奶的价格是否合适；
(3) 对于250毫升的袋、盒装奶的心理价位分别是多少；
(4) 对于500毫升的袋、盒装奶的心理价位分别是多少；
(5) 您认为××公司液态奶定价是否合适；
(6) 价格对您购买液态奶产品有哪些影响。
5. 销售渠道调查
(1) 购买液态奶主要地点；
(2) 购买液态奶主要方式；
(3) 产品摆放位置对购买的影响；
(4) 卖场促销对您购买液态奶有哪些影响；
(5) 您认为怎样的卖场布置和促销活动的效果会最好；
(6) 您认为××牛奶应怎样做卖场布置和促销。
6. 广告调查
(1) 哪个液态奶品牌的广告做得最好，原因；
(2) 您能记住哪个液态奶产品的广告：广告语、广告画面、人物、音乐等；
(3) 您认为××公司的广告做得如何；
(4) 您能记住几条××液态奶产品广告；
(5) 广告对您购买液态奶产品有哪些影响；
(6) 您看电视的时间和频道；
(7) 您最喜欢看的电视节目；
(8) 您最喜欢看的报纸和栏目。

7. 促销、公关调查

(1) 能记住哪个液态奶品牌的促销活动（内容），您的评价；

(2) 能记住哪个液态奶品牌的公关活动（内容），您的评价；

(3) 您能记住哪些××液态奶的促销、公关活动；

(4) 您认为××液态奶应该怎样做促销、公关活动效果才会好。

8. 消费者的个人特征：性别、年龄、职业、文化程度、家庭收入、家庭人口、兴趣爱好等。

（四）××乳品（液态奶）SWOT 分析

(1) 与竞争品牌相比，××乳品（液态奶）的优势分析；

(2) 与竞争品牌相比，××乳品（液态奶）的劣势分析；

(3) ××乳品（液态奶）的市场机会分析；

(4) ××乳品（液态奶）的市场威胁分析。

（五）对××食品公司的营销建议

(1) 品牌定位建议；

(2) 如何提升品牌形象；

(3) 对现有产品的改进建议；

(4) 新产品开发建议；

(5) 成功的市场运作建议等。

三、调查地域

北京、上海、广州、武汉、沈阳、成都六城市。

四、调查对象及样本量

1. 乳品专家调查

本次计划调查乳品专家 3 名，其中：乳品行业专家 1 人；乳品市场专家 1 人；乳品产品专家 1 人。

2. 消费者调查

A. 消费者定量调查

北京样本量为 400 个，上海、广州、武汉、沈阳、成都每个城市样本量为 200 个，六城市共 1 400 个样本。本次调查置信度在 96% 以上。

北京	400 个	上海	200 个
广州	200 个	武汉	200 个
沈阳	200 个	成都	200 个

北京按八城区，分 8 个点（超市）访问，每个点（超市）访问 50 个样本，共 400 个样本。其他五城市每个城市分 4 个点（超市）访问，每个点（超市）访问 50 个样本，共 1 000 个样本。

本次调查对象为 15 ~ 65 岁的城市居民，具体配额如下：

(1) 性别配额：男性，50%；女性，50%。

（2）年龄配额：15～20岁，10%；21～30岁，30%；31～40岁，20%；41～50岁，20%；51～60岁，10%；61～65岁，10%。

（3）文化程度配额：高中及以下，10%；中专，30%；大专，30%；大学，20%；研究生及以上，10%。

（4）家庭收入配额：本次调查访问对象为家庭月总收入在1 500元以上的消费者。

B. 座谈会（消费者定性调查）

北京开4场座谈会，上海、广州、武汉、沈阳、成都每城市2场座谈会，六城市共14场座谈会。

北京	4场	每场8～10人	15～35岁 男性1场，女性1场； 36～65岁 男性1场，女性1场；
上海	2场	每场8～10人	男性1场，女性1场；
广州	2场	每场8～10人	男性1场，女性1场；
武汉	2场	每场8～10人	男性1场，女性1场；
沈阳	2场	每场8～10人	男性1场，女性1场；
成都	2场	每场8～10人	男性1场，女性1场。

参加座谈会的对象必须符合以下条件：

（1）液态奶的消费者。

（2）本市城市居民。

（3）家庭月总收入在1 500元以上。

（4）文化程度：高中及以下，10%；中专，30%；大专，30%；大学，20%；研究生及以上，10%。

（5）年龄配额：

北京：15～35岁2场：15～20岁，2人；21～25岁，2人；26～30岁，2人；31～35岁，2人。

36～65岁2场：36～40岁，3人；41～50岁，2人；51～60岁，2人；61～65岁，1人。

其他五城市：15～30岁，3人；31～40岁，2人；41～50岁，2人；51～65岁，1人。

五、调查方法

（1）乳品专家调查：实地面对面深度访谈。

（2）消费者调查：调查方法为CLT调查法，即在商场超市集中定点问卷调查。

（3）××乳品SWOT分析：调查分析。

（4）对××食品公司的营销建议：调查分析。

鉴于本调查所涉及的内容，对研究方法的要求也相应提高。调查既要有定量的数据，同时也要有定性的分析。调查所得到的结论要能够同时满足本次调查的不同要求。因此，我们建议采用问卷调查、座谈会和深度访谈相结合的调查方法。

问卷调查法：是通过对样本的问卷调查，收集信息的定量方法。问卷法的优点是适合大面积的描述性研究，而且具有较高的推论能力。

座谈会：座谈会是一种定性的调查方法。消费者可以充分发表自己的看法和意见，以便能详细了解消费行为，为营销决策提供切实可靠的依据。

深度访谈：是一种定性调查方法，通过调查人员与调查对象的深入交谈收集必要的信息。它可以弥补定量调查的不足。深度访谈的对象涉及我们本次调查的特定人群。访谈按照固定的提纲进行访问。深度访谈的对象为使用其他调查方法难度较大的经销商。

六、实施过程

本次调查采用集中定点问卷调查、座谈会和深度访谈三种方式进行，合格的被试者同时应该符合如下要求：

（1）在过去的四个月内没有接受过市场调查人员的访问；

（2）本人或家人没有从事乳品、调查、广告行业工作；

（3）符合配额要求。

七、质量控制

质量控制体现在调查设计、项目人员（包括项目组人员和访员）培训和管理、实施和后期分析处理的各个方面，包括调查设计阶段的试调查、实施结果的审核、数据检查和统计检验。

本公司在实地访问中的质量控制方法如下：

（1）所有相关的调查人员深入理解项目背景和研究目的。

（2）相关的督导集中统一进行项目培训，加深对调查设计的理解，以消除理解上的误差。由项目负责人详细介绍项目背景、调查目的、调查内容、调查方法和访问的质量控制，并就可能出现的问题与督导进行讨论，积极听取督导的意见。

（3）为了解问卷设计中存在的问题，以及为访问员培训和工作安排提供依据，部分访问员在督导或研究人员的陪同下，在真实环境下进行试访。试访结束后及时进行小结，以找出问卷设计中存在的问题和统一访问标准。

（4）担任现场实施的访问员均为在校大学生，经过从招聘到多个项目访问的实战筛选，具有一定的调查经验。在执行本项目前，访员必须接受公司的培训。培训分为基础培训和项目培训。基础培训涉及访问伦理和访问技巧，项目培训主要涉及对调查目的、问题界定和问卷填答方法。项目培训通常在访问开始的前一天进行。在培训中，访问员必须进行模拟访问。培训合格者方可上岗。

（5）访问过程中，由督导员现场进行质量控制，协调解决可能出现的问题。其工作包括：发放问卷、回收问卷、当面一审、统计配额等。

（6）所有被调查人员均需经过甄别。

（7）所有访问都必须依照调查问卷进行。

（8）所有回收的问卷，需要进行审核。包括：复核、二审、抽审/抽查。凡答案出现逻辑错误及不合理漏答的问题超过5%的问卷一律作废。

(9) 对于数据的编码录入由专人控制。最终数据需经过核对和逻辑检验方可交给分析人员。数据录入错码率应低于千分之一。

(10) 调查报告需经初稿、二稿和定稿的讨论。

八、调查分析

我们将对所得到的各种数据进行分析，就有关调查内容得出分析结果。分析主要是针对调查问卷的数据统计分析，所采用的统计方法包括频数分析，交互分析，相关分析等，以及相应的统计检验。我们在分析过程中所使用的数据录入软件、统计分析软件为 SPSS for Windows 11.5。

九、调查报告

我们将在研究结束时向××食品公司提供数据统计报告、研究报告和口头报告。

(1) 数据统计报告概括了数据统计结果和调查的直接结论。

(2) 口头报告本次研究的主要发现，与客户有关人员直接讨论，以便在最终书面研究报告中回答客户关心的问题。

(3) 中文书面研究报告全面、深入地反映本次调查的分析结果，回答调查方案中关心的问题。它包括调查设计及实施情况，调查发现，以及调查用的各种文本附件。随调查报告同时提交的还有存有原始数据和分析报告的光盘一式二份。

十、调查时间

整个调查分为四个阶段：①调查设计和试调查，改进调查文本的设计；②大规模调查实施；③数据分析。同时进行补充调查，寻找解释和解决问题的方法；④调查分析。总结调查发现，撰写调查报告。自协议签订之日起到提交报告，项目周期大约为 66 天。具体时间安排为：

工作内容	实施时间	累计时间
调查设计	6 天	6 天
现场实施	30 天	36 天
编码、录入	6 天	42 天
数据分析	6 天	48 天
调查报告撰写	18 天	66 天

[重点提示]

本案例较全面地显示了调查方案产生的过程和主体内容，一份严谨的市场调查设计方案是调查工作顺利进行的保证，调查人员应非常重视这项工作。

● 综合实训

实训项目三	撰写调查方案
实训任务	先以个人形式在前面选题的基础上撰写调查方案，然后进行小组评议，选出一份最优的调查方案在班上进行综合评议
实训时间	4 学时
实训重点	1. 总体调查方案设计能力 2. 团队协作及创新能力
实训目标	1. 通过这次实际操作训练，帮助学生了解到市场调查方案在整个调查过程中的重要性 2. 通过这次实际操作训练，帮助学生掌握市场调查方案编写的基本技能。学生根据所选的调查项目，为其制订有效的调查方案，这是学生独立完成市场调查活动的基础，可以为将来的调查工作打下坚实的基础
实施形式	1. 每人设计一份市场调查方案 2. 在班级进行交流，每个小组推荐 2 人说明其所做的调查方案 3. 由教师与评议小组根据其所做调查方案及发言情况进行打分
实训提示	调查方案是对整个调查项目的总结，学生成员必须认真参入其中，发挥作用
实训成果	调查方案，各组展示，教师讲评

●课后练习

（一）问答题

1. 用自己的语言对市场调查方案设计下定义。
2. 市场调查设计可分为哪些类型？
3. 什么是因果性调查？它的目的是什么？
4. 探索性调查与结论性调查有什么区别？
5. 设计一份调查方案应注意哪些问题？

（二）技能题

1. 回想一下你以前的经历，是否开展过一些调查或接受过一些其他人的调查。如果有，你经历的这些调查属于调查的哪一类？

2. 针对上一项目中关于商业步行街的市场调查，确定新的调查目标并讨论其可行的调查方案。

3. 某公司生产某种新型功能饮料的新产品供应市场。由于产品新颖颇受欢迎，有供不应求现象，故考虑建新厂增加供应能力。但是，对于这个计划是否恰当，公司管理当局面临几个问题：其一，因为是新产品，企业的内部资料收集不够，无法提供分析。其二，若借消费者调查以确定该产品是处于“成长期”或进入“成熟期”，又将以何种指标来判断呢？可能的指标有：①本产品的消费者有多少？②购买者比例有多少？③购买者满意度如何？④重复购买率如何？⑤消费者的年龄层、性别？⑥对功能的选择有何特性？⑦新产品扩散途径有哪些？市场调查者与产品营销负责人为这些测定指标沟通后，他们决定通过消费者购买调查，以正确了解消费者购买需求动向，进而决定是否增设新厂，或者保持现况。请为其设计调查方案。

（三）上机题

访问问卷星（www. sojump. com），其一周热门排行榜有哪些正在进行的调查？它们都属于哪种调查设计？它们的调查对象是谁？形成文字材料进行描述。

项目四　获取二手资料

●项目目标

通过二手资料的获取和分析进一步明确拟调查问题，确定一手资料的获取方式。

●技能要求

能获取外部资料并能正确评价二手资料；

能撰写二手资料调查报告并应用二手资料；

能掌握网络调查方法。

●提交成果

形成二手资料调查分析报告。

●教学建议

建议课内4学时，课外2学时。教学可在多媒体教室内进行，课外教学可以参观企业，在图书馆查阅文献。本项目要求学生掌握基本文献检索方法与网络知识，对文献有综合分析的能力。教师可组织部分较好二手资料报告进行展示并公开讨论。

●任务描述

市场上的数码相机已有多种品牌、多种价位，消费者选择机会非常多，这无疑增加了Ennz公司开发新产品的难度。目前的数码相机具备哪些功能？哪些品牌比较受人欢迎？这些品牌存在着哪些竞争的差异？数码相机产品的社会背景及市场背景如何？数码相机有哪些核心技术指标？相关配件的市场情况如何？这些对Ennz公司的经营决策有重大影响。获得这些信息不仅可以帮助了解整个的经营环境，还可以为进一步的一手资料调查明确方向。

●任务要点

二手资料是企业进行经营决策的重要依据之一。本项目将描述二手资料的定义、特点，以及二手资料的优缺点和存在的局限性等内容，最重要的是要学生了解收集二手资料的来源有哪些途径，运用什么方法收集二手资料，在收集二手资料的同时学会评估二手资料的实用性。随着信息技术的发展，网上数据库日益成为二手数据的重要来源，掌握网上信息收集的方法也是一名调查人员所必备的技能。通过对数码相机二手资料的收集，是否能基本确定大众的选择偏好及市场竞争格局，以明确还需要哪些一手资料作支持，同时二手资料也可用为一手资料的补充或互相验证的依据。

一、二手资料的定义

（一）二手资料的定义

市场调查研究资料往往现存于许多相关机构，这些现存资料也是市场调查中重要的信息。换言之，市场调查资料有时不一定是百分之百自行收集得到的初级资料，有时也可采用这些既有数据，而这些由数据使用者以外的第三者所编纂并存于相关机构的资料即称为“二手资料”。

二手资料在市场调查研究过程中与初级资料有密切的相辅相成关系，在研究过程中与其他步骤及初级资料紧密结合。若能掌握二手资料，则可用以佐证初级资料，更可作为研究人员及企划人员分析判断以确定初级资料来源，其重要性不可忽视。

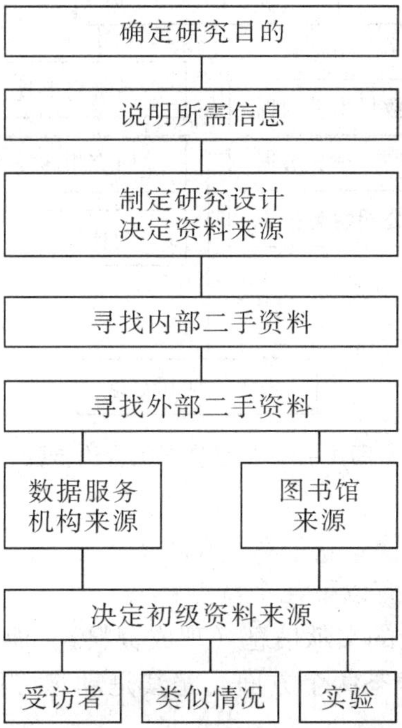

图 4－1　二手资料在研究过程中与其他步骤的结合情况

如何善用周围信息环境，将原本静态的二手资料转换为有效的资源利用，有赖于妥善引用、查询各方信息渠道。图 4－2 为一般二手资料查询步骤，值得研究人员参考，以快捷地获得资料，从而解决问题。

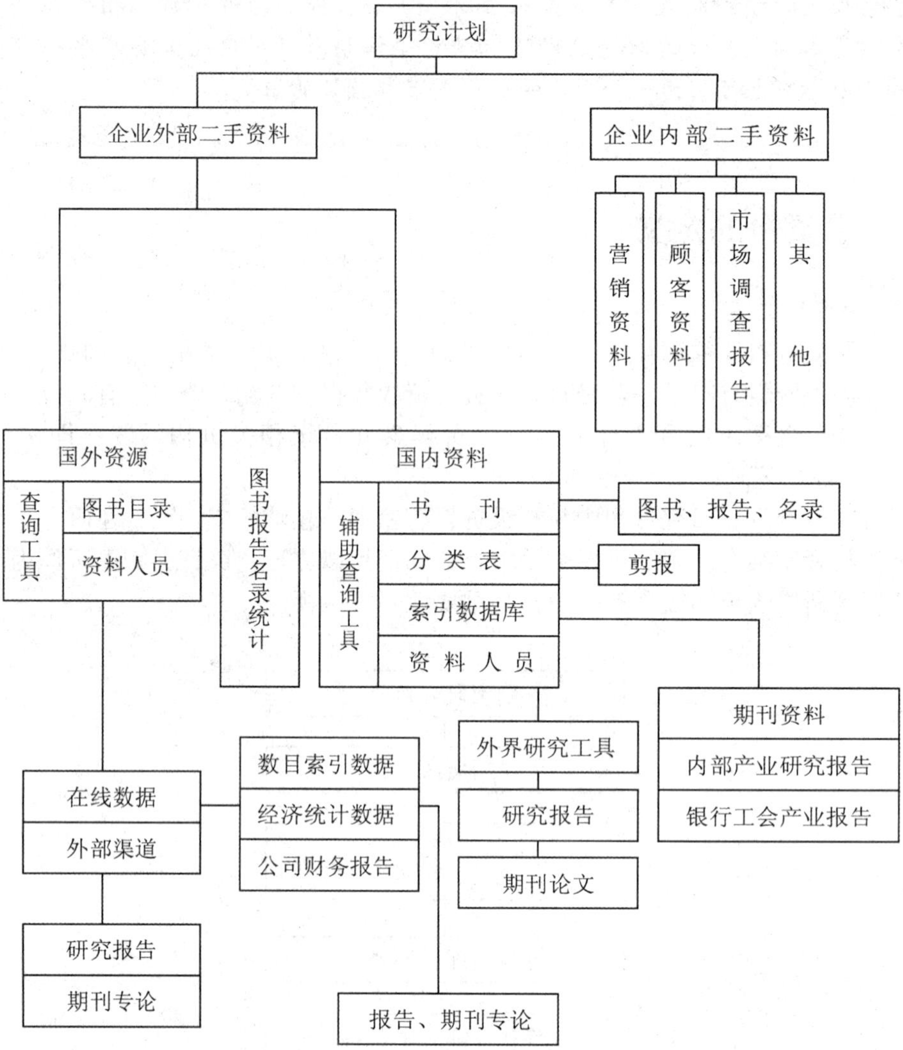

图 4－2　二手资料的查询步骤

（二）二手资料的特点

与一手资料相比，二手资料有以下几个特点：

（1）二手资料是已经加工过的文献信息（现成资料），而不是最原始资料。

（2）二手资料包括动态和静态两个方面。尤其是动态方面，可以反映市场变化的历史与现实。

（3）二手资料来源多，涉及面非常广，信息量大。既有来自企业内部的现成资料，也有来自企业外部的现成资料；既有来自国内的现成资料，也有来自国外的现成资料。

（4）收集二手资料所花时间短。相对于收集一手资料而言，二手资料不需要设计问卷、寻找访问对象、与一个一个的调查对象面谈等。因此，可减少不少时间。

（5）收集二手资料的费用低。能大大降低时间费用、人员费用、交通费、管理费等。

（6）收集二手资料可能缺乏针对性。从内容上看，因为二手资料大多是针对其他目的而形成的，因此，对于目前特定的目标就缺乏针对性；从时间上看，二手资料是过去的研究报告，可能已经过时，所以时效性差，不能很好地反映即时市场信息；从收集信息的方法上看，二手资料所采集的样本和所使用的收集工具等都与本调查的要求有差别，因此，不能完全靠它对市场作出判断。

鉴于二手资料以上方面的特点，我们得出这样的结论：高质量的资料不能完全依赖现成的文案资料，必须要有充分的原始资料。

（三）二手资料的意义

二手资料对企业的作用和意义主要表现在以下几个方面：

（1）可以帮助企业发现机会和问题，洞悉行销活动的得失利弊及提出改进建议。企业存在的问题是可以通过市场调查从大量的现成资料中发现的。根据市场调查的经验，几乎所有的市场调查都可始于收集现成资料，只有当现成的资料不能为解决问题提供足够的证据时，才进行实地调查。在对市场的研究中，对现成资料经常进行四种定量分析：①市场供求趋势分析，即通过对各种市场动态资料的分析和对比，来预测市场未来发展的趋势。②相关和回归分析，即利用一系列相互联系的现成资料进行相关和回归分析，以研究现象之间相互影响的方向和程度，并可在此基础上进行预测。③市场占有率分析，是根据各方面的资料，计算出企业某种产品的市场销售量占该市场同类商品总销售量的份额，以了解市场需求及本企业所处的市场地位。④市场覆盖率分析，是用本企业某种商品的投放点与全国该种商品市场销售点总数的比较，反映企业商品的广度和深度。

（2）二手资料能为企业未来进行实地调查奠定基础。充分利用现成资料，可以使实地调查计划制订得更周详，从而提高实施可行性；可以明确指明实地调查应调查的问题；可以用文案调查资料与实地调查资料进行对比，鉴别和估算实地调查结果的准确性和可靠性。

（3）收集二手资料可用于有关部门和企业进行的经常性市场调查。实地调查与收集二手资料相比，更费时、费力，组织起来也比较困难，故不能或不宜经常进行，而二手信息随时能根据企业经营管理的需要，定期为决策者提供有关市场调查报告。

（四）二手资料的局限

二手资料由于受制于资料收集过程中某些因素，而造成处理运用上的诸多困难，将会影响市场调查报告的准确性及客观性，不得不特别注意。

1. 定义及单位的不一致

相同的数据可能因为提供机构特性的不同，数据的定义及计算单位的设定标准也不同。就单位方面，以饮料单位为例，有些单位以“箱”为计算标准，而有些机构则用“升”，还有些单位用“公斤”作为计算标准，三者间计量单位相差很大。

2. 间隔性的提供

多数的二手资料所提供的时间皆有一定的间隔期。如季刊（三个月一次）、月刊（一个月一次）、年刊（一年一次）等，而间隔性数据会影响二手资料的时效性。

3. 抽样调查资料含有偏误因素

偏误因素是指样本统计量偏离母数的程度。两者间偏离越小，调查资料的正确度则越高。通常导致调查偏误的原因包括抽样方法、调查方法、问卷设计、调查员的调查技巧及受访者的合作态度和意愿等。

4. 资料搜集目的的不同

因各种数据的收集均有其特定目的，所以相同种类的数据会因不同的收集目的而获得不同的结果。如以电视公司及广告公司同时进行电视收视率调查为例，二者调查目的不同，设若前者以制定价格为目的，后者以招徕客户、配合时段为目标，则在调查时，难免加入主观因素而导致差异性的结论，运用数据者应格外小心。

5. 统计组距及分类标准的差异

由于统计组距及分类标准的差异，资料在引用合并时会出现困扰，如一般的消费者意向调查，为区隔市场，常将取得的资料以地区、收入、教育程度、职业及家庭人数等作交叉分析，应用时若不小心，硬性将之合并使用，其结果将有所差误。

（五）二手资料的调整

由于二手资料在处理上有上述限制及困难，为求有效运用二手资料，在运用之前，应将其加以调整，调整方法如下：

1. 定义及计算单位一致化

为衔接或比较各种不同来源的相关资料，将来源不同的二手资料的单位转换成一个相同单位，如箱与罐、重量与容量等的转换。

2. 不同来源资料的间隔衔接

由于多数数据有间隔性，且因为提供机构的不同，数据提供日期不一，故应寻求两个或两个以上的数据来源，将其加以衔接，以求二手资料的完整性及持续性。

3. 以理论观点过滤二手资料

为更进一步提高二手资料的正确性和合理性，可善用专业知识及统计工具判定所取得资料的合理性。此外，也可以用初级资料判定二手资料的逻辑性。

二、二手资料的来源

二手资料的获取应围绕调查目的，收集一切可以利用的现有资料。从企业经营的角度讲，现有资料包括企业内部资料和企业外部资料。因此，收集二手资料的渠道也主要是以下两种来源：

（一）企业内部资料

内部资料存在于企业内部，是在企业的正常运行过程中被整理、收集并使用的。内部资料对于分析、辨别存在的问题和机会，制订与评价相应的决策行动方案都是必不可少的。对于现代企业管理来说，建立管理信息系统，将企业的内部资料全部放入信息系统的数据库中，有利于对内部资料进行查、修、删、改等动态管理。

内部营销数据库是一个非常有用的数据库，它将顾客原始信息（如销售电话记录、销售发票上的信息）转录到计算机中，然后将消费者的购买信息（如产品的购买时间、商品的种类、销售额以及与销售有关的促销活动等）与人口统计和心理测量信息结合，用这些信息来分析重度使用者和轻度使用者的主要特征，并采取相应的行动。内部营销数据库可能还包括有关竞争对手的情报。客户关系管理（CRM）是数据库营销的一种特殊类型。

企业内部资料主要包括企业生产经营方面的资料和企业已经收集到的市场环境方面的资料。

1. 企业生产经营方面的资料

（1）销售业务方面。包括与企业经营活动有关的各种资料。如订货单（可以从中了解用户的需求量情况、用户的地理位置等）、进货单（可以了解供应单位的情况）、发货单（可以了解运输情况）、合同文本、发票、销售记录、业务员访问报告、广告等资料。

（2）生产方面。包括生产作业完成情况、工时定额、操作规程、产品检验、质量保证等资料。

（3）设计技术方面。包括产品设计图纸及说明书、技术文件、档案、试验数据、专题文章、会议文件等资料。

（4）财务方面。这是由各财务部门提供的各种会计核算和分析资料，包括生产成本、销售成本、各种商品价格及经营利润等。可以用它来考核企业的经济效益。

（5）设备方面。包括设备安装、测试、使用、维修的各种记录，设备改装、报废文件等。

（6）物资供应方面。包括库存保管、进料出料的各种制度和记录等。

（7）企业积累的其他资料。企业积累的各种调查报告、经验总结、顾客意见和建议等均可以作为参考资料。

2. 市场环境方面的资料

这些资料主要有以下几个方面：

（1）顾客方面。包括购买者行为特点、使用者行为特点、购买动机、购买量等方面的资料。这些都可以从企业的顾客分析报告或顾客档案中获得。

（2）市场容量方面。包括市场大小、增长速度、趋势等。

（3）竞争方面。包括同行业的直接竞争者和替代产品制造企业的产品结构、服务的市场、市场营销策略、企业的优势和劣势等。

（4）分销渠道方面。包括销售成本、运输成本、分销渠道上中间商的情况等。

（5）宏观环境方面。包括经济形势、政府政策、社会环境、行业技术及相关技术的发展、国际环境等。

（二）企业外部资料

外部资料是存在于企业外部各种信息源（如书籍、报刊、政府文件、名录等）上的资料。在线数据库出现以前，进图书馆是“桌面”调查的唯一重要来源。那时，“桌面”可能在某一图书馆里，但是现在，越来越多的是借助于国际互联网，进入在线数据库来收集二手资料。企业外部资料分类如下：

（1）统计部门与各类政府主管部门公布的有关资料。如政策、法令、统计资料、财政和金融信息等。

（2）各种经济信息中心、专门信息咨询机构、各行业协会和联合会提供的市场信息和有关行业情报。

（3）国内外有关的专业性书籍、报刊所提供的文献资料、统计资料、市场行情、广告资料、企业名称和预测资料等。

（4）公共图书馆和大学专业图书馆里大量的经济资料。

（5）国内外各种博览会、展销会、交易会、订货会及专业性、学术性经验交流会议上发放的文件和材料。

（6）广播电台、电视台提供的市场信息。

（7）其他信息来源。包括来自大学的研究所或个人的研究报告，如论文、专著及各种研究中心的研究报告等。

（8）国际市场的信息。包括国际组织，如国际贸易中心（ITC）、联合国粮食及农业组织（FAO）、经济合作与发展组织（OECD）、贸易和发展会议（UNCTAD）、国际货币基金组织等。另外，外国使馆、商会等都有自己的出版物和专门报告材料。

（9）互联网。互联网是一个全球性的电信网络，它使得计算机及其使用者能获得世界范围内的数据、图像、声音和其他文件。互联网在许多方面使二手资料的收集工作产生革命性的变化。现在可以在互联网上找到上百万条的信息。对有些调查者来说，跑图书馆可能已成为历史。

三、二手资料的收集方法

要想研究现有资料，必须先查找现有资料。对于文献性资料来说，科学地查找资料具有十分重要的意义。在获取资料时，主要有以下一些比较实用的方法：

（一）查找法

查找法是获取第二手资料的基本方法。从操作的次序看，首先，要注意从企业内部查找，一般来说，从自身的信息资料库中查找最为快速、方便；其次，还可到企业外部查找。查找时，可通过阅读目录、参考文献、检索工具等来进行。在此主要介绍文献性资料的查找方法。

1. 参考文献查找法

参考文献查找法是利用有关著作、论文的末尾所列的参考文献目录，或者是文中所提到的某些文献资料，以此为线索追踪、查找有关文献资料的方法。采用这种方法，可以提高查找效率。

2. 检索工具查找法

检索工具查找法是利用已有的检索工具查找文献资料的方法。依检查工具的不同，检索方法主要有手工检索和计算机检索两种。

（1）手工检索。进行手工检索的前提是要有检索工具，因收录范围不同、著录形式不同和出版形式不同而有多种多样的检索工具。以著录方式来分类的主要检查工具有三种：一是目录，它是根据信息资料的题名进行编制的，常见的目录有产品目录、企业目录、行业目录等；二是索引，它是将信息资料的内容特征和表象特征录出，标明出处，按一定的排检方法组织排列，如按人名、地名、符号等特征进行排列；三是文摘，它是对资料主要内容所做的一种简要介绍，能使人们用较少的时间获得较多的信息。除了有检索工具外，还要按照一定的检索途径去查询，才能迅速、准确地找到资料。

从表象特征来检索时，主要有：①资料名途径。它是将有关资料的名称按照一定字顺排列起来的检索系统。②著者途径。著者是指信息资料的个人著者、团体著者、信息提供的单位等，把它们按一定字顺排列起来。在已知著者的情况下，可很快找到所需的信息资料。③资料顺序号途径。每一篇资料都有一个序号，用序号便可组成一个检索系统以方便查找。如果已知要查找的序号即可找到所需的资料。

从内容特征来检索时，主要途径有：①分类途径。利用信息资料分类或编码的目录及索引来进行查找。②主题途径。利用信息资料的主题词所组成的检查体系，根据主题词就能查到所需要的资料。手工检索的常用方法有顺查法、倒查法、分段法和追溯法等，在此就不再介绍了。

（2）计算机检索。与手工检索相比，计算机检索不仅具有检索速度快、效率高、内容新、范围广和数量大等优点，而且还可打破获取信息资料的地理障碍和时间约束，能向各类用户提供完善的、可靠的信息。在市场调查计算机化程度提高之后，将主要依靠计算机来检索信息。

（二）索取法

很多情况下，市场调查人员需向有关机构直接索取某方面的情报。在索取资料时，应注意以下几个事项：

（1）注意营造良好的企业形象。

（2）清楚地说明需要资料缘由及资料类别。

（3）函索数量适可而止。

（三）收听法

用人工、录音、传真等方法收听广播及新兴的多媒体传播系统中播放的各种政策、法规和经济信息。

（四）询问法

如通过电话向企业内部相关部门查询某些业务数据。

（五）购买法

如从专业咨询机构、行业协会、信息中心等单位或团体购买定期或不定期出版的市场行情资料和市场分析报告等。

（六）委托法

如委托专业市场研究公司收集和提供企业产品营销诊断资料等。

在资料收集中要努力提高自己的检索能力。有经验的收集人员会先从报纸、杂志得知情报，然后向情报出处验证其正确性，进一步获得更详细、更深入的情报，并对所收集情报做笔记，记录下新发现或意见。

四、二手资料的储存和管理方式

在二手资料中，许多资料是可供长期使用的，对这部分资料就需要加以合理的储存与保管。二手资料储存和管理方式主要有两种：一是采用经济档案进行储存和管理的方式；二是利用计算机进行储存和管理的方式。

（一）采用经济档案进行储存和管理的方式

正像每个人都有自己的个人档案那样，为反映市场的发展变化过程，便于企业科学地积累资料，企业也应针对各自的特点为资料建立经济档案，这是市场信息管理的重要内容。在目前条件下，经济档案式的储存和管理方式具有普遍性，但这种方式有工作量较大、提供信息较慢等缺点，当市场调查发展到一定阶段后，必然要求利用计算机来储存和管理资料。

（二）利用计算机进行储存和管理的方式

利用计算机进行储存和管理，是把与企业经营有关的各种信息资料输入计算机或用代码储存到计算机中，利用计算机对资料进行储存、查找、排序、累加和计算。这种方式不仅可以大大节省储存时间和空间，而且还可以提高数据资料处理的效率和精度。

无论是采用经济档案还是计算机进行储存和管理，都要求对资料进行科学的规划和分类。杜威十进位分类法（Dewey Classification）是一种良好的分类方法，尤其适用于经济档案管理。它是将企业的各种资料按照资料来源加以妥善归类，并作索引，以便于寻找相关资料。具体方法可参见表4-1。

表4-1　杜威十进位分类法

分类	项目
账册类	企业内部财务报表、专案计划、年度预算均归属于账册类，尤其是对经营指标、销售统计月报、费用明细表、库存明细表、营业报告、产品计划表、人员分配销售计划表、市场计划书等企业内部的营销和财务性资料进行的分析与运用，有助于营销问题的评估与衡量
剪报类	新闻及杂志等剪报资料具有时效性、相关性与连续性。处理方式除了须自行分类外，还得注明来源、日期，并编制索引，以便于随时查阅。以某公司的剪报分类为例，依十进位分类法，以五进位数，将剪报资料予以分类。在五进位数中，第一位数代表基本类，第二位数代表大分类，第三位数代表中分类，第四位数代表小分类，第五位数代表细分类
期刊类	运用频度高，由外界机构定期所发行的刊物均属此类。期刊资料是以提供政治、经济、产业动向、企业经营、科技动向、市场倾向等信息为目的的次级资料。依十进位分类法，期刊类可细分为：统计年鉴、一般图书、政府刊物、民间定期刊物、统计资料、竞争对手的刊物、证券交易所报告、学校团体研究报告、其他相关市场调查报告
专刊类	凡国内外的专利资料、发明资料、开发资料或开发构想资料等皆属此类。上述资料对于产品开发及销售活动具有很大利用价值，尤其是专利资料的分析，分析结果往往是新产品开发构想的主要来源。专利资料大多由政府机构定期公布。专利类的分类方式为：专利资料、发明及产品开发资料
目录类	产品目录、产品说明书等资料，除了可帮助了解竞争对手的动向外，更是研究开发新产品所不可或缺的构想来源，尤其国外厂商的产品说明书、技术说明书或产品使用说明书。目录的分类可依内容细分为：产品目录、产品说明书、技术说明书、营业说明书、企业说明书、PR促进表

（续上表）

分类	项目
企业内外之视听类	有关视听类的资料包括：照片、地图、缩影影片、幻灯片、标本模型、录音带、影片、录影带、其他等。以地图类资料的运用为例，若能再将其细分为地质图、产业图、交通图等，则对于制定新事业开发或新地域开发等决策具有很大的参考价值
刊物索引类	若能有效运用各种有关刊物或杂志所发行的索引，可使企业对次级资料的应用收到事半功倍之效。以美国国际开发处（AID）所出版的 *Abstract Index* 为例，该索引刊物收录了100多个国家的“海外投资环境调查资料”，这些资料可供国际性投资之用。至于经济动态资料的搜集，则可查阅英国出版的“British Union Catalogue of Periodicals：Word List of Scientific Periodical”，由该索引可查出英国著名的经济性论文资料
外部机构调查资料类	凡由外界所发行的调查资料皆属此类。如政府机构的统计调查资料，金融机构的金融经济资料，大学、研究机构或民间机构等所发行的市场或行为方面的资料等。可细分为：调查专案机构、公会、政府机构、学术机构、民间专业机构、金融机构
演讲类	凡属于演讲会、讲习会或研讨会等的资料，皆可归入演讲类资料。在次级资料中，演讲类资料为最原始的第一手资料。听讲人员应于事后将听讲内容记载于规定格式的报表上

五、网络调查法

（一）网络调查法的特点

网络调查法，是传统调查在新的信息传播媒体上的应用。它是指在互联网上针对调查问题进行调查设计、收集资料及分析咨询等活动。与传统调查方法相类似，网络调查也有对原始资料的调查和对二手资料的调查两种方式，即利用互联网直接进行问卷调查，收集第一手资料，可称为网上直接调查；或利用互联网的媒体功能，从互联网收集第二手资料，称为网上间接调查。

对市场调查人员来说，网络提供三个方面的重要信息源：一是公司、组织机构、个人创设的推销或宣传他们的产品、服务或观点的网址；二是由对某特殊主题感兴趣的人们组成的用户群组；三是互联网数据库。因此，网络调查大大缩短了调查时间，提高了调查的效率，相对于传统的调查方法，省去了问卷印刷、访问员入户、准备样品、布置场地、数据录入等许多过程，而且在被访者填写问卷的同时，计算机程序会及时汇总，在很短的时间内就能将被访者的问卷整理、反馈给调查人员。可避免某些人为因素造成的误差，传统调查方法多由访问人员开展调查，而访问人员的主观见解或理解错误等会使资料发生错误。而网络调查在访问过程及数据录入过程中均无须人员干预，避免了数据收集和处理过程中人为因素引起的误差。调查成本低，对调查实施者而言，网络调查节省了问卷印刷费用、人工费用、场地费用、数据录入等费用，大大降低了运作成本。易于收集数据，传统调查方法多在白天进行，且时间不能太长，而网络调查中只要被访者访问公司站点，就可以随时随地完成问卷，如休息时间也可以完成调查。问卷的资料较全面，传统的面访可以出示一些卡片和照片，电话访问基本不可能出示任何辅助的提示性材料。而网络调查可以通过多媒体手段向受访者出示丰富的动画、声音和图像信息，极大地提高了信息的丰富程度。

但是，网络调查法也有如下缺点：调查范围受到限制，目前上网用户仅限于城市的部分单位和家庭，农村的互联网用户较少，从而使调查范围受到限制，资料的代表性只能是有限群体的；在调查时有可能遭到电脑病毒的干扰和破坏，或者访问者在回答过程中自动放弃，使得调查突然中断，造成资料的不完整；调查结果的准确性不能验证，结果的正确与否，一方面受调查者对互联网技术和操作方法的熟练程度影响，另一方面也受调查者的态度影响，因在访问过程中不被监控，完全取决于自身，如果是漫不经心的回答，资料的准确性必然降低。

（二）网络调查的程序

网络调查的程序与其他调查方法的程序相比有所不同。其他调查方法只是问卷设计、样本确定、资料分析等用电脑进行，而正式调查是以面访、电话、邮寄等方式进行的。网络调查的程序则不同，它的整个调查过程都在互联网的电脑上进行。

具体程序是：先在电脑上进行问卷设计并确定样本，然后将问卷通过电子邮件的形式传递给被调查者，被调查者将问卷在电脑上填好后以同样的形式传递回来，最后调查者在电脑上进行整理分析并报告结果。整个过程见图 4－3。

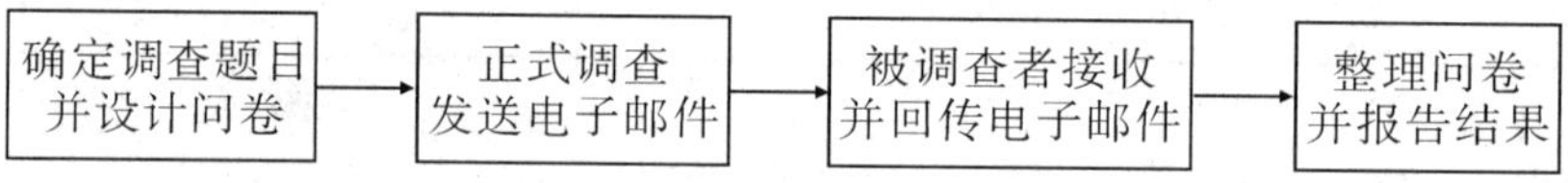

图 4－5　网络调查程序

（三）网络调查的应用

网络调查的主要形式有网上直接调查和网上间接调查。

1. 网上直接调查

网上直接调查方法是利用互联网直接进行问卷调查，收集第一手资料。如将问卷设计好后，按照已知的 E-mail 地址发给接受者，或者直接粘贴在自己的网站上。按照采用调查方法不同，可以分为网上问卷调查法、网上实验法和网上观察法，常用的是网上问卷调查法，下面将详细介绍如何组织使用网上问卷进行调查。

网上问卷调查法是将问卷在网上发布，被调查对象通过互联网完成问卷调查。网上问卷调查一般有两种途径：一种是将问卷放置在 WWW 站点上，等待访问者访问时填写问卷，如 CNNIC 每半年进行一次的“中国互联网络发展状况调查”就是采用这种方式。这种方式的好处是填写者一般是对此问卷内容感兴趣的，但缺点是无法核对问卷填写者真实情况以及无法纠正某些错误。为达到一定问卷数量，站点还必须进行适当宣传，以吸引大量访问者，如 CNNIC 在调查期间与国内一些著名的 ISP（网络服务提供商）/ICP（网络媒体提供商）如新浪、搜狐、网易等设置调查问卷的链接。

另一种是通过 E-mail 方式将问卷发送给被调查者，被调查者完成后将结果通过 E-mail 返回。这种方式的好处是可以有选择性地控制被调查者，缺点是容易遭到被访问者的拒绝，有侵犯个人隐私之嫌。因此，用该方式时首先应征得被访问者的同意，或者估计被访问者不会反感，并向被访问者提供一定补偿，如有奖问答或赠送小件礼物，以降低被访问者的拒访率。

按照网络调查采用的技术可以分为站点法、电子邮件法、随机 IP 法和视听会议法等。

①站点法。站点法是将调查问卷的 Html 文件附加在一个或几个网络站点的 Web 页上，由浏览这些站点的网上用户在此 Web 页上回答调查问题的方法。站点法属于被动调查法，这是目前出现的网上调查的基本方法，也将成为近期网上调查的主要方法。

②电子邮件法。即网上问卷调查法的一种方式。电子邮件法属于主动调查法，可以选择企业感兴趣的被调查者，同时也能在一定程度上控制样本的规模，提高调查的速度。与传统邮件法相似，优点是邮件传送的时效性大大地提高了。

③随机 IP 法。随机 IP 法是以产生一批随机 IP 地址作为抽样样本的调查方法。随机 IP 法属于主动调查法，其理论基础是随机抽样。利用该方法可以进行纯随机抽样，也可以依据一定的标志排队进行分层抽样和分群抽样。这种方法可以排除主观选择被调查者所导致的偏差。

④视听会议法。视听会议法是基于 Web 页的计算机辅助访问（Computer Assisted Web Interviewing，简称 CAWI），是将分散在不同地域的被调查者，通过互联网视听会议功能虚拟地组织起来，主持人通过网络输入讨论的问题，取得调查资料的方法。这种调查方法属于主动调查法，其原理与传统调查法中的小组座谈法相似，不同之处是参与调查的访谈对象不需被召集到指定地点，而是分散在任何可以连通国际互联网的地方，如家中、办公室等。因此，网上视听调查会议的组织比传统的小组座谈法简单得多。视听会议法适合于对关键问题的定性调查研究。

2. 网上间接调查

网上间接调查主要利用互联网收集与企业营销相关的市场、竞争者、消费者以及宏观环境等信息。企业用得最多的还是网上间接调查方法，因为它的信息广泛满足企业管理决策需要，而网上直接调查一般只适合于针对特定问题进行专项调查。

网上间接调查渠道，主要有 WWW、BBS、E-mail，其中 WWW 是最主要的信息来源，根据统计目前全球有 8 亿个 Web 网页，每个 Web 网页涵盖信息包罗万象，无所不有。

①利用公告栏收集资料。公告栏（BBS）就是在网上提供一公开“场地”，任何人都可以在上面进行留言回答问题或发表意见和问题，也可以查看其他人的留言。公告栏的用途多种多样，一般可以作为留言板，也可以作为聊天（沙龙）、讨论的场所。公告栏软件系统有两大类，一类是基于 telnet 方式的文本方式，查看阅览不是很方便；另一类是现在居多的基于 WWW 方式，使用方法如同浏览 WWW 网页。利用 BBS 收集资料主要是到主题相关 BBS 网站进行了解情况。

②利用 E-mail 收集资料。E-mail 是 Internet 中使用最广的通信方式，它不但费用低廉，而且使用方便快捷，是最受用户欢迎的应用。目前许多传统媒体以及一些企业都利用 E-mail 发布信息。

③利用搜索引擎收集资料。目前网上 80% 的信息都是英文的，中文网站经过几年的发展，数目急剧增加。

如果是中文信息，使用较多的中文搜索引擎是：搜狐（http://www.sohu.com）、新浪

(http://www.sina.com.cn)、网易(http://www.yeah.net)、中文雅虎(http://www.yahoo.com.cn)、百度(http://www.baidu.com.cn)和谷歌(http://www.google.cn)。

如果是外文信息，使用较多的搜索引擎是：Yahoo！(http://www.yahoo.com)、Excite(http://www.excite.com)、Lycos(http://www.lycos.com)、Infoseek(http://www.infoseek.com)和AltaVista(http://www.altavista.com)。

④利用相关的网上数据库查找资料。网上数据库有付费和免费两种。在国外，市场调查用的数据库一般都是付费的。我国的数据库业近十年有较大的发展，近几年也出现了几个Web版的数据库，但它们都是文献信息型的数据库。国际上影响较大的几个主要商情数据库检索系统如下：

DIALOG系统(http://www.dialog.com)，这是目前国际上最大的国际联机情报检索系统之一，中心设在美国加利福尼亚州。

ORBIT系统(http://www.questel.orbit.com)，提供科学、技术、专利、能源、市场、公司和财务方面的服务。

ESA—IRS系统(http://www.eins.org)，该系统隶属于欧洲空间组织情报检索服务中心，主要向ESA各成员国提供信息。

STN系统(http://www.stn.com)，由德国、日本、美国于1983年10月联合建成，1984年开始提供联机服务，有远程通信网络连接着三国的计算机设备，提供涉及商业与经济信息的数据。

FIZTechnik系统(http://www.fiztechnik.de/en/)，属德国FIZTechnik专业情报中心，总部设在法兰克福，专门从事工程技术、管理等方面的情报服务。

DATA—STAR系统(http://datastarweb.com)，属瑞士，提供商业新闻、金融信息、市场研究、贸易统计和商业分析等方面的信息。

随着互联网的不断完善，有越来越多的传统报纸、杂志、电台等媒体以及政府机构、企业等在网上拓展自身，使得网上信息急剧增加，通过互联网获取有价值的信息，已经变得越来越可行。

(四)进行网络调查应该注意的问题

1. 认真设计在线调查问卷

首先，网络调查的问卷设计要注意调查应专门针对某个人的，电子表格用冷色调以便于保护被调查者的眼睛，而且要灵活使用图表、色彩及语气，从而使调查气氛活跃。另外，多张短页的效果强于单张长页。

其次，不要侵犯或泄漏被调查者的个人隐私。许多免费下载软件对用户的网上监测是在网民不知情的情况下进行的，这会招致网民的抗议与反对。在问卷调查中，为了确保被调查者能够解除顾虑，乐于参与并真实地填写问卷涉及的问题，在问卷设计的时候要特别注明尊重被调查者个人隐私、自愿参加调查。

另外，为吸引网民的注意，问卷的设计可以通过提供物质奖励和非物质奖励、寻找大家最有兴趣的话题、使用合适的电子邮件开头(开头应包含调查者及调查目的、奖励及调查指导)等措施，尽可能地吸引网民参与调查，特别是在被动问卷调查时更要注意这一点。

2. 网上用户身份的检验

在采集调查信息时，为了尽可能消除因同一个被调查者多次填写问卷给调查结果带来的代表性偏差，我们可以利用“IP＋若干特征标志”的办法，判断被调查者填表次数的唯一性。在设计指标体系时，所有可以肯定的逻辑关系和数量关系都应充分利用，并被列入调查质量检验程序，以实现网上用户身份的唯一性，排除干扰。

3. E-mail＋Web方式

在采用电子邮件邀请和在线调查相结合的方法时，调查者给被调查者提供一个含有密码的链接，每一个被调查者的密码都不一样，而且只能使用一次。当被调查者点击链接时，程序会读取密码并与数据库核对，这样可避免不合乎标准的人填写问卷，防止被调查者的多次填写。

4. 采取随机IP自动拨叫技术

采用这种技术进行主动的网上抽样调查，通过一个随机IP地址发出软件产生一批随机IP，再由一个IP自动拨叫软件向这些IP发出呼叫，传送一个请被调查者参加调查的信息。收到该信息的网上用户可以按照意愿决定是否参加调查。

5. 利用特征标志作为“过滤器”

即根据具体调查问题选取有效的指标，如年龄、性别、学历、职业、职务、地区及其他品质标志和数量标志等作为特征标志，通过特征标志将调查表中代表性差的样本过滤出去。

作为一种新兴事物，网络调查与目前的各种调查方式存在许多不同之处。先进的通信技术使它具有传统调查无法比拟的优势，但它存在的问题也是不可忽视的。要深入研究，积极探索，克服它的缺点，相信它一定具有广阔的发展前景，能够很好地服务于市场调查工作。

六、获得二手资料

（一）明确收集二手资料的要求

二手资料的获得仅仅是开展营销研究工作的第一步。更重要的是要对所收集到的资料作适当的处理和解释，使之成为判定营销策略的依据。因此，对二手资料收集和处理是有严格要求的。

1. 真实性

所获得的二手资料，要进行认真鉴别和筛选，实事求是，避免个人偏见和主观臆想。

2. 及时性

营销调查人员必须及时收集市场变化的数据资料，分析市场变化的最新趋势。

3. 同质性

围绕特定的营销问题所获得的资料必须同质、相关并可比，对同一问题还要明确统一定义标准和统计计量单位。

4. 完整性

这是指收集的资料要力求全面系统地反应市场行情的来龙去脉，所获取的同类数据在时间上应当是连续的，形成一定的序列，能够反应各时期情况及其发展趋势。

5. 经济性

这是指资料的收集、处理、传递方式必须符合经济利益的要求，通过资料的使用，必须使企业在经济上有所收益，没有经济效益的资料是没有任何意义的。

6. 针对性

资料的收集必须有确定的指向和目标，避免无的放矢，而且应为企业的营销决策提供实际的效用。

（二）二手资料的收集步骤

查找二手资料来源的实际工作该如何进行呢？我们建议遵循以下的步骤：

第一步：确定你希望知道主题的哪些内容及知道的内容。清晰地定义你的主题、相关的事实、研究人员的姓名或与主题相联系的组织名称、关键文章及你已熟悉的其他出版物等，将会对查找与主题相关的信息有所帮助。

第二步：列出关键术语和姓名。

第三步：通过一些信息源来开始你的搜寻。

第四步：对已找到的资料进行编辑，并评价你的发现。

第五步：如果你对所发现的信息感到不满或者有困难，而且也不能确定合适的信息源时，请用权威。确定某些可能知道与主题相关事物的人或组织，他们可能会帮助你确定信息源。

（三）二手资料的评估

在应用由各种渠道取得的数据时，若引用错误或不正确的数据，所评估的报告分析或制定的策略，将会误导决策判断。所以为求提高二手资料的准确性及可用性，使用资料前，应就下列原则评估所取得的二手资料。

1. 可靠性

可靠性是指二手资料的客观程度，二手资料越客观，可靠程度越高。由于二手资料是指已经过收集整理而成的现成资料，如何确保二手资料置信度及准确性，则需将数据发布机构的特性及置信度列入考虑。基本上可从数据质量控制能力、迅速有效的应变修正能力、深度的调查能力等三方面评估发布机构的可靠程度。

2. 平衡性

数据的平衡性是指数据的搜集期间与数据的类别应力求平衡。处在一个瞬息万变的时代，各种因素不断在改变，调查过程中信息的运用往往会与现实状况脱节，导致判断错误，如一般所收集到的资料常有时间落后情形，尤其是政府的若干数据，落后的时间更长。为适应营销决策的需要，应用数据时，时效性应格外小心，切不可将数据太局限于某一特定类型或停滞于某一特定期间，而降低资料的运用效率。以销售资料的收集为例，应不仅收集营业报告中的销售、客户数据，而且可从竞争对象及广告代理商所提供的广告数据或经销店销售数据中获取所需资料。

3. 准确性

相同的资料，如收集的目的不同，其所获得的结果也完全不同，而在整个调查过程中，因为样本数的大小、抽样方法、调查方法等均可能产生偏差，将会影响调查的准确性。因此，对资料的使用者而言，在收集采用二手资料之前，应对数据收集的过程与方法格外注意并多方加以探讨了解。

4. 修正性

每一种数据皆具有样本特性，以销售数据及消费品为例，因具有季节性因素及循环因素，如冰箱，故若欲运用冰箱的销售金额作为预估销售的资料，则必须考虑调查期间，并将不适当的因素剔除，经此修正后的资料，方能引为销售额预估之用。

5. 有效性

每种数据皆有一定的效用限度，故在运用二手资料评估分析某一特定现象时，应将当时

（调查期间）的环境因素及其他特殊因素加以考虑，以避免导致错误的判断。如以时间系列的数据为例，某年度的销售量或增长率可能因受到当时景气的影响（如股市、房地产狂涨）而特别高，在引用这些资料时，应详加考虑此景气因素，将资料稍作调整，否则仅以数据观点来分析评估，则可能获得与事实相反的结果。

（四）撰写二手资料调查报告

撰写二手资料调查报告，是二手资料调查活动的最后阶段。在撰写二手资料调查报告时，您应注意以下几个方面的内容：

1. 通俗易懂，直观明了

报告的结构要清楚，层次要分明，文章的前后关联要有较强的逻辑性，使读者颇有耳目一新和一气呵成的感觉，并且应该将重点资料或复杂资料，加工编制成直观醒目的统计图表，以方便参阅者尽快了解掌握主要的分析结果及其研究假设之间的关系，也方便参阅者进行比较研究。

2. 吸引力大，可读性强

调查报告主要是注意运用新闻标题的方式写醒目的标题，以提高阅读者的注意力和兴趣。另外需要注意的一点是，要注意文章构思的切入点和具体表达方式，以及报告的独特性见解及其分析力度，以引起决策者和有关方面的重视。

3. 结论明确，观点新颖

如果没有明确的分析结论和相应的建议事项，该调查报告就失去了其存在的意义和价值。同样，如果没有实际参考或应用价值的分析结论和建议事项，该调查报告也不是一个成功的报告。

●内容小结

本项目在介绍二手资料的定义、特点以及二手资料的优缺点和存在的局限性等内容的基础上，围绕二手资料的来源及操作方法进行详细描述，让学生对于如何收集二手资料有个全面的认识，并且懂得如何去评价二手资料的实用性。在 Ennz 公司的市场调查中二手资料可以让调查者对当前的数码相机的品牌分布、产品性能等方面建立初步的认识，这对问卷的设计及实地调查会很有帮助。

●典型案例

格林斯潘的成名作

格林斯潘——美联储前主席，开创了美国历史上最长的经济上升期，对美国的经济繁荣作出了卓越的贡献，被《纽约时报》喻为美国经济的“火车司机”。在他还只是一名学生的时候，就做出了一份令人刮目相看的调查报告，为其以后的辉煌人生打下了坚实的基础。

那是在 1950 年，朝鲜战争爆发，美国五角大楼把所有的军用物资购买计划列为保密文件，包括美国国家工业联合会在内的投资机构都想了解美国政府对原材料的需求量，从而来预测备战计划对股市的影响。这在平时只要翻看有关的文件就行了，但在战时，已经不可能了。所以，在人才济济的美国工业联合会里没有人愿意调查这一切。有个年轻的兼职调查员自告奋勇，他就是当时还是纽约大学学生的格林斯潘，老板实在找不到其他人，只能让他试试。

格林斯潘是怎么开展调查的呢？他首先想到了 1949 年，朝鲜战争还没有爆发，军事会议还没有保密。于是他花费大量精力研究一年来的新闻报道和政府公告，了解到 1949 年和 1950 年美国空军的规模和装备基本一致。他又从 1949 年的记录中了解到每个营有多少架飞机、新战斗机的型号、后备战斗机的数量，然后再预计出损耗量，从而预测出战争期间每个型号战斗机的需求量。格林斯潘又找来各种飞机制造厂的技术报告和工程手册进行仔细研读，弄清了每个型号的战斗机需要的原材料。综合两方面的调查，格林斯潘算出了美国政府对原材料的总需求量。

由于他计算出的数字非常接近当时美国政府保密文件里的数字，这给投资者带来了丰厚的回报，格林斯潘也引起了人们的关注。

［资料来源：肖华. 捷径有时候就是一条弯路［J］. 青春潮，2008（4）］

［重点提示］

1. 格林斯潘采取什么方法获得信息？请加以说明。
2. 假如你面对这种状况的话会采用什么方式？试举例说明。

网络

你首先需要了解因特网是什么和不是什么。你必须熟悉网络的概念：为共同利益所建立的联系。全球信息网是因特网的一部分，它对市场人员来说可能有着特殊的用途，因为它集合了声音、图像和文本，可以直接与他人交流；换句话说，是多媒体。在 1995—1996 年期间，全球至少有 10 000 家公司建立了网站，而现在几乎所有企业都在网上发布自己的信息。

公司可以自己设计并管理一个网站，包括某些国际性大公司在内的较大的投资者，如饮料生产商，认为网络是一个很合算的全球通信工具。另外一个网站是黄页电话簿的国际呼叫目录网站，新浪网邀请你从下列的选项中选择：

（1）科学：浏览一个与药理学相关的数据库。

（2）保健：看一看与疾病和疾病管理问题有关的信息报告集锦。

（3）新闻：使你掌握和关注我们的最新进展。

或许很多网站有一个缺点，就是他们试图为所有的人提供所有东西。很多网站试图推广一种概念：一个公司的信息可以传递给全世界的 3 000 万或 1 亿人，好像它是全球电视广播一样。然而，网络不同于电视、杂志和报纸。它是由观众自己进行选择的：用户自己选择访问哪个网站，如果进了某个网站，用户可以选择他们想要看的信息。

网站想要做得好，就要花大量的时间，而且必须保证信息是最新的，但目前很多网站在网页的更新方面并不是做得很好。

[重点提示]

讨论使用网站提供二手资料的可能性。这种做法可能会遇到什么困难？

● 综合实训

实训项目四	获取二手资料
实训任务	根据小组选题，一份该领域的行业分析报告
实训时间	2 学时
实训重点	1. 训练学生对行业的分析能力 2. 训练学生网络获取资料的能力
实训目标	1. 通过本项目训练，帮助学生掌握二手资料收集的方法，特别是网络调查法的应用 2. 通过本项目训练，帮助学生提高对二手资料的分类整理、评估和对相关资料开展综合分析的能力
实施形式	1. 小组内进行分工，每人收集一个主题的内容 2. 进行小组交流，汇总成一份整体报告 3. 形成 PPT 在班级以小组为单位全面讨论
实训提示	行业分析报告内容包括行业概述、典型品牌与企业、产品的市场分布等
实训成果	形成调查分析报告，各组展示，教师讲评

●课后练习

（一）问答题

1. 为什么企业要建立内部营销数据库？列举几种该数据库应包含的信息以及这些信息的来源。

2. 二手资料与原始资料相比较，其优点和缺点是什么？

3. 为什么互联网对查询二手资料有重要意义？

4. 如何将二手资料进行分类？

5. 如何评估二手资料？为什么评估是至关重要的？

6. 收集二手资料有哪些基本过程？

（二）技能题

1. 选择一个行业，利用二手来源（如统计年鉴）获取上一年度行业销售数据以及行业中主要厂商的销售数据，估计每一个主要厂商的市场份额。从另一个来源获取关于这些厂商所占市场份额的信息。分析这两种估计的一致性。

2. 了解娃哈哈企业的现状，了解其饮料产品的市场状况，进一步学习及如何运用什么方法去收集二手资料：

（1）你将通过哪些途径获取娃哈哈企业的饮料产品市场信息？

（2）你获取信息的来源、时间、载体形式是怎样的？

（3）你将如何确定所获信息的准确性？

（4）你将如何分析这些信息？

（5）你如何对资料进行分类？

（三）上机题

1. 访问市场研究协会的网页（http：//www. emarketing. net. cn/index. jsp），认真浏览相关内容，描述该协会开展了哪些工作、取得了什么成果。

2. 访问零点调查公司的网页（http：//www. horizon-china. com/），分析它所提供的调查服务。

项目五　设计调查问卷

●项目目标

能根据调查需要设计并编排调查问卷。

●技能要求

理解调查问卷的作用；

识记问卷的类型和基本结构；

学会调查问卷的设计；

学会调查问卷的编排。

●提交成果

一份正式调查问卷。

●教学建议

建议课内 6 学时，课外 4 学时。教学可在普通教室内进行，项目组织以小组讨论为主。本项目要求学生对市场营销有基本的了解，并具备基本查阅资料的技能。

●任务描述

Ennz 公司的主要调查目标是确定消费者对数码相机的偏好程度以及购买意向，要收集到更多人的意见，并能对其进行统计分析，问卷调查是一种很好的方法。因此，本项目任务要求完成一份数码相机的调查问卷。

●任务要点

很多时候一谈到调查，大家马上想到的就是要填写问卷，而我们许多人也都有这样的体验，填写一份调查问卷通常只要几分钟到十几分钟的时间。这种简单快捷的问卷填写体验很容易让人产生一个错觉：问卷设计很简单，就是几个问题加上一些选项而已。其实不然。问卷调查的目的是通过设计好的问题来获得对被调查者理解的认识。因为缺少与被调查者的直接交流，对被调查者理解的正确性和可靠性就完全取决于问卷本身。好的问卷设计才能得出有用的调查结果。因此，如何设计好的问卷就是调查人员必须学习和掌握的基本功。设计者需要结合任务的目的，明确以下几点问题：第一，根据项目任务的情景考虑问卷的类型；第二，按照问卷设计的步骤和问卷的目的，有计划地收集相关资料；第三，把握问卷设计的原则、要点，设计问卷的题目和答案；第四，对问卷进行组织和编排；第五，对设计好的问卷初稿进行综合的评估，评估完成后再进行印刷。在问卷设计过程中我们始终要有这种认识：问卷没有最好，只有更好，任何一份优秀的问卷都是不断完善的结果。

一、问卷设计的准备

（一）问卷设计概述

问卷是指调查者事先根据调查的目的和要求所设计的，由一系列问题、说明以及备选答案组成的调查项目表格，所以又称调查表。问卷调查是调查者依据心理学原理，将精心设计的各种问题全部以询问的形式在问卷中列出来，许多问题还给出了多种可能的答案，提供给被调查者选择。这种调查方式有助于被调查者能够及时、准确地获取调查内容，领会调查意图，从而能提高调查的系统性和准确性。

调查问卷是按一定项目和次序，系统记载调查内容的表格。它是完成调查任务的一种重要工具，也是进行调查的具体依据。采用调查问卷的形式进行调查，可以使调查内容标准化和系统化，便于资料的收集和处理，而且它又具有形式短小、内容简明、应用灵活等优点，所以在市场调查中被广泛采用。

按照不同的分类标准，可将调查问卷分成不同的类型。

（1）根据市场调查中使用问卷方法的不同，可将调查问卷分成自填式问卷和访问式问卷两大类。

所谓自填式问卷，是指由调查者发给（或邮寄给）被调查者，由被调查者自己填写的问卷。而访问式问卷则是由调查者按照事先设计好的问卷或问卷提纲向被调查者提问，然后根据被调查者的回答填写的问卷。一般而言，访问式问卷要求简便，最好采用两项选择题形式进行设计；而自填式问卷由于可以借助于视觉功能，在问题的制作上相对可以更加详尽和全面。

（2）根据问卷发放方式的不同，可将调查问卷分为送发式问卷、邮寄式问卷、报刊式问卷、人员访问式问卷、电话访问式问卷和网上访问式问卷六种。其中前三类大致可以划归为自填式问卷范畴，后三类则属于访问式问卷。

①送发式问卷就是由调查者将调查问卷送发给选定的被调查者，待被调查者填答完毕之后再统一收回。②邮寄式问卷是通过邮局将事先设计好的问卷邮寄给选定的被调查者，并要求被调查者按规定的要求填写后回寄给调查者。邮寄式问卷的匿名性较好，缺点是问卷回收率低。③报刊式问卷是随报刊的传递发送问卷，并要求报刊读者对问题如实作答并回寄给报刊编辑部。报刊式问卷有稳定的传递渠道、匿名性好、费用省，因此有很大的适用性，缺点也是回收率不高。④人员访问式问卷是由调查者按照事先设计好的调查提纲或调查问卷对被调查者提问，然后再由调查者根据被调查者的口头回答填写问卷。人员访问式问卷的回收率高，也便于

设计一些便于深入讨论的问题，但不便于涉及敏感性问题。⑤电话访问式问卷就是通过电话中介来对被调查者进行访问调查的问卷类型。此种问卷要求简单明了，在问卷设计上要充分考虑几个因素：通话时间限制；听觉功能的局限性；记忆的规律；记录的需要。电话访问式问卷一般应用于问题相对简单明确，但需及时得到调查结果的调查项目。⑥网上访问式问卷是在因特网上制作，并通过因特网来进行调查的问卷类型。此种问卷不受时间、空间限制，便于获得大量信息，特别是对于敏感性问题，相对而言更容易获得满意的答案。

（二）问卷的基本结构

1. 问卷的基本要求

一份完善的问卷调查表应能从形式和内容两个方面同时取胜。从形式上看，要求版面整齐、美观、便于阅读和作答，这是总体上的要求。而从具体的版面设计、版面风格来说，则要求：一是要符合文书的基本编排要求；二是符合人的阅读习惯。再从内容上看，一份好的问卷调查表至少应该满足以下几方面的要求：

（1）问题具体、表述清楚、重点突出、整体结构好。

（2）确保问卷能完成调查任务与目的。

（3）调查问卷应该明确正确的政治方向，把握正确的舆论导向，注意对群众可能造成的影响。

（4）便于统计整理。

2. 问卷的基本结构

问卷的基本结构一般包括标题、问卷说明、指导语、问卷主体（包括被调查者基本情况和调查主体内容）、编码和其他资料。其中调查内容是问卷的核心部分，是每一份问卷都必不可少的内容，而其他部分则根据设计者需要可取可舍。

（1）标题。问卷的标题是概括说明调查研究主题，使被调查者对所要回答什么方面的问题有一个大致的了解。确定标题应简明扼要，易于引起回答者的兴趣。如“大学生消费状况调查”，“××休闲服装消费调查”等。而不要简单采用“问卷调查”这样的标题，它容易引起回答者因不必要的怀疑而拒答。

（2）问卷说明。问卷说明主要包括问候语及问卷填写说明，其作用是向被调查者解释和说明调查目的以及有关事项，以争取被调查者的信任，获得积极的支持和配合。说明语言要简明、诚恳，篇幅不要太长，以两三百字为宜。为了说明和解释有关调查的一切情况，在封面语中，一般需要说明以下内容：

① 主办调查的单位、组织或个人身份，也就是说明调查者是谁。调查者的身份既可以在封面语中直接说明，如“我们是广东松山职业技术学院的学生，为了……”；也可以在落款中说明，如落款是：“广东松山职业技术学院经济管理系××调查组”。调查者的身份写得越清楚越好，最好同时附上单位的地址、邮政编码、电话号码、联系人姓名等，以体现调查的正式性和有组织性，消除被调查者的疑虑，争取被调查者的信任和合作。

② 调查的内容，即调查什么。调查内容的说明要体现一致性和概括性。一致性是指封面语中介绍的调查内容要与实际调查内容相同，不能含糊其辞甚至欺骗被调查者。概括性则是说不要过分详细地在封面语中阐述调查的具体内容，只用一句话概括指出内容的大致范围就行，如“我们正在我院学生中进行抽烟问题的调查”或者“我们这次调查主要想了解我院学生对

限塑令的看法”等。

③ 进行本次调查的研究目的和重要性，即为什么调查。这是封面语中一项非常重要的内容。目的叙述得合理、得当，有利于调动被调查者配合的积极性。要尽可能说明调查对整个社会、对包括被调查者在内的普通大众的现实意义。如“我们这次调查的目的，是要了解学生在借阅图书中遇到的问题，以便为政府解决图书借阅问题提供依据，进一步改善和提高图书借阅使用效率”。

④ 对调查资料的保密措施。说明调查结果的保密性能减缓和消除被调查者的疑虑和戒心，如“本调查以不记名的方式进行，我们将依据国家统计法对统计资料保密”。

⑤ 说明调查对象的积极配合对调查质量的作用。说明的语气要诚恳，使被调查者体会到自己的态度对调查的影响。

⑥ 除以上内容外，通常还把对被调查者的真诚感谢写进封面语中。

在实际问卷设计中，每一个调查项目都有其独特的调查对象，设计者并不能完全运用一致性的标准语言，但问卷说明的基本功能是应考虑在内的，从下面一个例子来了解问卷说明的基本功能。

尊敬的朋友：

您好！

我们是S学院营销服务中心的调查员。世界金融风暴的冲击，不仅影响了我国出口企业的发展和效益，而且直接影响社会各层面期待就业人员的找工作问题，尤其是应届大中专毕业生，庞大的人口基数更是使得大学生就业成了一个社会性的难题。在此，我们特组织开展这次问卷调查，希望从各位朋友手中获得第一手的信息和意见，更好地发现人力资源市场中的供需矛盾和存在的问题，并加以解决，从而提供更适合的产品和服务，帮助朋友们就业，找到合适和满意的工作。您是我们随机抽样的被调查者之一。在此，对于您所提供的所有信息，我们将严格为您保密。谢谢您的支持！

S学院营销服务中心

（3）指导语。

在一份问卷中，有些问题要求用文字或数字回答，有些则可能要求在固定的答案中选择，用打勾或画圈的方式来回答。指导语就是用来提示被调查者如何正确填写问卷或指导访问员正确完成问卷调查工作的解释和说明。

有些问卷的填答比较简单，指导语常常在封面语中用一两句话说明就可以了。如：回答问题时，请您在所选的答案序号上划“√”或在空白处填写出您的答案。

除封面语中的指导语外，最经常使用的是卷头指导语和卷中指导语。卷头指导语一般集中在封面语之后，正式调查问题之前，以“填答说明”的形式出现，其作用是对填表的方法、要求、注意事项做一个总的说明。卷中的指导语是针对某些比较复杂的调查问题的特定指示，对填答要求、方式、方法进行说明。如“可选多个答案”，“请按重要程度排列”，“如果不是，请跳过 5 ~ 10 题，直接从 11 题开始回答”，“家庭人均收入指全家人的总收入除以全家的人数”等。只要有可能成为回答者填答问卷的障碍的地方，都要给予被调查者清楚的指导。

（4）被调查者基本情况。

这是指被调查者的一些主要特征，如在消费者调查中，消费者的性别、年龄、民族、家庭人口、婚姻状况、文化程度、职业、单位、收入、所在地区等。又如，对企业调查中的企业名称、地址、所有制性质、主管部门、职工人数、商品销售额（或产品销售量）等情况。通过这些项目，便于对调查资料进行统计分组与分析。在实际调查中，列入哪些项目，列入多少项目，应根据调查目的和调查要求而定，并非多多益善。

（5）调查主体内容。

问卷的主体是与调查目标密切相关的内容，主要包括各类问题和问题的回答方式。这是调查问卷的主体，也是问卷设计的主要内容。问卷中的问答题，从形式上看，可分为开放式、封闭式和混合型三大类。

所谓开放式问题就是只提出问题，但不为回答者提供具体答案，而由回答者自由回答的问题。例如，“您对社会治安有什么看法”，“您喜欢看哪类电视节目”等。开放式问题的主要优点是不限制回答者的思想，允许回答者按自己的想法发表意见，所得的资料灵活丰富。

封闭式问题则是在提出问题的同时，给出若干个答案，要求被调查者根据实际情况进行选择。如：您经常使用哪种传播媒介获得信息？（只能选一个答案）① 电视　② 报纸　③ 广播　④杂志　⑤ 其他

混合型问答题，又称半封闭型问答题，是在采用封闭型问答题的同时，最后再附上一项开放式问题。

（6）编码。

编码一般应用于大规模的问卷调查中。因为在大规模问卷调查中，调查资料的统计汇总工作十分繁重，借助于编码技术和计算机，则可大大简化这一工作。

编码就是在问卷设计的同时设计好每一个问题及答案的数字代码，并印制在问卷上。它一般限于答案类别已知的封闭式问题，或者回答已经是数字而不需转换的问题。其目的是便于把答案转换成数字，输入计算机进行处理和定量分析。而且，有了预编码，问卷实际上可以作为编码簿来使用，不必再去使用一个单独的编码簿。举例如下：

例 A：您的文化程度是：

1. 不识字或识字很少　　2. 小学　　3. 初中　　4. 高中　　5. 中专　　6. 大专　　7. 本科及本科以上

例 B：您的年龄是__________周岁。

例 A 中每个回答前的数字就是编码。如果被调查者的回答是“大专”，那么在计算机内存储的答案就是“6”。例 B 中对年龄的回答本身就是数字，不需要再作转换。

（7）其他资料。

除编码以外，问卷还包括一些有关资料，如问卷编号、问卷发放及回收日期、调查员编号、审核员编号和被调查者信息等。

（三）设计调查问卷的原则

一份成功的问卷设计应该具备两个功能：一是能将所要调查的问题明确地传达给被调查

者；二是设法取得对方合作，并取得真实、准确的答案。但在实际调查中，由于被调查者的个性不同，他们的教育水准、理解能力、道德标准、宗教信仰、生活习惯、职业和家庭背景等都具有较大差异，加上调查者本身的专业知识与技能高低不同，将会给调查者带来困难，并影响调查的结果。具体表现为以下几方面：

第一，被调查者不了解或是误解问句的含义，不是无法回答就是答非所问。

第二，回答者虽了解问句的含义，愿意回答，但是自己记忆不清应有的答案。

第三，回答者了解问句的含义，也具备回答的条件，但不愿意回答，即拒答。具体表现在：一是被调查者对问题毫无兴趣。导致这种情况发生的主要原因是对问卷主题没有兴趣，问卷设计呆板、枯燥，调查环境和时间不适宜。二是对问卷有畏难情绪。当问卷时间太长，内容过多，较难回答时，常会导致被调查者在开始或中途放弃回答，影响问卷的回收率和回答率。三是对问卷提问内容有所顾虑，即担心如实填写会给自己带来麻烦。其结果是不回答，或随意作答，甚至做出迎合调查者意图的回答，这种情况的发生是调查资料失真的最主要原因。例如，在询问被调查者每月收入时，如被调查者每月收入超过 2 000 元时，他就会将纳税联系在一起，从而有意压低收入的数字。四是回答者愿意回答，但无能力回答，包括回答者不善于表达意见，不适合回答和不知道自己所拥有的答案等。例如，当询问消费者购买某种商品的动机时，有些消费者对动机的含义不了解，很难作出具体回答。

因此，要保证问卷的质量应该遵循下面的原则进行：

（1）目的性原则。

问卷调查是通过向被调查者询问问题来进行调查的，所以，询问的问题必须是与调查主题有密切关联的问题。这就要求在问卷设计时，重点突出，避免可有可无的问题，并把主题分解为更详细的条目，即把它分别做成具体的询问形式供被调查者回答。

（2）可接受性原则。

调查表的设计要比较容易让被调查者接受。由于被调查者对是否参加调查有着绝对的自由，调查对他们来说是一种额外负担，他们既可以采取合作的态度，接受调查；也可以采取对抗行为而拒答。因此，请求合作就成为问卷设计中一个十分重要的问题。应在问卷说明词中，将调查目的明确告诉被调查者，让对方知道该项调查的意义和自身回答对整个调查结果的重要性。问卷说明要亲切、温和，提问部分要自然、有礼貌和有趣味，必要时可采用一些物质鼓励，并为被调查者保密，以消除其某种心理压力，使被调查者自愿参与，认真填好问卷。此外，还应使用适合被调查者身份、水平的用语，尽量避免列入一些会令被调查者难堪或反感的问题。

（3）逻辑性原则。

问卷的设计要有整体感，这种整体感即问题与问题之间要具有逻辑性，独立的问题本身也不能出现逻辑上的谬误，从而使问卷成为一个相对完善的小系统。

（4）简明性原则。

简明性原则主要体现在三个方面：一是调查内容要简明；二是调查时间要简短；三是问卷设计的形式要简明易懂。

（5）匹配性原则。

匹配性原则是指要使被调查者的回答便于进行检查、数据处理和分析。所提问题都应事先考虑到能对问题结果做适当分类和解释，使所得资料便于分析。

（四）问卷设计的主要步骤

1. 确定问卷纲要

也就是根据调查对象的特点、范围及调查的时间和要求，先给调查研究课题写出一份问卷纲要。在这份纲要中应该包括问题的形式、问卷的内容、自变量和因变量及一些具体的调查项目等。

2. 基础性探索工作

在具体动手设计调查问卷之前，研究者必须先做一段时间的探索工作。围绕着问卷纲要中所列出的问题，自然、随便地与各种对象交谈，并留心他们的特征、行为和态度，熟悉和了解一些基本的情况。并把研究的各种设想、各种问题、各个方面的内容，在不同类型的回答者中进行尝试和比较，以便获得对各种问题的提法、实际语言、可能的回答种类等内容的初步印象和第一手资料。这样可以避免在问卷设计中出现含糊不清或抽象的问题，也可以避免设计出不符合客观实际的回答来。

3. 设计问卷初稿

根据确定的调查主题或变量设计相应的问题，并将零散的问题按照一定结构组织成一份问卷初稿。组织编写问卷时，需要考虑到各种问题的前后顺序、逻辑结构、对回答者的心理影响和是否便于被调查者回答等多方面因素。

4. 评估和试用

问卷调查与访问调查不同，只要问卷一发，一切缺陷和错误都将直接展现在被调查者面前，不能再随时修改和补充，会造成难以弥补的损失。正因为如此，问卷初稿设计好后，不能直接将它用于正式调查，而必须对问卷初稿进行评估和试用。一方面，将问卷初稿提交专家或有关领域的研究者进行评审，提出意见，以便修改；另一方面，在小范围内选取样本进行试用检查，检查和分析的方面主要包括：问卷的回收率、有效回收率、填答的准确完整情况等。

5. 修改并定稿

通过评审和试用找出问卷初稿中的问题后，就要对问题逐个分析和修改，不论是大方面的逻辑结构错误，还是符号的细小错误都要认真纠正，反复检查，最后才能定稿印制。

二、设计问题类型

成为一名专业的问卷设计人员需要技术与经验的积累，不过，有一些基本的模块能够帮助你快速学习此项技能，最基本的需要理解的一个模块是问题回答方式。

（一）设计问卷的问题

1. 设计直接性问题和间接性问题

（1）直接性问题。

直接性问题是指通过直接的提问立即就能够得到答案的问题。注意：这些问题可以是一些已经存在的事实或被调查者的一些不很敏感的基本情况。例如：直接性问题设计：你是什么学历？

（2）间接性问题。

间接性问题指的是被调查者的一些敏感、尴尬、有威胁或有损自我形象的问题。通常是指那些被调查者思想上有顾虑而不愿意或不真实回答的问题。注意：该类问题一般不宜直接提问，而必须采用间接或迂回的询问方式发问，才可能得到答案。例如：间接性问题设计：不能直接问：你每月的支出是多少？如家庭人均收入、消费支出、婚姻状况、政治信仰等方面的内容，如果不加思考直接询问，可能会引起被调查者的反感，导致调查过程出现不愉快而中断。

2. 设计开放式问题和封闭式问题

（1）开放式问题。

开放式问题是指调查者对所提出的问题不列出具体的答案，被调查者可以自由地运用自己的语言来回答和解释有关想法的问题。例如：开放式问题设计：你认为目前我国大学毕业生就业难的主要原因有哪些？

优点：比较灵活，能调动被调查者的积极性，使其充分自由地表达意见和发表想法。对于调查者来说，能收集到原来没有想到，或者容易忽视的资料。同时由于应答者以自己的提问来回答问题，调查者可以从中得到启发，使文案创作更贴近消费者。这种提问方式特别适合于那些答案复杂、数量较多或者各种可能答案尚属未知的情形。

缺点：被调查者的答案可能各不相同，标准化程度较低，资料的整理和加工比较困难，同时还可能会因为回答者表达问题的能力差异而产生调查偏差。

（2）封闭式问题。

封闭式问题是指事先将问题的各种可能答案列出，由被调查者根据自己的意愿选择回答。

例如：封闭式问题设计：你购买该款 MP3 的主要原因是什么？

A. 价格便宜　B. 可以作为 U 盘用　C. 整机性能良好　D. 售后服务好　E. 外观造型别致　F. 性价比高。

优点：标准化程度高，回答问题较方便，调查结果易于处理和分析；可以避免无关问题，回答率较高；可节省调查时间。

缺点：被调查者的答案可能不是自己想准确表达的意见和看法；给出的选项可能对被调查者产生诱导；被调查者可能猜测答案或随便乱答，使答案难以反映被调查者的真实情况。

3. 设计不同性质内容的问题

（1）事实性问题。

事实性问题是要求被调查者回答一些有关事实性的问题。例如，“您通常什么时候看电视？”这类问题的主要目的是为了获得有关事实性资料。因此，问题的意见必须清楚，使被调查者容易理解并回答。通常在一份问卷的开头和结尾都要求回答者填写其个人资料，如职业、年龄、收入、家庭状况、教育程度、居住条件等，这些问题均为事实性问题，对此类问题进行调查，可为分类统计和分析提供资料。

（2）行为性问题。

行为性问题是对回答者的行为特征进行调查。例如，“您是否拥有某物？”“您是否做过某事？”

（3）动机性问题。

动机性问题是了解被调查者行为的原因或动机问题。例如，“为什么购某物？”“为什么做某事?”在提动机性问题时，应注意人们的行为可以是由有意识动机，也可以是由半意识动机或无意识动机产生的。对于前者，有时会因种种原因不愿真实回答；对于后两者，因回答者对自己的动机不十分清楚，也会造成回答的困难。动机性问题是指为了了解被调查者一些具体行为的原因和理由而设计的问题。

动机性问题所获得的调查资料对于企业制定市场营销策略非常有用，但是收集难度很大。调查者可以多种询问方式结合使用，尽最大可能将被调查者的动机揭示出来。

（4）态度性问题。

态度性问题是关于对回答者的态度、评价、意见等问题。如“您是否喜欢××牌子的自行车?”

（5）意见性问题。

意见性问题主要是为了了解被调查者对某些事物的看法或想法。例如，“你对学校后勤服务公司的自行车存取服务有何意见?”意见性问题在营销调查中也经常遇到，它是很多调查者准备收集的关键性资料，因为意见常常影响动机，而动机决定着购买者的行为。

在实际市场调查中，几种类型的问题常常是结合使用的。在同一份问卷中，既会有开放式问题，也会有封闭式问题，甚至同一个问题，也可能隶属于多种类型。调查者可根据具体情况选择不同的提问方式，使用不同的询问技巧。

4. 设计量表应答式问题

在问卷中设计量表应答式问题主要是为了对应答者回答的强度进行测量。同时，许多量表式应答可以转换为数字，这些数字可以直接用于编码。另外，量表应答式回答的问题还可以用更高级的统计分析工具进行分析。

例如：量表应答式问题设计：既然您已经试用了该产品，您认为您将购买它吗?(选一个)

A. 肯定购买　B. 可能购买　C. 也许会购买　D. 可能不会购买　E. 肯定不会购买

缺点：如应答者可能出现误解。问题有时对应答者的记忆与回答能力要求过高。

目前市场调查中常用的量表主要有以下几种：

（1）评比量表。

评比量表是比较常用的一种定序量表，调查者在问卷中事先拟定有关问题的答案量表，由回答者自由选择回答。

例如：您认为现在食堂的服务状况如何?

A. 很好　B. 较好　C. 一般　D. 较差　E. 很差

一般情况下，选项不应超过五点，否则普通应答者可能会难以作出选择。

（2）矩阵量表。

矩阵量表也称语义差异量表，是用成对的反义形容词测试被调查者对某一事物的态度。在市场调查中，它主要用于市场与产品、个人及集体之间的比较，人们对事物或周围环境的态度的研究。具体做法是在一个矩阵的两端分别填写两个语义相反的术语，中间用数字划分等级，由回答者根据自己的感觉在适当位置画上记号。

例如：近5年来您是否有下列情况：(请在每一行适当的方框内打“√”)

	有	没有
①参与本单位或地方的选举	□	□
②参与本单位或地方的决策、提建议	□	□
③参与志愿性活动	□	□
④参与其他集体活动	□	□

5. 设计二项选择和多项选择问题

（1）二项选择法（又称是否法/真伪法）。

它的回答项目非此即彼，简单明了。

例如：二项选择问题设计：您是否购买过自行车？

□是　　　　□否

这类问题的答案通常是互斥的，调查结果统计得到“是”与“否”的比例，由于回答项“是”与“否”之间没有任何必然的联系，因此得到的只是一种定性分析，说明不同回答所占比例，比例大的部分影响力和重要性比较大。

（2）多项选择问题。

它是指有些问题为了使被调查者完全表达要求和意愿，还需采用多项选择法，根据多项选择答案的统计结果，得到各项答案重要性的差异。这种形式的问题给出的答案在两个以上，回答者根据自己的情况从中选一个答案。问卷调查中的大多数问题采用的都是这种问题形式。

例如：多项选择问题设计：您认为决定是否找到合适工作的最主要因素是：（请在合适的答案后的括号里打“√”）

①自己的能力（　　）　②有无关系（　　）　③家庭条件（　　）

④社会中介服务（　　）　⑤其他（请写明）__________

6. 表格式问题

表格式整齐、醒目，是矩阵式的一种变体，形式与矩阵式很相似。

例如：表格式问题：近5年来您是否有下列情况？（请在每一行适当的格中“√”）

	有	没有
1. 参与本单位或地方的选举		
2. 参与本单位或地方的决策、提建议		
3. 参与志愿性活动		
4. 参与其他集体活动		

表格式容易使人觉得单调、呆板。在一份问卷中这种形式的问题不要用得太多。

7. 关联式问题

所谓关联式问题指的是在前后两个（或多个）相互连接的问题中，被调查者对前一个问题的回答，决定着后面问题的回答顺序。有的学者将这种起筛选作用的前一个问题称为“过滤性问题”。

关联式问题针对的是调查中的某些实际情况，例如，被调查者对有些问题答案的不同选择，其后面需要调查的问题不同，或者某个问题只适用于样本中的一部分调查对象。为了使问卷适合每一个被调查者，在设计时就可以采用关联式问题的办法。

例如：关联式问题：您从做第一项工作到目前是否有换过工作？

①是→	如果换过工作，换过几次？ (　　) 1 次 (　　) 2 次 (　　) 3 次 (　　) 4 次以上
②否	

例如：您是否信仰宗教？

①是→	请问信仰什么宗教？
②否→	请跳过问题 10 ~ 14，直接从问题 15 开始回答

（二）问题设计的要求

问卷所要测量的变量，需要通过一个个问题表达出来。问题提问的方式，问题的数量多少等都关系到调查的结果。因为问题的信度和效度，直接影响整个问卷的信度和效度。因此，在设计时，要注意以下几个方面：

1. 清晰、简明扼要

例如：设计问句语言表述过于专业：某会计师事务所为了提高服务质量，扩大知名度，就本所人员在企业的执业情况派调查人员在客户处进行了调查。问题：请问您对本所人员的外勤业务是否满意？

□满意　□不满意　□不清楚

分析提示：会计师事务所将专业人员在客户处进行的执业活动统称为外勤。有些企业员工可能对会计师事务所的外勤、内勤之分并不十分了解，即使给出答案也没有什么实际意义，调查结果显然会出现误差。所以在决定问题措辞时，应避免使用过于专业的一些术语。

2. 意思明确

例如：语言使用含混：某大学在军训结束后对新生进行了一次入学调查，在设计好的问卷中有这样一个问题：你对我们学校印象如何？

□好　□不好　□不了解

分析提示：这样的问题提法过于笼统，意思不很明确，使新生不好回答。因为对于新生来讲，学校的第一印象可能来自宿舍条件、就餐环境、社团生活、校园环境等方面。

3. 避免诱导性或否定式问题

例如：诱导性问题：目前，大多数学生认为，在招聘中应届毕业生因缺乏实际工作经验会遭到歧视，您认为呢？

□是　□不是　□不清楚

分析提示：这是一个诱导性问题，问题中已经包含了建议答案或推荐被调查者在该问题应该采取的立场。

例如：否定式问题：您并不认为在行人和机动车发生交通事故时应增加机动车一方的责

任吧？

□是　□不是　□ 不清楚

分析提示：这是一个否定式问题，这种否定句提问对被调查者的回答有诱导作用。

4. 不用要求评价或假设性的问题

例如：评价性问题：您每月在文化娱乐方面的消费是多少？

分析提示：这是一个要求总结或评价的问题，作为消费者，一般很难在短时间内精确地统计出自己每月文化娱乐方面的消费。

例如：假设性问题：您毕业后是否会马上会选择出国继续深造？

分析提示：对在校生来讲，这是一个假设性的问题。被调查者可能因假设不成立说不，也可能会选择留在国内工作或继续深造而说不。

三、设计问题的答案

（一）设计问题的答案

1. 设计二项选择答案

所谓二项选择法也称是非法，是指所提出的问题只有两种对立的答案可供选择，被调查者只能从两个答案中选择一项。

例如："您已经考取计算机等级证书了吗？"答案只能是"是"或"否"。

分析提示：这样的答案设计态度明朗，利于选择，可以得到明确的回答，能迫使倾向不定者偏向一方，能够在较短的时间内得到答案，统计处理方便；缺点是不能反映意见的差别程度，调查不够深入，由于取消了中立意见，结果有时不准确。

2. 设计多项选择答案

所谓多项选择法是指所提出的问题有两个或两个以上的答案，让被调查者在其中进行选择。

例如：你在毕业后选择就业时考虑的主要因素是什么？（应注明选项数量）

A. 工资福利□　B. 经济发达城市□　C. 有利于自身今后发展□

D. 专业对口□　E. 才能得以施展□　F. 积累社会经验□

分析提示：多项选择法的优点是可以克服二项选择法强制选择的缺点，应用范围广，能较好地反映被调查者的多种意见及其程度差异，由于限定了答案范围，统计比较方便；缺点是回答的问题没有顺序，且答案太多，不便归类，对问卷设计者的要求较高。

3. 设计顺序答案

所谓顺序法又称排序法，是指提出的问题有两个或两个以上的答案，由被调查者按重要程度进行顺序排列的一种方法。在实践中，顺序法主要有两种：有限顺序法和无限顺序法。

例如：有限顺序法：请按重要程度排列出你在购买文具用品时考虑的前三位的影响因素（　）

A. 价格　B. 品牌　C. 包装　D. 使用方便　E. 商场促销　F. 同学推荐　G. 其他

例如：无限顺序法：请按重要程度排列出你在购买文具用品时考虑的下列的全部影响因素（　　）

A. 价格　B. 品牌　C. 包装　D. 使用方便　E. 商场促销　F. 同学推荐　G. 其他

分析提示：顺序法不仅能够反映出被调查者的想法、动机、态度、行为等多方面的因素，还能比较出各因素的先后顺序，既便于回答，又便于分析。

注意：被选答案不宜过多，以免造成排序分散，加大整理分析难度；调查内容必需要求对备选答案进行排序后再使用。

4. 设计比较答案

所谓比较法是指采用对比的方式，由被调查者将备选答案中具有可比性的事物进行比对作出选择的方法。

例如：请比较下列每一组不同品牌的彩色电视机，哪一种你更喜欢使用？（每一组中只选一个）

A. 长虹　海信　B. 创维　海信　C. TCL　海信　D. 长虹　创维　E. TCL　创维

F. TCL　长虹

分析提示：这种方法采用了一一对比方式，具有一定的强制性，使被调查者易于表达自己的态度。

注意：比较项目不宜过多，否则会影响被调查者回答的客观性，也不利于统计分析。

（二）设计问卷的措辞

对问卷设计措辞总的要求是：问卷中的问句表达要简明、生动，注意概念的准确性，避免提似是而非的问题，具体应注意以下几点：

（1）避免提一般性的问题。

一般性问题对实际调查工作并无指导意义，如“您对某百货商场的印象如何?”这样的问题过于笼统，很难达到预期效果，可具体提问：“您认为某百货商场商品品种是否齐全、营业时间是否恰当、服务态度怎样?”

（2）避免用不确切的词。

如“普通”、“经常”、“一些”等，以及一些形容词如“美丽”等，这些词语，各人理解往往不同，在问卷设计中应避免或减少使用。如“你是否经常购买洗发液?”回答者不知道“经常”是指一周、一个月还是一年，可以改问“你上月共购买了几瓶洗发液?”

（3）避免使用含糊不清的句子。

如“你最近是出门旅游，还是休息?”出门旅游也是休息的一种形式，它和休息并不存在选择关系，正确的问法是：“你最近是出门旅游，还是在家休息?”

（4）避免提断定性的问题。

如“你一天抽多少支烟?”这种问题即为断定性问题，被调查者如果根本不抽烟，就会造成无法回答的情况。正确的处理办法是此问题可加一条过滤性问题，即“您抽烟吗?”如果回答者回答“是”，可继续提问，否则就可终止提问。

（5）避免提令被调查者难堪的问题。

如果有些问题非问不可，也不能只顾自己的需要而穷追不舍，应考虑回答者的自尊心。如直接询问女士年龄也是不太礼貌的，可列出年龄段：20 岁以下、20 ~ 30 岁、30 ~ 40 岁、40 岁以上，由被调查者挑选。

（6）问句要考虑到时间性。

时间过久的问题易使人遗忘，如“您去年家庭的生活费支出是多少？用于食品、衣服分别为多少？”除非被调查者连续记账，否则很难回答出来。一般可问：“您家上月生活费支出是多少？”显然，这样缩小时间范围可使问题回忆起来较容易，答案也比较准确。

（7）拟定问句要有明确的界限。

对于年龄、家庭人口、经济收入等调查项目，通常会产生有歧义的理解，如年龄有虚岁、实岁，家庭人口有常住人口和生活费开支在一起的人口，收入是仅指工资，还是包括奖金、补贴、其他收入、实物发放和存款收入在内。如果调查者对此没有很明确的界定，调查结果也很难达到预期要求。

（8）问句要具体。

一个问句最好只问一个要点，一个问句中如果包含过多询问内容，会使回答者无从答起，给统计处理也带来困难。例如，对话中的例子，防止出现此类问题的办法是分离语句中的提问部分，使得一个语句只问一个要点。

（9）不要过多假设，这是一个相当普遍的错误。

问题撰写者默认了人们的一些知识、态度和行为。例如，您对总统关于枪支控制的立场倾向于同意还是反对？这一问题假设了应答者知道总统对枪支控制有一个立场并知道该立场是什么。

（10）避免引导性提问。

如果提出的问题不是“折中”的，而是暗示出调查者的观点和见解，力求使回答者跟着这种倾向回答，这种提问就是“引导性提问”。例如：“消费者普遍认为××牌子的冰箱好，您的印象如何？”引导性提问会导致两种不良后果：一是被调查者不加思考就同意所引导问题中暗示的结论；二是由于引导性提问大多是引用权威或大多数人的态度，被调查者考虑到这个结论既然已经是普遍的结论，就会产生心理上的顺向反应。此外，对于一些敏感性问题，在引导性提问下，不敢表达其他想法等。因此，这种提问是调查的大忌，常常会引出和事实相反的结论。

四、设计调查问卷

（一）问卷的组织与编排

问卷每一部分的位置都具有一定的逻辑性。具体操作如下：

1. 将过滤性问题放于首位，用来识别哪些是合格应答者

在市场调查问卷中，只有合格的应答者回答的问卷才可能对我们的数据收集有帮助。通常在问卷较前位置设计一些过滤性的问题来区别合格应答者。

例如：以下是一份关于寻找用手动剃须刀，一周至少刮三次脸的15岁以上男性的过滤性问卷：

您好，我是AA调查公司的访问员。我们正在对男性进行一次调查，想问您几个问题：

（1）您或您的家庭成员在广告公司、市场调查公司或制造销售修面产品的生产厂家工作吗？

（结束并记录在联系记录中）　　是（　）

（继续问题2）　　否（　）

（2）您多大年龄？您是……（读选项）

（结束并记录在联系记录单上）	15 岁以下（　　）
（继续问题 3）	15～25 岁（　　）
（继续问题 3）	25 岁以上（　　）

（3）您上次刮脸用的是电动剃须刀还是手动剃须刀？

（结束并记录在联系记录单上）	电动剃须刀（　　）
（继续问题 4）	手动剃须刀（　　）

（4）在过去一周里您刮过几次脸？

（如果少于三次，结束并记录在联系记录单上）

（如果多于三次，继续……）

问卷的过滤部分也叫甄别部分，主要是先对被调查者进行过滤，筛选掉非调查对象，然后有针对性地对特定的被调查者进行调查。通过甄别，一方面可以筛选掉与调查事项有直接关系的人，以达到避嫌的目的；另一方面，确定那些认识合格的调查对象，通过对其调查，使调查研究更具有代表性。

甄别部分一般包括两个方面：一是看被联系者及其家人的工作性质。例如，被联系者或其家人如果在广告公司、市场调查公司、咨询公司、媒体或与调查目标相关的行业，一般不属于被调查对象。二是看是否与被调查项目所要求的标准相符。如上面问卷中，如果被调查者年龄为 15 岁以下，就不属于调查对象。

2. 以一个能引起应答者感兴趣的问题开始访谈

在经介绍性引导语和过滤性问题发现合格的访问人员后，起初提出的问题应当简单，容易回答，令人感兴趣，这样能提高应答者的积极性，有利于他们把问卷答完。

3. 先问一般性问题

“热身”问题之后，问卷应当按一种逻辑形式进行。接着开始编排一般性问题，使人们开始考虑有关概念、公司或产品类型，然后再问具体的问题。

例如，有关洗发水的一份问卷是这样开始：“在过去的六个星期里，您曾经购买过洗发水、护发素和定型剂吗？”促使人们开始考虑有关洗发水的问题。然后，再问有关洗发水的购买频率，在过去三个月里所购品牌，对所购品牌的满意程度，再购买的意向，理想洗发水的特点，应答者头发的特点。最后是年龄、性别等人口统计方面的问题。

以上例子中的问题编排是逻辑性的，促使消费者跟着问卷考虑洗发水并以个人资料结束。逻辑清晰的问题编排，再加上适当的访问技巧，应答者对提问就不会太反感，双方的融洽关系也能很快建立起来。最终应答者也会认识到，这肯定是对信息的合理要求，不是为了推销产品，由此而建立起信任，并且愿意提供个人信息。

4. 需要思考的问题放在问卷中间

早期建立兴趣和承诺，经历较长时间的事情后，一些相关问题需应答者来回忆。这时，应答者已建立起来的回答兴趣及与访问员形成的融洽关系，就成了这部分访问回答的重要保证。

5. 在关键点插入提示

有时候，由于访谈时间长或应答者有急事的原因，回答问题的兴趣会下降，优秀的访问人员能及时发现并努力重新培养起应答者的兴趣。这在问卷设计时就应该考虑到。

在设计与编排问卷的时候，在问卷的关键点插入一些简短的鼓励话语，通常是吸引应答者保持兴趣或重新培养应答者兴趣的重要手段。如“下面没几个问题了”、“下面会更容易些”。另一方面，作为下一部分内容的介绍，可以插入“既然您已帮我们提出了以上的意见，想再多问一些问题。”这样的语句，为后面的提问做好铺垫。

6. 把敏感性问题、威胁性问题和人口统计问题放在最后

这样做可以保证大多数问题在应答者出现防卫心理或中断应答之前得到回答。并且，此时应答者与访问者之间已经建立了融洽的关系，增加了获得回答的可能性。把敏感性问题放在结尾的理由是应答模式已经重复了许多次，访问人员问一个问题，应答者答一个；此时问及尴尬性问题，应答者会条件反射地作出回答。

（二）问卷编排原则

1. 问卷中问题的排序应注意逻辑性

一般当面访问时，开头应该采用简单的开放式问题，先营造一个轻松、和谐的谈话氛围，使后面的调查能够顺利进行。采用书面调查时，开头应是容易回答具有趣味性的一般性问题，需要思考的核心调查内容放在中间部分，专门或特殊的问题放在最后。

2. 问卷中问题的排序应该先易后难

一般对公开的事实或状态的描述简单一些，因此放在问卷的较前面位置，而对问题的看法、意见等需要动脑筋思考，因此放在问卷稍后一点的位置。

3. 一些特殊问题置于问卷的最后

从时间的角度来考虑，最近发生的事情容易回想，便于作答，因此放在问卷前面一点的位置。过去发生的事情，由于记忆容易受到干扰，不容易回想，因此放在问卷较后一点的位置。

许多特殊问题如收入、婚姻状况、政治信仰等一般放在问卷的后面。复杂开放性问题一般放在后面，即使不作答，也不至于影响到其他问题的回答价值。

（三）综合评估问卷

评估问卷应从以下几方面去做：

1. 检查问卷中的问题是否必要

每个具体的调查目标都应该有相应的提问，不能遗漏，而且每个问题必须服从一定的目的，要么它是过滤性的，要么是培养兴趣的，要么是过渡用的，要么直接地或清楚地与所陈述的特定调查目标有关。如果问题不能达成上述目的的一个，就应当删去。

2. 看问卷是否太长

研究者应该利用志愿人员充当应答者以判断回答的时间。尽管没有严格规定，但完成问卷花费的时间尽量取 5 次最短时间的平均数。

在街上拦截或电话调查的问卷如果访问长度超过 20 分钟，应当考虑删减。如果有比较有吸引力的刺激物，问卷可稍微长一些。入户访问如果长度超过 45 分钟，也应当提供给应答者比较有吸引力的刺激物。一般的刺激物有电影票、钢笔、铅笔盒、现金或支票，使用刺激物实际上经常可以降低调查成本，因为回答率会增加。

3. 邮寄和自填式问卷的外观要求美观

由应答者自行填写的问卷外观是决定回答率的一个重要因素。邮寄和自填式问卷是由被访者自己填写的，问卷的外观是影响被访者是否填写的一个重要因素。问卷看上去尽可能规范，

应当用高质量的纸印刷，长度超过 4 页，则应装订成册。

4. 问卷版面安排应该规范

问卷四周应留有足够的空白，行与列间不应太紧凑，以便被访问人员或应答者选择适当的行或列。不要把许多东西挤在同一页上，开放式问题应给回答者留下足够的空间，一个开放式问题应留有 3 ~5 行。调查人员要根据问题需要回答的详细程度来决定留下多少空间。

另外，还要考虑问卷的着色编码和字体。如果调查项目以访问特定群体的应答者为基础，则需要对问卷进行着色编码。

例如，一球拍制造商将一种球拍样品（用一种新合金制成）分发给 300 个至少每周进行两次球类运动的人。抽样包括 3 组，每组 100 人，即羽毛球运动员、网球运动员和乒乓球运动员。尽管调查的目的在于球拍样式，问题却因运动项目不同而变化，为了避免访问员混淆，可以将网球问卷设计成绿色，羽毛球问卷设计成蓝色，乒乓球问卷设计成白色。

为了清晰表明哪部分是问题、哪部分是说明，应该用有区别的字体，以提醒访问员和应答者在访谈时注意。

5. 进行问卷的预先测试与修正

设计人员将问卷草稿设计完成后，应散发给一些相关管理部门，如调查公司的一些部门经理，他们在审核过程中可能会增加一些新的信息，会促进问卷的更加完美。

问卷获得管理层的最终认可后，还必须进行预先测试。预先测试不是一个调查人员向另一个调查人员实施调查，而是让最终将进行实地调查的最优秀的访问人员对调查的目标应答者实施调查。通过访问寻找问卷中存在的错误解释，不连贯的地方、不正确的跳跃模式，为封闭式问题寻找额外的选项以及应答者的一般反应。预先测试也应当以最终访问的相同形式进行。如果访问是入户调查，预先测试也应当采取入户的方式。

对于测试取得的数据，研究人员应当考虑编码和制表。数据应当制成表格的形式并尽可能进行一些常规的统计分析，这样研究人员对研究将产生的结果以及是否能回答调查目标有一个大概了解。测试完成后，任何需要改变的地方应当切实修改。

6. 印制装订问卷

问卷在印制装订时，调查人员应该将问卷的空间、数字、编码等安排好，并且监督打印、校对，直至装订。

●内容小结

本项目描述了问卷设计以及问卷设计过程中涉及的一些工作。在问卷设计的准备中介绍了问卷的类型、结构及设计原则。在进行正式调查之前还需要准备相关调查工具，特别是在实施大样本的调查中，调查问卷发挥着重要作用。一般可选择结构式问卷和测量式问卷。因为问卷的作用是如此重要，在设计问卷之前需要获取二手资料进一步确定拟调查的问题，要通过组织焦点小组访谈来初步确定问题的大概范围，还需要对问卷的初稿进行试调查，做到进一步完善。总之，一份优秀的问卷在调查中会取到事半功倍的效果，需要不断地完善。在调查中应引起足够的注意。

●**典型案例**

移动通信产品顾客满意度调查问卷

亲爱的同学们：

我们营销与策划专业正在开展一次市场调查实践活动，调查主题是我院学生对移动通信产品的满意情况。以下是测量顾客对移动通信产品满意度的问题，希望您能根据自己的实际情况如实填写。谢谢！

经济管理系营销与策划专业

一、基本情况

指导语：在符合您实际情况的选项字母上打上“√”，或将您实际情况填写在括号的横线上。

1. 您的性别：

A. 男　B. 女

2. 您现在使用的移动服务是：

A. 动感地带　B. 联通新势力　C. 电信天翼　D. 其他(　　　　　)

3. 您上大学后使用移动通信服务的情况是：

A. 一直用移动的套卡　　B. 一直用联通的套卡

C. 先用移动后用联通　　D. 先用联通后用移动

E. 其他(　　　　　)

4. 您每月用于移动电话的费用大概是：

A. 30 元以下　B. 30 ~ 50 元　C. 50 ~ 70 元　D. 70 元以上

二、测量问卷

指导语：测量项后的数字 1 代表“很不同意”，2 代表“不同意”，3 代表“不同意也不反对”，4 代表“同意”，5 代表“很同意”。请在仔细阅读测量项后，结合自己的实际使用经历，在相应的数字标上“√”。

测量项目	很不同意——很同意
1. 网络稳定，通话流畅，没有因信号问题而通话中断的经历	1　2　3　4　5
2. 我总是能及时发送短信，没有短信不能发出的经历	1　2　3　4　5
3. 我总是能及时收到短信，没有短信丢失的经历	1　2　3　4　5
4. 套餐设计合理、实用，符合我的实际需要	1　2　3　4　5
5. 话费查询方便，我能方便了解话费使用情况	1　2　3　4　5
6. 充值方便	1　2　3　4　5
7. 套餐和新业务定制方便	1　2　3　4　5

测量项目	很不同意——很同意
8. 套餐和新业务退订方便	1 2 3 4 5
9. 客服能解决我的绝大多数问题	1 2 3 4 5
10. 我总能及时知道新业务及相关促销活动	1 2 3 4 5
11. 使用过程中我曾遇到了一些问题	1 2 3 4 5
12. 曾有人向我抱怨过存在的一些问题	1 2 3 4 5
13. 扣费很规范	1 2 3 4 5
14. 充值优惠活动多	1 2 3 4 5
15. 新业务收费标准明确、合理	1 2 3 4 5
16. 与其他公司套卡相比价格更便宜	1 2 3 4 5
17. 我很喜欢现在所用套卡品牌形象	1 2 3 4 5
18. 我所用套卡品牌口碑较其他要好	1 2 3 4 5
19. 它总是能最先推出其他品牌没有的业务	1 2 3 4 5
20. 感觉它比其他公司更有实力	1 2 3 4 5
21. 我用的套卡身边的大多数人都在用	1 2 3 4 5
22. 在同一通信网络内联系更方便	1 2 3 4 5
23. 宣传方式对我有影响	1 2 3 4 5
24. 免费送套卡对我有吸引力	1 2 3 4 5
25. 我喜欢它赞助的活动	1 2 3 4 5
26. 我只在充值促销活动时才充值	1 2 3 4 5
27. 我对现在使用的套卡很满意	1 2 3 4 5
28. 我会继续使用现在的套卡	1 2 3 4 5
29. 我毕业以后会继续使用该公司的服务	1 2 3 4 5

再次感谢您的合作，顺祝学习进步，身体健康！

[重点提示]

1. 该问卷属于什么类型的问卷？
2. 该问卷有哪些可取之处和不足之处？

数码相机新产品的调查问卷

亲爱的朋友：

您好！想要拥有一款个性化的数码相机吗？那么，请花点宝贵时间完成这份答卷。或许，下一款新产品便是为您而量身打造，还有精美礼品相送哦！

1. 您的性别：

A. 男　　B. 女

2. 您属于下列哪个年龄段？

A. 20 岁以下　B. 20～30 岁　C. 30～40 岁　D. 40 岁以上

3. 您的学历是？

A. 中专及以下　B. 大专或本科　C. 研究生及以上

4. 您的收入水平范围是？

A. 2000 元以下　B. 2000～3000 元　C. 3000～4000 元　D. 4000 元以上

5. 您的职业是？

A. 政府公务员　B. 学校老师　C. 个体经营者　D. 自由职业者　E. 其他职业者

6. 如果要购买数码相机，您会最看重下列哪三项？

A. 价格　B. 外观　C. 功能　D. 拍摄效果　E. 存储容量

7. 您会选择什么价位的数码相机？

A. 1000～1500 元　B. 1500～2000 元　C. 2000～2500 元　D. 2500 元以上

8. 您最希望数码相机增加下列哪一项附属功能？

A. 趣味游戏　B. 望远镜　C. 收音机　D. 无

9. 您会在近一年内购买数码相机吗？

A. 会　B. 不会

谢谢您的参与，请您于一周内到××公司领取精美礼品。

[重点提示]

评价以上问卷的优缺点。

● 综合实训

实训项目五	设计调查问卷
实训任务	根据小组选题，设计调查问卷
实训时间	4 学时
实训重点	1. 训练学生对问卷设计流程的掌握 2. 训练学生对问题的设计能力，关键是要确定询问的问题 3. 训练学生对各类问题协调性的掌握，要评价问句的排列顺序，选择项是否有遗漏等，要保证问卷能收集到企业决策所需的信息

（续上表）

实训项目五	设计调查问卷
实训目标	1. 通过本项目训练，帮助认识到问卷在调查工作中的重要性 2. 通过本项目学生亲自动手设计调查问卷，使学生掌握调查问卷设计的基本思路和步骤，为将来独立操作市场调查活动提供帮助
实施形式	1. 小组内设计问卷的初稿 2. 进行小组交流讨论，形成问卷的修订稿 3. 试调查形成最终的问卷，并向全班展示
实训提示	问题间有逻辑性，能充分考虑到被调查人员填写情况，有较强的实用性
实训成果	形成最终问卷，各组展示，教师讲评

●课后练习

（一）问答题

1. 什么是问卷？问卷的功能是什么？
2. “问卷设计是一个系统的过程”这句话怎么理解？
3. 问卷的引言部分有何作用？
4. 说明筛选问题、热身问题、过渡问题、跳过问题及分类问题的功能。
5. 问卷试调查有何作用？如何进行？
6. 为什么说“问卷没有最好，只有更好”？

（二）技能题

1. 目前各高职院校学生的学习情况存在着一些差异，试运用所学知识设计一份问卷对该问题进行一次调查。

2. 随着网络的日益发展，高校网络建设的逐步完善，网络与大学生的关系也越来越密切，与此同时也带来了诸多问题。网络其实是一把“双刃剑”。它在给大学生提供便捷的交流平台、及时收集到所需信息的工具的同时，也使不少缺乏自制力的大学生整日沉迷于网络，很容易就形成“网瘾”。针对大学生网络成瘾的问题进行问卷调查，试设计问卷。

（三）上机题

1. 试访问态度8调查网（http：//www. taidu8. com/index. htm），试分析其中的一项调查问卷。

2. 试访问Surveycool在线调查平台（http：//www. surveycool. com/surveycool/index. htm），试分析其中的一项调查问卷。

3. 试访问问卷星（http：//www. sojump. com/），试分析其中的一项调查问卷。

项目六　设计调查抽样

●项目目标

能根据调查的实际需要来确定样本数据，设计抽样方法。

●技能要求

确定调查总体；

确定抽样框；

熟悉4种随机抽样和4种非随机抽样操作技术；

判断样本的规模。

●提交成果

确定一份样本分布表。

●教学建议

建议课内3学时，课外1学时。教学可在普通教室内进行，项目组织以教师讲解、小组讨论的方式进行。本项目要求学生对抽样调查有正确的理解，能重视样本的代表性。

●任务描述

在确定了调查主题，也准备好了调查问卷后，项目小组接下来就是要选择调查对象，无论是问卷调查还是其他直接调查方法，准确地定义被调查者及数量在整个调查中具有重要意义。Ennz公司该选择哪些调查对象，选择多少调查对象，在什么范围里选择，为什么选择这些人，他们的观点能代表大多数的人意见吗？这些都是抽样设计中需要考虑的问题。

●任务要点

调查人员想从所有人那里获取信息通常是不可能，也是明显不可行的，而最常见的是确定局部的调查对象和样本规模。样本规模由所应用的调查方法来确定，比如使用电话调查法，就可以选择一个比较大的样本规模。而当我们使用问卷调查法时，所选择的样本规模就不能过大，因为问卷调查的单位成本比较高。本项目将主要介绍进行抽样前的准备工作、抽样时所使用的两种方法——随机抽样法和非随机抽样法，以及抽样误差等方面的内容。同时，我们要认识到，每一个事先制订的抽样计划都不是完美无缺的，都有各自的缺陷。所以在进行抽样时，调查人员应该根据调查活动的实际对抽样计划进行及时的修正，以便在实践中完善出一个最合适的抽样计划。

一、抽样调查概述

（一）基本概念

抽样调查是市场调查中使用频率最高的一种调查方式。它是指按照某种原则和程序，从总体中抽取一部分单位，通过对这一部分单位进行调查得到的信息，达到对总体情况的了解，或者对总体的有关参数进行估计。

1. 总体与样本

（1）总体即调查对象的全体，如欲调查某高校联通用户的满意度，这个总体就是该校所有联通用户。总体的限定是人为的，在一项具体的调查项目中，调查对象必须是明确的而不能是模糊的。所以在抽样调查中，总体一般总是明确的。

（2）样本是总体的一部分，它由从总体中按一定原则或程序抽出的部分个体所组成。因此，与总体一样，样本也是一个集合。每个被抽中进入样本的单位称为样本单位。样本中包含的样本单位的个数称为样本量。抽样调查中调查的具体实施是针对样本而言的。

2. 总体参数与样本统计量

（1）总体参数。总体参数是我们所关心变量的数字特征，它是根据总体中所有单位的数值计算的。例如，在对某高校月生活费的调查中，全体学生每月生活费总和就是一个总体参数，即总体参数就是总体指标值，这是未知的，是我们通过调查想要了解的。常遇到的总体参数有总体问题、总体均值、总体比例、总体方差等。

（2）样本统计量。样本统计量是根据样本中各单位的数值计算的。常用的样本统计量有样本均值、样本比例、样本方差等。样本统计量是样本的函数，如果样本是随机抽取的，则在大样本情况下，样本统计量趋于正态分布。也正是如此，我们可以根据样本统计量对未知的总体参数进行估计，并计算抽样误差。

3. 抽样框

抽样框是供抽样所用的所有调查单位的名单。在抽样框中，可以为每个单位编上一个号码，由此可以按一定随机化程序进行抽样。在抽样后，调查人员也可以根据抽样框上所提供的信息找到被选中的入样单位，从而实施调查。

抽样框可以有多种形式，常用的有大学学生花名册、城市黄页里的电话列表、工商企业名录、街道派出所里居民户籍册、意向购房人信息册……抽样框也可以是一张地图或其他适当形式。不管是什么形式，抽样框中的单位必须是有序的，便于编号。在没有现成名单的情况下，可由调查人员自己编制。应该注意的是，在利用现有名单作为抽样框时，要先对该名单进行检查，避免有重复、遗漏的情况发生。高质量的抽样框应当提供被调查单位更多的信息，以提高样本对总体的代表性。

例如，要从10 000名职工中抽出200名组成一个样本，则10 000名职工的名册就是抽样框。

（二）确定调查总体

为达到调查目的，究竟哪个人群可以定义为我们调查的目标总体呢？在具体的实施与操作过程中没有一定之规，但需要调查人员有建立在长期经验积累基础上的良好的辨别能力和判断能力。通常来讲，以下因素一般是确定调查总体时需要考虑的因素：

1. 地域因素

地域因素主要是考虑调查活动在哪些地理范围内开展，如可能是一个县、一个城市、一个省或者一个国家。用地域因素确定调查总体，就是把调查活动覆盖的地理范围中所有的消费者的集合当做调查总体。这种确定调查总体的方法适合大众消费品的调查项目。

2. 人口统计因素

人口统计因素主要有性别、年龄、教育程度和收入。参照调查目标和产品目标市场，我们就可以从中发现哪些人的观点和反映、反馈的信息是至关重要的。比如，高档化妆品使用的调查对象是18岁以上的妇女，18至34岁的妇女，还是18至34岁的带有学龄前儿童、家庭年收入超过35 000元的职业女性？对照调查目标，就可以清楚上述三个群体中哪个才是我们所感兴趣的信息来源。正确回答了诸如此类的问题，那么调查总体也就被定义出来了。

3. 使用情况

另外，调查总体通常也根据产品或服务的需求状况来定义。通过调查消费者在一段时间内使用产品和接受服务的情况。比如，按使用间隔和使用频率来确定调查总体，只要满足这两种要求的消费者都应该包含在我们的调查总体中。

4. 认知度

当调查人员希望了解公司所做的广告传达的产品或服务的信息是否完整时，用受众认知度来定义总体是很好的方法。此时，那些注意到公司广告、对广告宣传内容有了解的消费者都应该被包含在调查总体之中。

（三）确定抽样框

确定抽样框，可以保证调查人员从中抽取所需要的调查样本。

1. 抽样框的构成要素

概率抽样要求从有限个单位的集合中抽取出部分单位的一个子集，并能得知这个子集被选中的概率，抽样框是实现这个要求的前提条件，因此，概率抽样离不开抽样框的设计。一个完整的抽样框所必须包括的构成要素是：抽样框单位的名称；抽样框单位与目标总体之间的联结规则；辅助信息，包括抽样单位的规模、抽样单位的地址及区分不同抽样单位类型的其他识别标志。

在抽样调查中，抽样框起着非常重要的作用。抽样框的结构，框内所包括的信息及这些信息的质量将决定调查中抽样设计的类型和估计的程序，如缺乏辅助信息的简单抽样框只能用于简单抽样设计。最简单的抽样框是一份仅能确认每个目标总体元素的名单，除此之外没有其他的信息，这样的抽样框只能进行非常简单的抽样设计，即简单随机抽样。

又如，包含辅助信息的复杂抽样框可以用于较复杂的抽样设计，有助于提高抽样设计的效率。一些抽样方法，如分层抽样、与规模成比例的概率抽样或一些特殊的估计方法，如比率估计、回归估计等，除了要求抽样框具有抽样单位的名单，还要求抽样框具有其他一些辅助信息。抽样框不仅决定抽样设计的类型和估计的方法，而且对估计的精度有直接的影响。不完善的抽样框会引起抽样估计的偏差，降低抽样估计的精度。

2. 抽样框的编制

不同的抽样方法，对抽样框有不同的要求。因此，抽样框的结构、框内应包含的信息是由抽样方法决定的，抽样框要根据抽样方法的要求来编制。

要决定采用简单随机抽样方法，抽样框中只要具有基本单位的名称、地址及编号就可以了。但这时可能面临一个非常棘手的问题，抽样框中需要包含每一个总体单位的基本信息，这在市场调查中通常是不可能实现的。正因为这样，简单随机抽样技术不能被广泛地应用。

要决定采用分层随机抽样，除了需要基本单位的名称、地址以外，还必须按照所选择的分层标志对总体进行分类，把基本单位归属于不同的类（层）中，并对各层的基本单位分别进行编号。这种方法中，由于层内实行简单随机抽样，在各层抽样框的编制与简单随机抽样的要求相同。

要决定采用整群抽样，抽样框只需要编制设定的群单位的信息，而不必寻找总体单位的信息，如以宿舍为群单位抽样，抽样框只需要包含全部宿舍的信息（楼号、宿舍号、宿舍的人数）。

要决定采用等距抽样，只需要将总体按照选定的标志排序，确定抽样间隔、确定起始单位号就可以了，并不需要编制特定的抽样框。

要决定采用多阶段抽样，在每一阶段中需要按照整群抽样的抽样框编制的要求，按照设定的群单位编制抽样框。

一次调查活动可以选用的抽样框，有时会有多种类型，这时调查人员就必须从中选择一个“最理想”的抽样框。所谓“最理想”的抽样框，应该具备以下特点：

（1）包含所有样本单位。

抽样框应该包含所有的样本单位，即所有的样本单位一个不漏地包括在这个集合之中。例如，确定电话访问的样本时，我们应关注调查人员所依据的《黄页电话号码簿》是否将所有的访问对象都列入其中了，如果抽样框没有包括所有的访问对象，那么我们就无法保证抽样的随机性和代表性。

（2）所有的样本单位出现的概率相等。

只有样本框中每个样本单位出现的几率相同，我们才可以在抽取样本的过程中，保证每个样本单位被抽中的概率相等。例如，我们应该注意，调查人员所依据的《黄页电话号码簿》是否使所有的被列入者出现的次数相等，被抽中的可能性相同。

（3）类似的抽样框应准备多个。

由于完全符合上述两个特征的抽样框在现实中有时找不到，所以调查人员就只能从几个备选的抽样框中通过实验来选择一个最好的。对于一家准备针对消费者开展调查活动的公司，该公司采用随机抽样已经确定了应答者，并准备开始实施“入户访问”。此时，可供调查人员作为抽样框参考依据的就是一份详细的地图，或者是由户籍管理部门或物业管理部门提供的“住户门牌号码表”。最后，调查人员可以根据“准确”、“可行”、“便利”三原则来确定此次调查活动的抽样框。

3. 抽样单位对抽样框的影响

抽样框中抽样单位与基本单位一致，称为元素抽样框。这样的抽样框适合于以基本单位作为抽样单位的抽样方法，如简单随机抽样、分层随机抽样、等距抽样等。抽样框中抽样单位是基本单位的集合，称为群抽样框，它适合于以群作为抽样单位的各种抽样方法，如整群抽样、分层整群抽样、等距整群抽样等。当群是由在地域上相连的基本单位组成时，如居住在同一条街道中的居民组成一群，或者一个行政区域内的企业组成一群等，由这样的群构成的抽样框称为区域抽样框。

抽样框中的各个单位是随机排列的，单位序号与所研究的标志值之间没有线性相关关系，这样的抽样框是无序抽样框。抽样框中的各个单位是按照与所研究目标的有关标志排列的，其单位序号与所研究标志值之间有较高的线性相关关系，这样的抽样框是有序抽样框。在等距抽样中，使用无序抽样框，总体单位按照无关标志排队，则可以采用简单随机抽样的方法进行估计。

抽样框中的单位既不是调查单位，也不是调查单位的集合，这样的抽样框是替代抽样框。替代抽样框的好处是容易取得抽样框资料，可以大大节约抽样设计的费用，其弊端是抽样框与目标总体常常不一致，容易导致抽样框误差。如居民购买力调查，以电话号码簿作为抽样框，就是替代抽样框。以电话号码簿作为抽样框抽取样本调查居民的购买力，有可能导致居民身份的界定不清、遗漏调查对象的问题。如果编制居民户抽样框，寻找到完备的居民户的名单和地址的工作量是巨大的。

把抽样单位的名称按照一定顺序排列起来形成的抽样框是名单抽样框，它适合于以人或机构单位作为抽样单位的抽样调查；把抽样单位的地理位置按照自然顺序排列起来，形成一张标有抽样单位地理位置和区域的“地图”，从中抽取样本单位，这样的抽样框是地图抽样框，它适合于以区域单位作为抽样单位的抽样调查；以时间单位作为抽样单位编制的抽样框是时序抽样框，它主要应用于工业产品的质量检验与控制。

4. 抽样框的设计原则

（1）完备性原则。

目标总体中的每个抽样单位必须以一个号码出现，而且只能以一个号码出现。同时，每个号码必须对应目标总体中的一个抽样单位，而且只能对应目标总体中的一个抽样单位。

（2）可行性原则。

可行性原则包括两个方面：一是以什么作为抽样单位能够比较便利地收集到抽样单位的名单；二是以什么作为抽样单位便于样本的抽取。例如，调查某地个体商业户的营业状况，有户和村两种抽样单位可供选择，如果没有该地各个个体商业户名单的话，以户作为抽样单位就存在一定困难。虽然可以通过全面调查的方式取得该地区个体商业户的名单，但这样做需要支付较多的费用，某种程度上丧失了抽样调查的意义，而以村作为抽样单位则是很方便的。

（3）正态性原则。

由于实际工作中遇到的总体一般都不是正态分布，而是属于偏态分布，根据中心极限定理，对于这类分布，要保证估计量的正态分布，必须以较大的样本容量为代价。从这一观点看，抽样单位不宜太大，即抽样单位中所含个体数目不宜太多。因为在最终调查单位一定的条件下，抽样单位越大，受费用的约束，样本容量就越小。当抽样单位大到一定程度，进而使样本容量小到一定程度时，估计量的正态分布就难以保证。

（4）效率性原则。

抽样估计的效率是指在调查费用一定，从而最终调查单位数目一定的条件下，估计量方差的大小。估计量方差越小，估计的效率越高，抽样单位的大小与估计量的方差有关。对于等概率抽样，通常情况下，抽样单位越大，估计量的方差也要增大。这要区别两种情况：一是个体单位在空间上较为集中，此时，从效率上考虑，在可实施的情况下，应尽量取小单位作为抽样单位；另一种情况是个体单位在空间上较为分散，此时，将相邻的个体单位组合成一个较大单位作为抽样单位，可以相对节约调查费用。这种情况下，如果费用节约的速度快于方差增大的速度，可采用大单位作为抽样单位。否则，应取小单位作为抽样单位。

1936 年美国《文学摘要》杂志社从电话簿和汽车主登记表中选出了一大批选民（超过 200 万人次）做抽样调查，基于这个调查结果，他们预言阿尔弗·伦敦会在竞选中击败富兰克林·罗斯福。不幸的是，这份抽样框选择的选民并不对 1936 年全美国所有的选民具有代表性。因为，当时大多数人的家里没有电话，更没有汽车，并且这部分被忽略的选民属于低收入阶层。而抽中的样本都属于富裕阶层，他们更倾向于投共和党的票。所以在竞选后不久，《文学摘要》就因失准的预言使其可信度急剧下降，并最终导致了破产倒闭的结局。

（四）选择抽样类型

是否按照随机原则抽取样本，是概率抽样与非概率抽样的根本性区别。概率抽样按照随机原则抽取样本，排除了选择样本时主观因素的影响，样本对于总体的代表性较高，而且由于估计量的某种分布是已知的，使得抽样推断具有了科学性。非概率抽样由于根据主观判断或方便原则进行，因此调查容易实施，成本较低，但是样本的代表性较差，抽样推断缺乏客观性。

尽管样本有概率样本和非概率样本两类，但大多数的市场调查都是非概率类型，其原因是：

（1）定义的总体分散，无法具体掌握。

（2）通常只需要大体上的估计资料。

（3）能够以较低的成本取得更大的样本。

（4）偏差大小的性质能够正确估计。

市场调查的组织者通常都愿意以某些可信度与误差度交换，避免在发展真正的随机样本上花费大量的人力与物力。

（五）如何确定样本规模

决定样本规模可以使用统计学方法，也可以使用非统计学方法。

1. 非统计学方法确定样本规模

（1）使用以前的样本规模。

公司根据以前在项目中所构建的样本规模，来进行重复使用。如一家医药公司使用 50 名医生的样本规模来度量医生对新药的看法。如果新药被认为是特别重要的，公司还可以扩充至 100 名医生。只要以前的样本规模是好的，那么重复使用就能省时省力又省钱。然而，需要注意的是，样本规模是不能随意套用的。

（2）复制样本规模。

设定样本规模的方法是“从众”，即使用类似于其他公司已经使用过的样本规模。复制样本规模和重复自己的样本规模的逻辑是相同的，即如果以前它行，现在也应该可以。当然这种假设本身就可能蕴涵着错误，这是我们需要注意的。和使用以前样本规模一样，我们应该注意到不同的情况需要不同的样本规模。

（3）使用有限的资源。

通常的做法如下：询问决策者能为某一调查项目出多少钱，从这个数字中减去项目的固定成本，然后用每一观测对象的期望成本除以所剩下的变动成本预算，来获得样本规模。

例如，医院的行政管理者愿意花费不超过20 000元来进行电话访谈，调查病人满意度。调查公司需要一定时间来编写调查问卷，并得到顾客的认可；需要一些时间分析数据；需要一些时间准备调查工作；需要一些时间准备调查报告；需要一些时间来演示报告。对这些时间占用的合理费用加以预算，其中包括期间费用和利润。同时，调查公司也会预算采访者的时间费用，还有就是预算主管策划和监管以及事先测试的时间，预算专家为事先测试和主要调查人员进行培训的时间费用，预算专业人员准备培训资料的时间费用等。所有这些就是项目的固定成本。假如，这些固定成本总数为6 000元，则变动成本为14 000元。现在调查公司必须估计每一个采访的变动成本，这取决于调查问卷的长度，所需长途电话号码的数目，审查比例，编辑和编码的成本（这取决于开放式问题的数目），输入数据的成本，以及其他变动成本。假设完成医院满意度调查的每一个样本的采访费用需15元，因此就有933（14 000/15）个采访样本。

从经验上来讲，以预算为基础的方法是用来设定营销调查样本规模的最好方法，尤其是对小公司而言。这种方法有直觉上的吸引力，因为它使得管理者把经费与调查项目直接挂钩，而且这种方法在财务上也行得通。

（4）询问专家。

决定样本规模的最后一种非统计学方法是询问专家。例如，你可以向营销调查方法的专家教授简短地描述一下你的调查项目，然后询问他们对样本规模的建议。

2. 统计学方法确定样本规模

建立统计学上精确而可靠的结果所要求的样本规模依赖于误差度、可信度两个参数。下表给出了在不同允许误差水平与可信度下所需的最少样本量：

允许误差范围	在90%的置信度下	在95%的置信度下	在99%的置信度下
+0.01	6 773	9 614	16 589
+0.02	1 693	2 403	4 147
+0.03	753	1 068	1 843
+0.04	423	601	1 037
+0.05	271	385	664
+0.06	188	267	461
+0.07	138	196	339
+0.08	106	150	259

（续上表）

允许误差范围	在90%的置信度下	在95%的置信度下	在99%的置信度下
+0.09	84	119	206
+0.1	68	96	166

表中给出的数据计算方法只考虑了某个调查的问题，如果调查面对多个问题会产生既定误差率之外的问题；并且，表中的样本数是针对总样本量而言的，没有考虑子样本的问题；此外，假定是随机抽取的样本，这点在非概率抽样中是难以保证的。

在实际中，调查决策更多地集中于成本与收益的比较分析，样本规模的确定可以考虑表中给出的数据，参照经验数据确定。

（1）如果是大型城市、省市一级的地区性研究，样本数为500～1 000可能比较适合；而对于中小城市，样本量为200～300可能比较适合；如果是多省市或者全国性的研究，则样本量为1 000～3 000可能比较适合。

（2）对于分组研究的问题，每组样本量应该不少于50个。

（3）通过试验设计所作的研究，可以采用较小的样本量。如产品试用（留置）调查，在经费有限的情况下，可以将每组的样本量降低至30个左右，最好每组在50个以上，每组超过100个可能是一种资源浪费。

（4）在较小范围的地区或区域，进行有代表性的抽样调查，样本量约为200个。

（5）专业的询问，大概只需要几个人就可以。

二、如何使用随机抽样法

随机抽样法是指总体中每个个体单位都具有相等可能性被抽中的抽样方法。在随机抽样中，调查人员必须严格遵守正确的抽样程序，即要避免武断或有偏见地选择抽样单位。但严格执行这些程序时，概率论中的所有法则都是有效的。对于根据样本推断的预测值与总体的差异称为抽样误差。随机抽样主要有以下几种方法：

（一）简单随机抽样

简单随机抽样是最完全的概论抽样。在简单随机抽样条件下，抽样概率公式为：抽样概率＝样本单位数/总体单位数。例如，如果总体单位数为10 000，样本单位数为400，那么抽样概率为4%（400/10 000）。

1. 抽签法

这种方法类似于通常所说的“抓阄”，即将每个总体单位的号码写在签上，将签充分混合均匀后随机抽取，中选号码的个体作为入样单位。在总体单位 N 较大的情形下，制作选签是一件繁重的工作，实践中较少采用此法。这种方法适用于总体单位数目较少的情况。

2. 计算机抽样

利用计算机程序编制产生随机数的程序，由于这些程序具有循环周期，因此应当使循环周期尽可能长一些，保证数字产生的随机性。通过计算机跳号，可以产生 n 个随机数字，如利用Excel软件中的rand（）函数产生随机数。

3. 随机数表法

由数字 0 ~ 9 组成的随机数表，每个数字都有同样机会被选中。在随机数表中任一行或一列的数字作为开始数，接着可从上而下，或从左至右，或一定间隔顺序取数，凡编号范围内的数字号码即为被抽取的样本。如果不是重复抽样，碰上重复数字应舍掉，直到抽足预定样本数目为止。

下表就是一个随机号码表：

03	47	43	73	86	36	96	47	36	61	46	98	63	71	62
97	74	24	67	62	42	81	14	57	20	42	53	32	37	32
16	76	02	27	66	56	50	26	71	07	32	90	79	78	53
12	56	85	99	26	96	96	68	27	31	05	03	72	93	15
55	59	56	35	64	38	54	82	46	22	31	62	43	09	90
16	22	77	94	39	49	54	43	54	82	17	37	93	23	78
84	42	17	53	31	57	24	55	06	88	77	04	74	47	67
63	01	63	78	59	16	95	55	67	19	98	10	50	71	75
33	21	12	34	29	78	64	56	07	82	52	42	07	44	28
57	60	86	32	44	09	47	02	96	54	49	17	46	09	62
18	18	07	92	46	44	17	16	58	09	79	83	86	19	62
26	62	38	97	75	84	16	07	44	99	83	11	46	32	24
23	42	40	54	74	82	97	77	77	81	07	45	32	14	08
62	36	28	19	95	50	92	26	11	97	00	56	76	31	38
37	85	94	35	12	83	39	50	08	30	42	34	07	96	88
70	29	17	12	13	40	33	20	38	26	13	89	51	03	74
56	62	18	37	35	96	83	50	87	75	97	12	25	93	47
99	49	57	22	77	88	42	95	45	72	16	64	36	16	00
16	08	15	04	72	33	27	14	34	09	45	59	34	68	49
31	16	93	32	43	50	27	89	87	19	20	15	37	00	49

例如，某企业要调查消费者对某产品的需求量，要从 95 户居民家庭中抽选 10 户居民。码表法抽选样本具体步骤如下：

第一步：将 95 户居民家庭编号，每一户家庭一个编号，即 01 ~ 95（每户居民编号为两位数）。

第二步：在上面的表中，随机确定抽样的起点和抽样的顺序。假定从第一行，第 5 列开始抽，抽样顺序从左往右。

第三步：依次抽出号码分别是：86、36、96、47、36、61、46、98、63、71，共 10 个号码。由于96、98 两个号码不在总体编号范围内，应排除在外。再补充两个号码：62、74。

由此产生 10 个样本单位号码为：86、36、47、36、61、46、63、71、62、74。

编号为这些号码的居民家庭就是抽样调查的对象。

需要说明，编号为 36 的居民家庭两次出现在样本里。这属于重复抽样。所谓重复抽样，是指总体中某一单位被抽中作为样本后，再放回总体中，有可能第二次被抽中作为样本。

不重复抽样是指总体中的每个单位只可能抽中一次作为样本，即某一单位抽中作为样本后，不能再放回总体中，也就没有可能第二次被抽中作为样本。

上例中若要求是不重复抽样，10 个样本单位号码就应是：86、36、47、61、46、63、71、62、74、24。

若调查总体改为 800 户居民，样本数仍为 10 户，抽样起点为第 3 行、第 1 列，抽样顺序为从上往下抽。这 10 户样本居民号码如何产生呢？

首先，对调查总体 800 户居民编号，从 001 ~ 800（每户居民家庭号码为三位数）。其次，抽样起点应为“167”，从上往下抽，依次产生的 10 户样本单位编号分别是：167、125、555、162、630、332、576、181、266、234。

采用随机数表法抽取样本，完全排除主观挑选样本的可能性，使抽样调查有较强的科学性。

（二）等距抽样

等距抽样得到的样本与简单随机抽样得到的样本几乎相同。使用这种方式，必须获得一份总体单位表，这一点与简单随机抽样方式一样。然后调查人员确定一个间隔，并根据此间隔选择样本单位。样本距离可以通过下面公式确定：样本距离 = 总体单位数/样本单位数。例如，您使用本地电话簿，并确定样本距离为 100，那么就可以每隔 100 个电话号码抽取 1 个样本单位。这个公式可以保证整个列表的完整性。

等距抽样方式可以随意选用一个起点，只要第一个号码确定后，就决定了整个样本框。例如，要从编有 1 000 个号码的总体中抽取一个 2% 的子样，我们可以在 1 ~ 50 之间选取一个随机数字，如 36，然后每隔 50 个号码圈顶一个，那么编号为 36、86、136……986 等 20 个号码的总体元素便是抽到子样里的元素，样本框随之构成。相对于简单随机抽样方式，等距抽样最主要的优势就是经济。它比简单随机抽样更为简单，花的时间更少，并且费用也少。

当总体信息名录不容易找到，或者总体数量大、编制信息名录工作量大的时候，等距抽样会使得样本的抽取简便易行，简化抽样手续。因为等距抽样所需的只是总体单位的顺序排列，只要随机确定一个（或少数几个）起始单位，整个样本就自然确定，在某些场合下甚至可以不需要抽样框。如对某市的机动车辆进行调查，确定抽样比为 1%，则可在 0 ~ 99 中随机抽取一个整数（如 63），只要对车辆牌照号末两位为 63 的车辆都进行调查即可。

样本单位在总体中分布比较均匀时，利用等距抽样技术有利于提高估计精度。如果调查者对总体的结构有一定了解，可以利用已有信息对总体单位进行排列，即按有关标志对总体单位排序，这样采用有序系统抽样就可以有效地提高估计的精度。

另外，当调查人员不熟悉抽样专业技术时这种方法容易被非专业人员所掌握，而且还因其较易保留抽样过程的原始记录，便于监督和检查。因此，在一些大规模抽样调查中，经常采用等距抽样以代替简单随机抽样。

（三）分层抽样

分层抽样对于减少抽样误差，提高估计的准确度具有重要意义。分层抽样的具体程序是：

首先，把总体各单位分成两个或两个以上的相互独立的组（如男性和女性），使每层内部的差异比较均匀。然后，从各层中按比例抽取元素，由简单的随机抽样方法组成样本框，样本之间相互独立。

实现正确的分层抽样有以下三个步骤：

首先，辨明统计标志特征和分类特征，这些特征与所研究的行为相关。例如，确定某种产品的消费率时，按常理认为男性和女性有不同的平均消费比率。

其次，确定在每个层次上总体的比例。比如，假设性别已被确定为一个显著的特征，那么根据总体中男性所占比例和女性所占比例就可计算出样本中每组（层）应调查的人数。当然，在作最终决定之前，我们还要确定是否按总体比例来分配各组样本数，以达到样本最佳的目的。

最后，调查人员必须从每层中独立抽取简单随机样本。现实中，这个步骤可以通过不同方式来完成。假定分层计划要求访问240位女性和160位男性。样本从人群总体中抽取，调查人员进行访问。在访谈过程中的某个时点，调查人员可能访问了240位女性和127位男性。在这种情况下，我们在以后的调查过程中就可以只访问男性，直到达到160人的目标。

分层抽样在营销调查中不是经常使用。因为，我们往往预先得不到给样本分层的必要信息，分层不能建立在猜测或预感的基础上，而应建立在对总体特征及其内部变量关系和所调查行为有充分了解的基础上。分层抽样经常被用在政治选举和大众媒体的调查研究中。

（四）整群抽样

整群抽样是将总体划分为若干群，然后以群为抽样单位，从总体中随机抽取一部分群，对中选群中的所有基本单位进行调查的一种抽样技术。实际上，抽选的单位是一些由总体单位组成的群体，而我们把由若干个基本单位所组成的集合称为群，每个基本单位只能够唯一地被划归为一个抽样单位，并且抽样单位的产生是随机的。

1. 整群抽样的样本抽取方法

第一步，选择群单位，将总体划分为若干个群。

整群抽样只是在各群之间抽取一部分群进行调查，群间差异的大小直接影响到抽样误差的大小，而群内差异的大小则不影响抽样误差，“群实际上是扩大了的总体单位”。这就决定了分群的原则应该是：尽量扩大群内差异，而缩小群间差异。整群抽样中的“群”大致可分为两类：一类是根据行政或地域形成的群体，如学校、企业或街道，对此采用整群抽样是为了方便调查、节省费用；另一类群则是调查人员人为确定的，如将一大块面积划分为若干块较小面积的群，这时，就需要考虑如何划分群，以使在相同调查费用下抽样误差最小。下表列举了可能作为群单位的实例。

总量	变量	基本单位	群或抽样单位
（1）A市	住户特征	寓所	街区
（2）B市	购买衣物	人	寓所或街区
（3）机场	旅游信息	离开旅客人数	航班
（4）大学	就业计划	学生	班级

（续上表）

总量	变量	基本单位	群或抽样单位
（5）乡村人口	社会态度	成人	村
（6）年通过桥梁交通流量	发车地和到达地	机动车	40 分钟间隔
（7）城市土地所有者档案	税务信息	土地所有者	档案分类账的页数
（8）健康保险档案	医疗数据	卡片	连续 10 张卡片为一组

做出合乎要求的群是一个实际要斟酌的问题，它要根据调查的情况和财力的允许。基本单位由调查目的来确定，于是抽样者必须决定是否将它们作为唯一的抽样单位，还是另外设计群作为抽样单位。在某些研究中，住户被当作人的一个群体，但在另一些研究中，整个城市可能被当作一个基本单位。国家这一总体可以分别看作是全部县、或城市和城镇、或区段和街区、或寓所单位的总和。

第二步，编制群单位的信息框，抽取样本群。整群抽样是对群进行随机抽样，抽到的群的所有单位全部入样，因此抽取群单位的时候并不需要总体单位的基本信息。调查人员只需要编制关于群单位的信息框就可以了。另外，在抽取群单位的时候通常可以采取简单抽样的方法。

例如，某高校学生会要调查该校在校生的网络使用情况，用整群抽样法抽样时，可以把全校每一个班级作为一个群，也可以按宿舍来划分，每一个宿舍作为一个群。因为在这个问题上，一般来说，各班之间或各宿舍之间差异不会太大。假设该校有 7 500 名学生，150 个教学班级，从中抽取 20 个班级进行调查。组织实施抽样时，只是需要班级的名单，而不需要每个学生的名单，这使得抽样工作大为简化。

2. 整群抽样的应用场合

当调查的总体规模比较大的时候，可以选择整群抽样的方法，将调查总体划分为若干个群体，获取的调查样本相对集中，可以降低调查的费用，简化样本抽取的过程。

当调查的总体中存在局部同质性的时候，如一般家庭成员中都有男性、女性，如果估计男女性比例，以家庭作为群，采用整群抽样，这样会使估计的精度要比直接抽取个人估计的精度高。

整群抽样还有特殊的用途。有些现象的研究，如果直接调查作为基本单位的个体，很难说明问题，必须以一定范围所包括的基本单位为群体进行整群抽样，才能满足调查的目的。如人口普查后的复查，要想估计出普查的差错率，只有通过对一定地理区域内的人口群体作全面调查才行。类似的诸如人口出生率、流动率等调查都需要采用整群抽样。

整群抽样与简单随机抽样相比具有以下的特点，在实际中通常会更多地考虑采用整群抽样。

一是抽取群单位的信息框编制简化。在实践中，因为没有相应的资料，构造包含总体单位基本信息的抽样框通常是不可能的，有时虽然可以构造这样的抽样框，但工作量极大，而群单位的信息框通常会容易寻找。

二是实施调查便利，节省费用。在总体基本单位分布很广的情形下，简单随机抽样会使样本分布过于分散，给调查带来不便，并使调查费用增大。而整群抽样调查单位的分布相对集中，调查人员能节省大量来往于调查单位间的时间和费用。而且，如果群是以行政单位划分的，调查时得到行政单位的配合，更有助于调查的实施，可得到较高质量的原始数据。

三是整群抽样的随机性体现在群与群间不重叠，也无遗漏，群的抽选按概率确定。如果把每一个群看作一个单位，则整群抽样可以被理解为是一种特殊的简单随机抽样。

三、如何使用非随机抽样法

一般而言，任何不按随机抽样要求的抽样方法都被归为非随机抽样的范围之内。常用的非随机抽样方法有以下四类：

（一）便利抽样

顾名思义，便利抽样是指调查人员为了方便而进行抽样的方法。在这种抽样方法中，调查人员从总体中抽取那些易于获得的成员。这种抽样包括自愿抽样和偶然抽样。这种便利样本蕴涵的意义是，对研究目的而言已“足够满足”了。因此，便利抽样对调查对象的选择完全由调查人员决定。

（二）判断抽样

判断抽样适用于调查人员基于选择标准是抽样典型样本的情形。购物中心进行的市场或产品测试调查大部分属于判断抽样。就市场测试而言，是选择一个还是几个市场？这主要看它们对整个总体的代表性如何。

（三）配额抽样

配额抽样是根据一定标志对总体分层或分类后，从各层或各类中主观地选取一定比例的个体单位的方法。所谓“配额”是指对划分的总体各类型都分配给一定的数量而组成的样本。因此，配额抽样较之判断抽样，加强了对样本结构与总体结构在“量”上的控制，能够保证样本有较高的代表性。

（四）推荐抽样

推荐抽样是指通过根据初始接受调查者的推荐，来挑选另外的被调查者的抽样程序。这种方法用于在事件低发生率或样本个数不易找到的少见的总体中进行抽样。要找到这些总体中的个体，往往代价是很大的，使得调查人员因为费用的原因不得不使用像推荐抽样这样的技巧。例如，某保险公司想得到在过去6个月中从健康保险转入康复组织的全国性样本，为了找到符合条件的1 000个样本，可能需要在全国范围内进行大量的调查。然而，若先取得特征总体中200个最初样本单位，平均从每个最初调查者那里再得到另外4个样本的名单，这样就比“大海捞针”式地进行1 000个样本单位的调查经济多了。

推荐抽样的优点是大大减少了调查费用，然而这种成本的节约是以调查质量较低为代价的。整个样本很可能有偏差，因为这些个体的名单来源于最初调查过的人，使他们之间的情况可能十分相似。结果，样本对于总体代表性可能就较差。另外，如果被调查者不愿意提供人员来接受调查，这种方法同样会受阻。

四、抽样调查中的误差控制

市场调查质量问题本质上是误差问题，它包括两部分，即抽样误差和非抽样误差。抽样误差是不可避免的，它是由样本的结构与总体结构的随机差异导致的，其大小可以通过调整样本容量、改变抽样方式等加以控制；非抽样误差由于其产生的原因复杂而且又不易预测和非随机性等特点而难以控制，成为影响抽样调查结果准确性的重要原因。

（一）抽样误差的控制

1. 影响抽样误差大小的因素

抽样误差是指由于随机抽样的偶然因素致使样本各单位的结构对总体各单位结构的代表性差别，从而引起的抽样指标和总体指标之间的绝对离差，如抽样平均数与总体平均数的绝对离差，抽样成数与总体成数的绝对离差等。抽样误差是抽样所特有的误差，凡进行抽样就一定会产生抽样误差，这种误差虽然是不可避免的，但可以控制，所以又称为可控制误差。影响抽样误差大小的因素主要有：

（1）总体单位标志值的差异程度。

抽样误差的大小与总体单位标志变异程度的大小成正比。总体标志变异程度越大，抽样误差越大，反之亦然。假如总体标志变异程度消失了，则抽样指标和总体指标就会相等，因而也就不存在抽样误差。

（2）样本单位数的多少。

在其他条件相同的情况下，样本单位数越多，样本对总体的描述作用越强，代表性越高，则抽样误差越小。当抽样单位数等于总体单位数时，抽样误差也就不存在了。

（3）样本抽取方法。

抽样方法不同，抽样误差也不相同。一般来说，重复抽样比不重复抽样误差要大些。在实际的抽样调查中，一般都选择不重复抽样方法抽取样本。

（4）抽样调查的组织形式。

抽样的组织方式不同，抽样误差大小也不相同。例如，按照等距抽样或分层抽样方式组织调查，由于经过按大小排队或分类，抽取的调查单位在总体中分布比较均匀，样本对总体的代表性较强，所以在样本数目相同的情况下，它们的抽样误差就比简单随机抽样或整群抽样要小。

2. 减少抽样误差的思路

由于抽样调查是一种非全面调查，抽样总体的综合指标只是根据抽出的那一部分单位计算出来的，由它来代表总体的综合指标，两者之间必然会有一定的误差。换句话说，抽样误差是抽样调查所固有的。抽样误差越大，抽样总体的代表性就越差，反之亦然。因此，在组织抽样调查时，人们要研究如何才能使抽样误差尽可能的小，如何控制抽样误差使它不超出研究问题所允许的范围，使抽样总体有足够的代表性。考虑到影响抽样误差的因素，减少抽样误差可从以下几个方面着手：

（1）正确确定样本数目。

既然抽样误差的大小与样本单位数目多少成反比关系，与总体单位之间的标志变异程度成正比，那么，如果总体中的差异大，则需抽取的样本数应该多一些，反之亦然。还要注意到，抽取的样本大小与调查的成本有关，样本越大，费用越高，反之亦然。所以确定样本数要综合考虑对抽样误差的允许程度、总体的差异性和经济效益的要求等因素。

（2）准确选择样本类型及抽样形式。

选择正确的样本类型，有利于使抽取的样本能真正代表样本的总体，减少误差。样本类型分为随机抽样和非随机抽样两大类，每一类又分为很多具体方法。对抽样形式的选择，要根据调查目的和要求，以及调查所面临的主客观、内外部条件进行权衡选择。在一般条件下，随机抽样法具有更大的适用性。

（3）加强对抽样调查的组织领导，提高抽样调查工作的质量。

要以科学的态度对待抽样，特别是要由专门人才，或经过严格培训的人员承担抽样调查工作。抽样方法要适当，工作程序要规范，严格按照所选用的抽样方法的要求进行操作，确保整个抽样工作科学合理。

3. 抽样误差的计算

（1）抽样平均误差。

抽样平均误差是抽样平均数（或抽样成数）的标准差。它反映抽样平均数（或抽样成数）与总体平均数（或总体成数）的平均误差程度。从同一总体中，按随机原则抽取同样单位数的多个样本，每个样本可以计算各样本平均数（或抽样成数），将一系列抽样平均数（或抽样成数）计算标准差，反映抽样平均数（或抽样成数）与总体平均数（或总体成数）的平均误差程度。

在实际调查工作过程中，可以根据总体方差，样本容量（抽样单位数目）和抽样方式，通过一定公式进行计算。当总体为 N，样本容量为 n 时，抽样平均误差公式为：

	重复抽样	不重复抽样
平均数抽样平均误差	$\mu_x=\sqrt{\frac{\sigma^2}{n}}$	$\mu_x=\sqrt{\frac{\sigma^2}{n}\left(\frac{N-n}{N-1}\right)}$
成数抽样平均误差	$\mu_y=\sqrt{\frac{P\ (1-P)}{n}}$	$\mu_y=\sqrt{\frac{P\ (1-P)}{n}\left(\frac{N-n}{N-1}\right)}$

其中：

$$\sigma=\sqrt{\frac{\sum\ (x_i-x)^2}{n}}$$

从误差公式中可以看出：不重复抽样的抽样误差比重复抽样的误差小，相差的程度取决于样本数 n 与总体数 N；当 n/N 的比值较小时，重复抽样的误差和不重复抽样的误差的差异也就很小。在此情况下，为了简化计算，可以使用重复抽样的抽样误差计算公式。

（2）抽样极限误差。

抽样平均误差说明某一抽样方案总的误差情况，但在实际进行抽样调查时，只抽取一个样本，那么这个样本的误差，可能大于或小于平均误差。对于抽样调查，一定会要求有一个允许误差的范围。这一允许误差的范围，就称作极限误差。抽样结果的抽样指标与总体指标之间的离差，可能是正数或是负数。因此允许误差的范围采取绝对值形式，用△表示，即：

$$\triangle_x=|\bar{x}-\bar{X}|,\ \triangle_p=|\bar{p}-P|$$

上式表明抽样平均数 $\overline{X}$是以总体平均数为中心在 $\overline{X} \pm \triangle_x$ 之间变动，区间的总长度为 $2\triangle_x$。同样，抽样成数 P 是以总体成数为中心，在 $P \pm \triangle_x$ 之间变动，其区间总长度为 $2\triangle_p$。

（二）非抽样误差的控制

1. 非抽样调查误差的产生

非抽样误差产生的原因很多，从抽样设计、调查问卷的制定、调查人员的素质到调查数据的处理，每一个环节都可能出现误差。

（1）登记性误差是在调查过程中，由于工作出现失误而造成的误差。产生登记性误差的主要原因可以归纳为两类：一类是由于计量手段的局限性所带来的，难以绝对符合实际而出现的误差；另一类是由于登记、计算、抄报、汇总错误及被调查者所报不实，或调查者有意虚报、瞒报等所带来的误差。

（2）设计误差是指在抽样设计阶段产生的误差。产生设计误差的主要原因是采用了有缺陷的抽样框或者是调查问卷设计不科学。

在实际中，一个理想的抽样框有时是很难取得的。如果我们采用了有缺陷的抽样框，就必然会产生抽样框误差。抽样框误差主要来自调查总体单位和目标总体单位的不理想连接、抽样框陈旧及使用有误差的辅助信息。这样有可能会带来丢失目标总体单位、包含非目标单位，或两者同时存在的后果。

调查问卷设计不科学，如问卷设计缺乏应有的技巧和提问艺术，或主体不明确，或重点不突出，或条理不清楚，或逻辑性较差，或提问不够清晰明确等。还有的调查问卷在设计过程中只考虑研究者的方便，不顾被调查者的实际情况，或内容过于庞杂，或内容中涉及敏感提问太多，或所提问题的答案含义不明确等，所有这些都会导致非抽样误差。

（3）调查误差是指在调查过程中产生的误差。这种误差从其产生的人员来划分，主要包括调查人员误差和被调查人员误差两种。

调查人员误差的产生是由调查工作过失和故意舞弊所致，如调查者自身的素质不高，工作粗糙、登记马虎等所造成的误差。故意舞弊是指调查者是为了自己省事，根本没有按照调查方案的规定进行调查，而是篡改甚至随意编造调查资料。

被调查者误差的产生，有的是由于被调查者对问题的理解发生差错，或是因为被调查者回答不清、回答有困难而造成的；有的是由于调查的问题涉及被调查者的利益，故意错答所致；有的是由于调查的问题涉及一些敏感性的问题或是提问方式不当而拒绝回答所致。

无回答误差产生的原因可归纳为以下两种：一是由随机抽样所确定的被调查单位在具体调查时未能接触到，致使被调查单位没有接受调查；二是虽然接触到了被调查者，但他们不合作，要么是调查涉及个人隐私、商业秘密等敏感性问题而不愿意回答，要么是调查问卷中所列的调查项目超出了被调查者的实际能力和条件或因调查项目复杂而无法回答。后者产生的原因主要是由于被调查者所持有的立场、观点不同，文化水平、经济利益等方面存在差异，有意或无意地形成对客观现象的认识存在偏差。如有的被调查者对一些问题没有正确的判断和见解，人云亦云；有的被调查者由于受调查员自身观点的影响而没能真正回答自己的观点；还有的被调查者由于受经济利益的驱动有意歪曲事实等。

2. 对非抽样误差的预防和控制

非抽样误差产生的原因十分复杂，误差种类繁多，应当针对非抽样误差产生的原因，从各方面、各环节出发，采取相应的措施对其实施有效的预防和控制。

（1）科学设计调查方案。

抽样调查过程是一项系统工程，事先必须进行周密设计，制订出科学的调查方案，才能在调查的过程中减少非抽样误差。科学的设计调查方案，应着重从抽样框和问卷设计两方面进行考虑。

在抽样框方面，要求设计者在编制抽样框之前必须对调查总体的分布结构有一定的认识，在抽选样本之前，要对抽样框加以检查，发现可能存在的问题进行识别和处理，并采取一定措施加以补救。在问卷设计方面，要求设计者在设计问卷时要做到所提问题除了要符合调查主题外，还要看能否使被调查者完全明确调查的意图并乐意配合作出正确的回答。

（2）提高调查人员的整体素质。

抽样调查对调查人员的素质有较高的要求，它要求调查人员不但要有较高的专业造诣、高度的责任感、良好的职业道德和高度的敬业精神，而且还要有较强的实际工作能力。一是要有实事求是的工作态度和责任心；二是熟悉调查目的和内容；三是能掌握并熟练地运用各种科学的调查方式、方法和技术；四是能够准确无误地处理数据信息。

（3）重视对调查员的挑选和管理。

在抽样调查中，调查员直接同社会上形形色色的人群打交道，如果调查员在调查中不讲究访问技巧和措辞艺术，不善于和不同类型的人打交道，就不可能得到被调查者的有效配合。如果调查员缺少实事求是的工作态度和责任心，没有吃苦耐劳的精神，就不可能取得准确的统计资料。因此对调查员的挑选和管理是一项重要的工作，也是减少调查误差的一个关键。首先，应挑选好调查员。选择调查员应从专业知识、道德品质、应变能力等方面入手，选择那些思想和业务素质较好、工作能力强的人员，还应该加强对调查人员的管理，要建立行之有效的约束机制，防止调查人员弄虚作假。

（4）采用多种途径，减少被调查者误差。

抽样调查要求被调查者能够提供准确、完整的资料，但在实际调查时，由于各种原因，往往会遇到不回答或故意回答错误的情况，而导致被调查者误差的发生。针对这一情况，一方面要采取适当的方式教育、感化被调查者，使其对调查能有正确的认识，愿意与调查者有效配合；另一方面，还要采取有效的方法，减少被调查人员误差的发生。对于一些涉及个人隐私和商业秘密问题的调查，可以采用随机化回答技术，对被调查者提供的资料保密等以提高回答率。对于被调查者有意无意提供了有偏差的数据而产生的误差，可以采用与有关记录核对、逻辑性检查或用重新调查进行核对等方法对调查的资料进行修正。对于那些为了某种利益有意歪曲事实，虚报、瞒报，故意造假以致产生误差的被调查者，产生严重后果的要追究其法律责任。

●内容小结

本项目介绍了市场调查中的样本问题。首先定义了一些基本的概念，如样本、总体、抽样框等；然后介绍了如何确定总体、抽样框，重点介绍了随机抽样和非随机抽样两种方法；最后对抽样误差进行了说明。在实际商业调查中更多的是使用非随机抽样。

●典型案例

某高校通信用户满意度调查的样本分布

系别	专业	样本数	样本要求	负责人
外语系（30人）	商务英语	10人	男3人女7人	徐同学
	旅游英语	10人	男2人女8人	
	涉外文秘	10人	男2人女8人	
计算机系（35人）	计算机应用技术	10人	男6人女4人	吴同学
	计算机网络技术	10人	男6人女4人	
	软件技术	10人	男6人女4人	
	图形图像制作	5人	男3人女2人	
经济管理系（35人）	营销与策划	10人	男女各5人	李同学
	电子商务	10人	男女各5人	
	物流管理	10人	男女各5人	
	秘书与办公自动化	5人	男1人女4人	
电气工程系（50人）	电气自动化技术	10人	男6人女4人	陈同学
	电子信息工程技术	10人	男6人女4人	
	应用电子技术	10人	男6人女4人	
	检测技术及应用	5人	男4人女1人	
	楼宇智能化工程技术	5人	男4人女1人	
	计算机控制技术	5人	男4人女1人	
	电子工艺与管理	5人	男4人女1人	
机械工程系（50人）	计算机辅助设计与制造	10人	男8人女2人	吴同学
	机电设备维修与管理	10人	男8人女2人	
	机械设计与制造	10人	男8人女2人	
	数控技术与应用（三年）	5人	男4人女1人	
	模具设计与制造	5人	男4人女1人	
	机电一体化	5人	男4人女1人	
	冶金技术	5人	男4人女1人	

[重点提示]

讨论案例中使用了哪种抽样方法。这种抽样方法在什么情况下运用较合适？

● **综合实训**

实训项目六	设计调查抽样
实训任务	确定将要实施调查的对象
实训时间	1 学时
实训重点	1. 训练学生对抽样的重视 2. 训练学生应用抽样方法的能力
实训目标	通过本项目训练，帮助学生理解抽样的重要性及掌握常用的抽样方法
实施形式	1. 以小组为单位，讨论抽样方法 2. 形成一份抽样方案报告 3. 制作简单 PPT 在班级上展示
实训提示	样本选择与调查内容有非常紧密的关系，样本数量也会影响到调查结果，在抽样时要充分考虑到调查主题及数量的控制
实训成果	形成抽样报告，各组展示，教师讲评

●**课后练习**

（一）问答题

1. 什么是抽样调查？为什么要进行抽样调查？
2. 什么是总体、样本？二者有何关系？
3. 什么是抽样框？有哪些类型？请举例说明不同类型的抽样框。
4. 什么是随机抽样和非随机抽样？二者有何区别？
5. 随机抽样有哪几种方式？各自有何优缺点？
6. 非随机抽样有哪几种方式？各自有何优缺点？
7. 抽样误差有哪几种？如何减少抽样误差？

（二）技能题

1. 本地一家综合百货商店连锁的家用电器部经理正在计划对食品加工机开展一次为时一天的大型非价格促销活动，他们在本地两家报纸上大做广告作为对这次促销活动的支持。这位经理请你推荐一种对进到商店来的顾客进行取样的方法，其目的是评估顾客是在多大程度上受到这种特别广告的吸引而到该店来的，以及这些广告能在多大程度上影响他们的购买意图。对问卷进行的预测试显示，完成一份问卷大约要花 3 分钟。这位经理特别想了解的是男顾客与女顾客之间、选购礼物的人和其他购买者之间及各个年龄段顾客之间对问卷答复有没有什么显著差别。

2. 一家大型金融机构开展的一项市场细分情况调查里需要对某市拥有自己住宅的家庭进行取样。他们要对每位被调查者进行超过一小时的冗长个人访谈。预定样本容量为 3 000 户。

（三）上机题

上网搜集与抽样有关的资料，总结抽样的相关规律。

项目七　开展实地调查

●项目目标

能根据不同情况选择相应的调查方法，并形成原始调查记录。

●技能要求

了解并掌握访谈法；

了解并掌握观察法；

适当了解实验法；

了解并掌握间接定性调查方法，包括焦点小组、深度访谈和投射法。

●提交成果

形成实地调查原始记录。

●教学建议

建议课内6学时，课外6学时。教学可在普通教室内进行，项目组织以小组讨论、情景模拟、小组访谈等方式进行。本项目要求学生通过访谈法、观察法及焦点小组法的实际操作强化对一手资料收集方法的理解，并最终懂得如何操作。

●任务描述

市场上的数码相机已有多种品牌、多种价位，消费者选择机会非常多，这无疑增加了Ennz公司开发新产品的难度。目前的数码相机具备哪些功能？哪些品牌比较受人欢迎？这些品牌存在着哪些竞争的差异？数码相机产品的社会背景及市场背景如何？数码相机有哪些核心技术指标？相关配件的市场情况如何？这些对Ennz公司的经营决策有重大影响。获得这些信息不仅可以帮助了解整个的经营环境，还可以为进一步的一手资料调查确立方向。本任务就是要求通过开展实地调查来获取一手资料。

●任务要点

实地调查是获取一手资料的主要途径，而相对于二手资料来讲，一手资料对企业经营决策的影响更加重要。所以，是否能够完整收集相关项目的一手资料对企业来说具有至关重要的作用。要顺利完成任务，首先必须了解收集一手资料的各种技巧与方法，这其中主要包括访谈法、观察法、实验法和定性调查法。本项目在了解各种方法的优点和缺点基础上，结合实际例子要求学生运用相关理论对案例进行分析，并且懂得在具体的项目中是应该采用定性方法还是定量方法，或者定性方法和定量方法结合使用，并且懂得如何操作。

一、访谈调查法

（一）基本介绍

1. 访谈调查法的特点

访谈调查是调查人员直接向被调查者口头提问，并当场记录答案的一种面对面的调查。也就是说，访谈调查一般都是访问者向被访问者作的面对面的直接调查，是通过口头交流方式获取市场信息的调查方法。当面询问有关问题，既可以是个别访谈，主要通过口头询问，也可以是群体访谈，可通过座谈会等形式。一般来说，个别访谈主要用于商品需求、购物习惯等调查资料的采集，群体访谈用于聘请一些专家就市场价格状况和未来市场走向进行分析和判断。

访谈调查法回答率高，可通过调查人员的解释和启发来帮助被调查者完成调查任务，可以根据被调查者性格特征、心理变化、对访问的态度及各种非语言信息扩大或缩小调查范围，具有较强的灵活性，并且可对调查的环境和调查背景进行了解。

访谈调查法同时也具有这样的缺点：一般来说，人力物力耗费较大，要求调查人员的素质要高，对调查人员的管理较困难，此方法经常因为受到一些单位和家庭的拒绝而无法完成。

2. 访谈调查的程序

（1）标准式访谈应事先设计好调查程序，其调查过程见图 7－1。

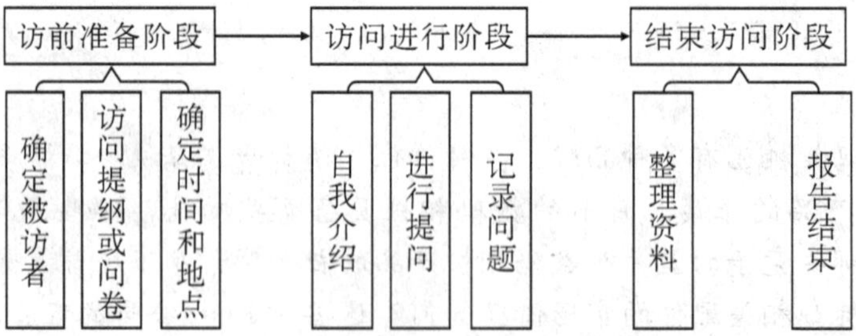

图 7－1 标准式访谈调查程序图

①访前准备阶段。作为第一阶段的主要工作是做好访谈方案，其中包括确定访谈目的、确定被访者、访谈提纲、时间地点的选择及其他的一些组织、实施工作安排。访问人员应事先了解被访者的基本情况，对一些在访问中可能会遇到的问题和困难要做到心中有数，同时准备访问的工具、材料等。

②访问进行阶段。该阶段主要是进行访问，关键是访问气氛要融洽，这样才能获得所需资料。访问员在访谈过程中要能控制访问的进程、突出重点、善于引导和启发，访谈时要注意自身的言谈举止，遵循一定的道德准则。

③结束访问阶段。该阶段要注意做好现场检查，包括问卷中是否有遗漏和信息是否有不准确的，如有错误，尽量当场更正。资料收集完整后，要及时地整理、分析，提交报告。

（2）非标准式访谈的程序与标准式访谈的程序不同。它事先不需设计问卷，只是依据一个调查题目或提纲向被访者进行调查，调查过程比较简单，见图 7－2。主要内容与标准式访谈一致。

确定调查题目或提纲 → 进行访问调查 → 整理分析材料并报告调查结果

图 7－2　非标准式访谈调查程序图

3. *访谈调查法的应用*

访谈调查法的关键在于如何与访谈对象进行有效的沟通。访问技巧是调查中确保研究目的的实现，获得确实有用资料的一个重要因素。访谈人员要注意以下几个环节，掌控访谈的局面，取得有效的结果。

（1）通过寻找共同点来接近被访者。访问者开始与调查对象接触时，涉及访问的内容先避而不谈，而把话题引到双方共同关心和感兴趣的其他问题上去，以引起对方的共鸣，使对方产生碰到了知己的感觉，然后再切入主题。

（2）从正面直接接近被访者。双方一见面，访问者即开门见山，作了自我介绍后，直接向被访问者说明来意，以委婉的言辞来取得对方的配合。此法简便、省时、效率高，在对方无顾虑的情况下，一般都可以采用此法。

（3）访谈的开始阶段。主要是做这样几件事：打招呼、问好、自我介绍、说明访谈的目的和话题。

（4）进行访问。访问者要热情有礼貌、不失约，要有必要的寒暄和真挚的感谢，注意对方的身份、称谓，提问要得体，并设法营造友好的气氛。要把握住方向及主题，能避免的题外话尽量避免。必须抓紧一切时间和机会，随时记录，如果事先向被访问者说明，则名正言顺，当面记录，用录音或照相；如果没有事先说明，则应事后抓紧时间追记。

（5）时刻注意被访人的情绪变化，不要使访问为他的情绪所左右，不要用刺激情感的字眼，使用的言语越简单越好，题目不能过多，时间不能太长。

（6）群体访谈操作程序和要求与个别访谈基本相同，但有一些特殊要求。要注意受访者的选取要有一定的代表性，受访者的人数要适当（一般为 5～10 人），访谈开始要说明访谈发言的一些规则，对那些没有发言的人进行提示，尽可能了解各种不同的意见和看法，在结束访谈时，表示感谢和发纪念品。

（二）访谈法的主要形式

1. *入户访谈*

入户访谈是指调查员按照抽样方案中的要求，到抽中的家庭或单位中，按事先规定的方法选取适当的被访者，再依照问卷或调查提纲进行面对面的直接访问。入户访谈被认为是最佳的访谈方式。它能够确保受访者在一个自己感到熟悉、舒适、安全的环境里轻松地接受访谈。经过对访问员的培训后，真正的入户访问是从访问员寻找受访问对象开始的。如果抽样方案中已经具体给出了待访问家庭（单位）的具体地址或名单，那么调查员就要严格执行，不得随意更换被访对象。但是在许多情况下，抽样方案无法给出具体的待访问家庭的名单，而只是给出若干个抽样点（居委会或居委会内的某幢楼、地段、大院等）和如何抽取待访问家庭的具体规定。比如，规定在每个抽样点按等距抽取5户家庭，规定起始点的确定方法及行走路线的方向等。同时在抽样方案中还应给出当抽中家庭家中无人或抽中的家庭户拒绝接受访问时的处理方法。例如，通常可规定，家中无人时应再访，三次均不成功才能放弃；对于拒访的家庭经过耐心的说服后仍无效者可以放弃，改访最邻近的家庭。经过培训的调查员严格按照问卷和辅助的卡片等对抽中的对象进行面对面的提问，准确地记录下每个问题的答案，对开放式的回答一般要进行充分的追问。

入户访谈的优点主要体现在：

（1）可获取较多的信息和较高质量的数据。入户访谈是调查者与被调查者之间面对面的交流过程，调查的时间较长，可以采用比较复杂的问卷，调查比较深入的问题。调查者可以采取一些方法来激发应答者的兴趣，特别是可以使用图片、表格、产品的样本等来增加感性认识，还可以通过追问的技巧提高开放问题的回答质量。通过调查人员充分解释问题，可把问题不回答的情况和回答误差减少到最低程度。

（2）比较灵活。调查者依据调查的问卷或提纲，可以灵活掌握提问的次序并及时调整、补充内容，弥补事先考虑的不周，而且一旦发现被调查者与所需的调查样本不符合时，可以立即终止访问。

（3）具有可观察性。调查人员可直接观察被调查者的态度，判别资料的真实可信度。

其不足之处是：

（1）成本高、时间长。调查的人力、经费消耗较多，大规模、复杂的市场调查更是如此。在询问式调查法中，入户调查的费用是最高的。另外，与电话调查相比，入户访谈的速度比较慢，一个调查员在周末的一天也许最多只能成功完成6个入户访问，而在平常的工作日，可能一天只能访问1~2个，大量的时间都会花费在路途和寻找访谈对象上。

（2）受调查者的影响较大。调查者的素质（如调查者业务水平、与人交往的能力、语言表达能力、语气、工作责任感等）会影响问卷的质量。

2. *街头拦截访谈*

街头拦截访问调查是一种十分流行的询问调查方法。它有两种方式：一种是由经过培训的访问员在事先选定的若干个地点选取访问对象，征得其同意后在现场按问卷进行简短的访谈调查。这种方式常用于需要快速完成的小样本的探索性研究。例如，对某种新上市商品的反映，或反馈某类商品的使用情况等；另一种是先租定地点，然后由经过培训的访问员在事先选定的若干个地点选取访问对象，征得其同意后带到租定的房间内进行访谈调查。这种方式常用于需要进行实物显示的，或特别要求有现场控制的探索性研究，或需要进行实验的因果关系研究。例如，广告效果测试、某种新开发产品的试用实验等。

拦截调查除了具有入户访问的优点，如可以直接对被访者进行启发，能够运用专门的问卷技术等之外，它还克服了入户访问存在的不足，其优点还有：一是节省费用。由于被访者自己出现在访问员的面前，访问员可将大部分时间进行访谈，而且节省了时间及车旅费用。二是避免入户困难。在公开场所，被调查者没有怕露底的心理，所以相对来讲比较容易接受访问。三是便于对访问员的监控。拦截调查通常是在选好的地点进行，所以可以指派督导员在现场进行监督，以保证调查的质量。

街头拦截访问的缺点主要有：①不适合内容较长、较复杂或不能公开的问题的调查。所以，在问卷的设计上应注意：第一，内容不要太长，因为行人一般是有其他事情在身，不可能花太多的时间来回答问卷，一般问卷长度不能超过 15 分钟；第二，问题最好不要涉及个人隐私，因为在大庭广众之下，这样的问题会引起反感并遭到拒绝。②调查的精确度可能很低。由于所调查的样本是按非概率抽样抽取，调查对象在调查地点出现带有偶然性，这可能会影响调查的精确度。另外，在某一地点调查很难得到代表性强的样本。③拒访率较高。因为调查对象有充分的理由来拒绝接受调查。

3. 办公室访谈

尽管入户和街头拦截访谈的方法适用于多种消费品，但在公司对公司之间或是对组织市场进行的营销调查中，需要对企业行政人员、采购员、工程师或其他管理者进行访谈，则应采用办公室访谈。一般地，办公室访谈在被访者的办公室里进行，也可能是在公司的休息区进行。面对面地对商务人士进行访谈实质上与入户访谈有相同的优缺点。比如，惠普公司即将推出一款为商业会计公司设计的新型超高速激光打印机，公司需要关于其可能附有的各种性能的用户偏好信息，这时就必须采访潜在用户或购买者。在他们工作地点进行访谈也是合理的。

办公室访谈会带来较高的费用。首先必须找出那些能够对特定问题提出合理建议的行政人员，或者参与产品购买决策的人员，这需要较长的时间。一旦合适的人找到了，接下来的步骤就是说服他参加访谈并预约。因商务人员的日程经常会发生变动，预约临时取消的情况也不少。除此之外，专职采访商务人员的酬劳也更高，因为这需要专门的知识和技能。他们需要与秘书等人周旋，学会行业术语，并且精通产品特性以应对被访者提出的问题甚至批评。

4. 电话访谈

面对面的访谈往往是由于被访者需要确实看到该产品、广告或包装样本，或调查者必须观察被访者以确定被访问步骤正确，或核实被访者的反应。然而，若亲自接触不必要，电话访谈是一个很有吸引力的选择。电话访谈有许多优点也有很多缺点。其优点主要有：一是效率高。电话调查省去了路上花费的时间，所以较入户调查和邮寄调查时间短、速度快，而且与入户访谈相比较，可以访问到不易接触到的对象。二是在某些问题上能得到坦诚的回答。有些个人问题，如教育水平、收入、分期付款等问题，在入户调查和拦截式调查等面对面情况下，被访问者会感到有些不自然，而在电话访问中，则能获得较坦诚的回答。三是易于控制实施质量。访问员集中在同一中心位置进行电话访问，督导可以在现场随时检查访问进度、访问技巧等，与入户调查和邮寄调查相比较，其调查质量可以得到大大提高。四是费用较低。入户调查需要的调查人员多，所花的费用很高。电话调查相对来说，费用较低。

但电话访谈的缺点也十分明显：一是访问成功率较低。由于电话号码的编制采用的是随机数表的方法，所以有些号码可能是空号，另外受访对象如果正在忙于其他事务，可能拒绝接受访问等。这些原因使得电话访问的成功率较低。二是调查的内容难以深入。电话调查提问时间不能过长，电话调查的时间一般应控制在 10 分钟以内，以免引起被调查者的反感，因此设计的问题不宜过长，只能提简单的问题。三是抽样总体与目标总体可能不一致。抽样总体实际上是全体电话用户，而要调查的目标总体可能包括所有有电话和没有电话的消费者。

（1）传统的电话访谈。

传统的电话调查一般遵循几个基本步骤：第一步是划分地区并确定要调查的样本单位数；第二步是编制电话号码（单位电话号码，仅供参考；居民电话号码，先得知前四位数，然后编制随机数表）；第三步是按地区分给访问员，访问员利用晚上和假期与被调查者通电话。在拨号时，应该考虑两个问题：一个是电话铃声响几次之后才能断定样本户家中无人；另一个是什么时候放弃对某样本户的访问。有研究表明，以铃声响 6 次没人接电话判断样本户家中无人比较适宜，并尝试拨 3 次，如果 3 次都不成功，这个样本就可以舍弃。如果所拨的电话号码是空号或电话没人接听，那么就依次拨前一位的号码，再不通，就拨后一位的号码。例如，在随机拨号抽样时，假设抽到的号码是 62713495 拨不通，依次拨 62713494、62713496，如果还拨不通，就拨 62713493、62713497 等，直到拨通为止。

（2）全自动电话访谈（CATS）。

近年来，在美国出现了一种利用内置声音回答技术取代传统的调查方式的电话访谈。这种全自动电话访谈方式利用专业调查员的录音来代替访问员逐字逐句地念出问题及答案。回答者可以将封闭式问题的答案通过电话上的拨号盘键入，开放式问题的答案则被逐一录在磁带上。

全自动电话访谈主要有两种类型：向外拨号方式和向内拨号方式。向外拨号方式需要一份准确的电话样本清单，电脑会按照号码进行拨号，播放请求对方参与调查的录音。这种方法的回答率很低，因为人们通常容易挂断电话。而向内拨号方式是由被访者拨叫指定的电话号码进行回答，这些号码通常是邮寄给被访者的。

使用全自动电话访谈的公司发现它们可以在较短的时间、利用较低的费用快速收集到大量信息。该系统的适用性很强，能够适合各种特定调查的需要。它已用于几种不同类型的调查：顾客满意度调查、服务质量跟踪调查、产品（担保）登记、家庭用品测试及选举民意测验等。虽然全自动电话访谈无法代替其他传统的调查方法，但它为调查者提供了另外一种全新的选择。

（3）计算机辅助电话调查。

计算机辅助电话调查是指在一个中心地点装上 CATI（Computer Assisted Telephone Interview）设备，该设备的软件系统包括四个部分：自动随机拨号系统、问卷设计系统、自动访问管理系统、自动数据录入和简单统计系统。调查员戴着一副迷你耳机坐在计算机终端前。电脑代替了传统的纸和笔，耳机代替电话。接到指令后，电脑拨打要呼叫的电话号码，调查员在接通后读出屏幕上显示的问题，并直接将调查对象的答案输入到电脑里。屏幕上每次只出现一个问题，电脑会根据答案自动地跳到下一道相关的问答题。调查员只需根据屏幕上显示的问答题提问，电脑会自动检查答案的适当性和一致性。这样，访问的时间会大大地缩短，数据质量大大提高了，也不再需要数据的编码和录入等烦琐的过程。因为答案直接进入电脑，因而可以及时提供数据收集和分析结果的结论及最终报告。

5. *问卷辅助访谈法*

以问卷而不是交流的方式来进行的调查主要有两种形式：第一种是留置调查，调查者找出目标被访者，向其介绍调查的大致目标，然后由被访者自行填写；第二种是邮寄调查，由调查者将问卷寄给目标被访者，由被访者填写好寄回给调查者的调查形式。

（1）留置调查。

留置调查时尽管问卷已经对作答的方式、方法做了说明，但是，调查员的说明仍然是必要的，因为有些被调查者可能不看说明就开始作答。如果调查者在回收问卷时发现答案填写不规范、不清楚、有漏答等情况，要及时更正。留置调查的优点主要有：一是回收率较高。由于留置调查的调查过程是当面送、当面收，所以问卷的回收率高。二是可信度高。由于被调查者有充分的时间来考虑有关的问题，同时又不受调查者的主观影响，所以可信度较高。

留置调查的缺点主要有：一是受区域范围的限制。如果调查的区域太广，则不适合用留置问卷的方式。二是调查费用大。留置调查比入户访谈调查要多跑一趟去回收问卷，调查费用相应增加。因此留置调查对问卷设计有特别的要求：① 在问卷开头部分将问卷调查的目的和被调查者作答的重要性尽量说清楚。② 尽量详细注明每一道题的作答方式、方法。③ 提问项目的设计要简洁明了。④ 避免可跳答的提问。⑤ 提问不能相互提示。

以上要求同样适用于邮寄调查。

留置调查在入户访谈难于进行而又需要深入了解受访者的观点、态度等情况下使用。另外，企业对内部职工的调查常用这种方法，政府对居民的家计调查也属于留置调查的一种。

（2）邮寄调查。

邮寄调查法是指将设计好的正规问卷邮寄给被调查者，请他们按规定的要求和时间填写问卷，然后寄回调查机构。邮寄调查的优点主要有：一是调查区域较广。可以扩大调查区域，增加更多的调查样本数目，只要通邮的地方，都可以进行邮寄调查。此外，提问的内容可增加，信息含量大。二是受调查者影响小。邮寄调查可以避免被调查者受调查者态度、情绪等因素的影响，资料更客观。三是回答问题更确切。被调查者没有时间限制，能在空闲时间更好地思考问题的答案。四是费用较低。调查成本较低，只需花费少量邮资和印刷费用，特别是回收率高时，有效问卷的费用可大大降低。

邮寄调查的主要缺点有：一是问卷的回收率低。邮寄调查的回收率一般很低，原因有多种，或是被调查者对问题不感兴趣，或是问卷过长或复杂，使被调查者没有时间或能力回答。一般来说，问卷长度与回收率之间是反比关系。二是所花的时间长。邮寄调查的时间包括问卷在路途的时间和等待被调查者回答问卷的时间。由于信息反馈的时间长，资料的时效性将会受到影响。三是漏答问题多。由于没有调查人员在现场监督、检查，所以被调查者常会有意或无意地漏掉某些问题。四是结果的真实度低。表现在有些被调查者只答部分题目，并且由于应答者自我选择问卷，使得问卷结果不一定代表整个要调查的总体特征，所以结果的真实性降低。例如，十几年以前有关不明飞行物（UFO）的报道很多，美国一个机构做了一份问卷寄给一些经过抽样选出的人。结果是很大一部分回答问卷的人都觉得有外星来客。这是否说明全体人民大部分都觉得有外星来客呢？分析的结果发现，那些对不明飞行物感兴趣的人回答问卷的可能性比那些对不明飞行物不感兴趣的人答卷的可能性大得多。五是低教育程度者难以回答。受教育程度较低者或者文盲可能无法准确理解调查问卷的内容而难以进行回答。

提高邮寄问卷的回收率对邮寄调查十分关键，由于邮寄问卷存在一定的缺陷，为了使调查顺利进行，提高回收率和准确性，就需依靠一定的方法和技巧。除了掌握设计问卷的技巧外，还可以考虑以下方法：

① 用电话或跟踪信跟踪提醒：采用电话或跟踪信来提醒应答者回答问卷是增加回收率的有效办法之一。显然这种方法要有雄厚的资金支持并能坚持不懈。

② 提前通知：利用电话或信件方式提前告诉被调查者随后有问卷要回答，是增加问卷回收率和加快回收速度的有效办法。

③ 物质上的刺激：随问卷附上某种有价值的物品，或采取抽奖的方式来刺激被调查者以增加问卷的回收率。

④ 附上回寄信封并贴上足够的邮票，并在回寄信封上手写地址而不是简单地贴上地址标签等，这样会使被调查者感到亲切、真诚。

⑤ 在信封上使用多张邮票而不是一张邮票。

⑥ 由一个知名度较高而且受人尊敬的机构主办。

美国的经验是大学主办的调查通常会有最高的回收率，其次是政府，最后是私人企业。邮寄调查常常被用来做顾客满意度的调查。

二、观察调查法

（一）基本介绍

1. 观察法的概念

观察法是指调查员不通过提问或交流而是通过在现场跟踪、记录被调查者的情况来取得第一手资料的调查方法。观察人员可以用耳听、用眼看，也可以借助于摄影设备和仪器等手段来获得某些主要信息。

2. 使用观察法的条件

成功地使用观察法，并使其成为市场调查中的数据收集工具必须具备三个条件：

（1）所需信息必须是能观察到的或者能从观察到的行为中推断出来的。如观察天气的变化、人们的情绪变化、商品价格的变化等。但是如果想要了解顾客的意愿、购买某商品的原因等就不可能通过观察法来获得相关信息。

（2）所要观察的行为必须是重复的、频繁的或在某些方面是可预测的。否则，观察法的成本将非常高。

（3）所要观察的行为必须是相对短期的，即购买某个商品的整个决策过程是在比较短的时间内完成的。所以，我们常采用观察法去观察顾客在商店的购买行为，而很少去售楼中心观察顾客购买房子的行为，因为顾客购房的决策过程可能要花费的时间是几个星期甚至几个月。

3. 观察法的特点

市场调查中的观察法与人们日常的观察不同，有以下几个方面的特点：

（1）事先具有一定的目的或假设，然后，在这一目的和假设下请有调查经验的人去观察。

（2）有系统的设计。观察人员按事先拟定的观察问卷去观察。

（3）有系统的记录。观察人员按照问卷的要求记录下观察的结果。

（4）避免观察人员的主观偏见。在观察过程中，观察人员将观察的现象记录下来或拍摄下来，而在日常生活中，人们的观察结果很多时候都是根据个人的经验和主观判断获得的。

（5）观察可以重复查证。观察人员可以通过重复观察来检验已有观察结果是否正确。

4. 观察法的基本类型

调查人员有很多种类的观察方法可供选择。但对于某一特定的调查问题，就需要从成本、进度、数据质量等方面综合考虑，从而选择一种最有效的方法。观察法的基本类型大致有以下几种：

（1）按观察发生的场所分类，可分为实地观察与模拟实地观察。

实地观察发生在被观察人的行为发生场所。直接在超级市场或购物中心观察顾客的行为，或观察零售商店中销售员的行为，甚至观察服务性机构中白领职工的表现等都属于实地观察。实地观察的显著特点是被观察者没有意识到他们正被观察。

模拟实地观察发生在经过设计的模拟超市，一般是招募一些被调查者在一个模拟超市中购物，给参与者每人一辆购物车，并告诉他们随意浏览货架，挑选出自己所喜欢的商品，从而观察他们的行为。在此情况下，被招募人员至少知道他们在参加一项调查。模拟超市能够加快观察数据的收集过程并可以有效地降低调查活动的成本。但要注意的是，由于是模拟环境，观察到的行为有可能与真实状态下的不一样。所以，设置的场景应尽可能自然，使被观察者尽可能处于自然状态。

（2）按观察结果的标准化分类，可分为控制观察与无控制观察。

控制观察是根据观察目的，预先确定范围，以标准化的观察手段、观察程序和观察技术进行有计划的系统观察，使观察的结果达到标准化。在这种情况下，观察员为每一个被观察者填写一份问卷式表格，即记录表。无控制观察是对观察的项目、程序和步骤等不做严密的规定，也不用标准方法进行记录，而是采用较灵活的观察形式。

一般而言，如果对所要调查的问题了解得很全面，那么尽可能用控制观察法；如果所要观察的是新兴事物，观察者对所要调查的问题不了解，则可以采用无控制观察。所以，无控制观察常用于探索性调查或有深度的专题调查。

（3）按观察者是否参与观察活动分类，可分为参与观察与非参与观察。

参与观察是指观察者置身于观察活动之中进行观察（如伪装购物者来观察售货员的表现）。这种方式不仅能了解一些表面的现象，而且能通过亲身参与和感情交流，从中了解产生某些现象的原因，取得深入的调查资料的调查方法。参与观察调查方式要求调查人员具有所进行活动的相关知识、有良好的职业道德并受到了充分的调查训练，这种收集信息的方法周期较长，费用开支也较高。参与观察一般适用于范围较小的专项调查。非参与观察是指观察者不参与调查活动中，以“局外人”的身份，客观地观察事件的发生、发展情况的调查方法。非参与观察可用于一次性观察对象较多的调查。非参与观察要求事先制订较周密的观察计划，严格规定观察的内容和记录的方式。如果没有明确的规定，非参与观察往往会发生观察资料不完整的情况。

非参与观察常常要求配备各种计数仪器，如摄像设备、计数仪器、计数表格等，以减轻观察者计数的负担，并提高信息的准确性和可行性。非参与观察适用于描述现状而不追究其原因的调查类型。非参与观察对调查人员的专业知识要求不高，在实际中使用较为广泛。

（4）按观察的手段分类，可分为人员观察与机器观察。

在特定的环境中，机器观察可能比人员观察更便宜、更精确、更容易完成工作。常用的机器有交通流量计数器、脑电图、测瞳仪、阅读器、扫描仪等。比如，对人流量的统计、对收视率的统计等用摄像机和视听设备记录人们的行为比人员观察更客观、更精确。又如，通过电子扫描仪记录产品的销售量比人员观察更及时、更准确等。

5. 观察法的优缺点及适用范围

（1）优点。

①信息客观、准确、真实、可靠。观察人们实际在干什么而不是依赖他们所说的，这种思想非常有意义，同时也是观察法最明显的特点。如果被观察者没觉察到自己的行为被观察，能保持正常的活动规律，那么所观察到的信息是客观、准确、真实、可靠的。②调查人员不会受到被观察者回答意愿和回答能力等问题的困扰。比如，要了解孩子喜欢哪种玩具，较简便、易行的方法就是让一些重要的玩具商邀请目标儿童群体到一个很大的玩具室，通过单面镜直接观察孩子选择了哪些玩具和各种玩具吸引孩子们的程度，从而了解孩子们的偏好。

（2）缺点。

①观察到了最后的行为，但不知道影响行为发生的原因和动机。②被观察到的当前行为并不能代表未来的行为。③时间长、费用高。特别是当观察的行为是间断发生或不是经常发生的话，那么就要花很长时间等待下一个行为发生。例如，有人喜欢逛商场，一逛几个小时，如果调查者跟随，花的时间又长又容易疲劳。有些情况下必须使用机器来观察，但会增加成本。

（3）适用范围。

①当调查者对调查结果的准确性要求较高时，可以使用观察法。②当对已有的信息有疑问时，可使用观察法。例如，通过对粮食收购部门的问卷调查结果表明各基层粮食部门为农民提供了全面的服务，但是上级部门却不断听到农民的抱怨。这时，就可以采用观察法，在一定的时间内观察一些基层粮食收购部门的实际工作情况。③要收集的信息只有通过观察法能得到时采用观察法，如统计商店的客流量。

（二）神秘顾客法

1. 神秘顾客法概述

观察法有两种形式，一种是对现象的观察（神秘顾客法），另一种是对顾客的观察（观察顾客法）。在对现象进行观察时常用的方法是神秘顾客法。神秘顾客又称伪装购物者。神秘顾客与一个正常买商品的顾客一样，会与服务人员进行交流，咨询与商品有关的问题，挑选商品，比较商品，最后做出买或不买某种商品的决定。但是，神秘顾客与服务人员的交流并不是访问式，而是为了观察服务人员的态度、行为并对此做出评价。

神秘顾客法在国外应用很广泛。美国大约就有200家这样的专门公司，其中最大的一家公司是特伦市场公司，该公司有100名职工和500名神秘顾客。特伦市场公司已经经营了10多年，有十几万美国商店和服务单位接受了它的调查。其方法是让经过专门训练的神秘顾客作为普通的消费者，可买也可不买商品，买了觉得不好也可退货。这样，要求他们详细记录下他们购物或接受服务时发生的一切情况，然后填写一份仔细拟定过的调查表。目的是分析商店或服务单位的服务质量和运转情况。

在我国，很多外企经常运用神秘顾客来调查其在中国的分公司或代理商。例如，肯德基就用神秘顾客监督分店。一次，上海肯德基有限公司收到3份国际公司寄来的鉴定书，对他们外滩快餐厅的工作质量分3次鉴定评分，分别为83分、85分、88分。公司中、外方经理都为之瞠目结舌，这3个分数是怎么评定的？原来，肯德基国际公司雇用、培训了一批人，让他们佯装顾客，秘密潜入店内进行检查、评分。这些神秘顾客来无影、去无踪，而且没有时间规律，这就使快餐厅的经理、雇员时时感受到压力，丝毫不敢懈怠。

又如，HP公司曾雇神秘顾客在北京HP授权经销商处进行调查，调查内容分为五个部分：第一部分是产品情况；第二部分是视觉效果；第三部分是店铺装备情况；第四部分是对HP的支持；第五部分是价格控制。

我国某商场就用此方法使服务质量得到了提高。此公司的经理向全体员工宣布，将会有一家调查公司长期派出调查员，以消费者的身份在商场购物，调查者将如实地记录员工的服务程序和服务态度，公司以此作为每个员工的重要奖惩依据。结果，神秘顾客使该商场的服务态度较以前有明显的好转，营业额也节节攀升。神秘顾客法常用于了解各种窗口服务性行业营业或服务的环境及人员的服务态度、业务素质和技能等情况，被广泛应用到如电信、银行、超市、连锁店、医院等窗口服务性行业，或者对竞争对手进行调查，了解竞争对手销售商品的种类、品牌、价格、摆放情况等信息。

2. 神秘顾客法的基本形式

常用的神秘顾客法有三种基本形式：

（1）神秘顾客打神秘电话。在此情况下，神秘顾客给服务人员打电话，并记录服务人员的服务水平。

（2）神秘顾客进入服务场所并迅速购买某些商品。在此情况下，神秘顾客不与服务人员进行详细交流。神秘顾客在购买商品后，立即对服务场所的环境，服务人员的态度、服务质量等各方面进行记录和评价。目前这种方法在连锁式的餐饮业应用得非常广泛。

（3）神秘顾客进行一次需要高超的交流技巧和有关商品丰富知识的访问。在对技术含量较高、商品价值较大、购买过程复杂的商品进行调查时，比较适合用这种观察法。比如，HP公司想了解其打印机产品的销售、促销（包括商品展示、POP广告、人员推销、价格策略等）方面的问题时就采用这种神秘顾客法。

3. 神秘顾客法的意义

（1）服务行业采用神秘顾客法能使服务人员在为顾客服务时贯彻统一服务的准则，激励员工时刻为所有的顾客提供最好的服务。因为服务影响着顾客满意程度，最终影响顾客的忠诚度，进而决定了企业的利润。例如，一家连锁书店在制定服务政策时，强调服务人员应该：①提些问题从而确定顾客对哪些领域感兴趣。②带领顾客到恰当的书架处。③介绍给顾客几种可供选择的书目。④帮助顾客决定应该选择哪一本或哪几本书籍。⑤征求顾客的意见，看还能为顾客做些什么等。

（2）可以及时发现一些小问题，在它们尚未发展成大问题前及时地解决，起到防微杜渐、消除隐患的作用。神秘顾客法可以识别企业的薄弱环节，为业务培训和政策的修订提供指导。

（3）为激励、奖惩员工提供了依据。

4. 应用时应注意的问题

（1）企业需让员工认识到这种行为的目的是希望发现他们的优质服务并给予奖励和推广，而并非只是为了发现他们的错误给予处罚。出发点不同，员工的心态是不同的。如果神秘顾客法给员工带来每时每刻的压迫感，那就不利于营造一个相对宽松的工作氛围。另外，过于严格的考核制度，也会影响到员工对企业文化的认同和企业归属感的建立。

（2）神秘顾客本身必须经过严格的遴选和培训。这在我国要引起足够的重视。有些企业或调查公司为了省钱、省事，不设计正规的调查记录表，招聘几个人，就让他们去当神秘顾客。这些神秘顾客缺乏经验，常常只能得到表面的信息，甚至得不到信息。

（3）神秘顾客一定要有权自己决定在销售人员那儿买或者不买有关产品。由于委托人要求神秘顾客只询问有关产品的信息而不让他们购买，所以，神秘顾客在向销售人员询问有关产品的性能、价格和服务时，会出现底气不足的现象，不好意思占用销售人员很长的时间。而如果销售人员发现此顾客并不打算购买，又有许多顾客需要接待，他们会敷衍神秘顾客，结果使神秘顾客得不到真实的信息。

（4）针对不同的调查项目选择合适的人选。可以想象，让一位男士去购买化妆品是容易引起猜疑的。

（三）观察顾客法

1. 观察顾客法概述

观察顾客法是指在各种商场中秘密注意、跟踪和记录顾客的行踪和举动，以获取企业经营所需的信息。在西方国家中，“顾客观察”已成为企业提供的一种特殊服务，而且收费很高。

例如：美国《读者文摘》曾经报道，专门从事观察业务的商业密探在美国大行其道。帕科·昂得希尔就被称为商业密探，他所在的公司叫恩维罗塞尔公司，他通常的做法是坐在一家商店对面，悄悄地观察出入商店的人群的性别、年龄、人数、姿态、表情、在商店里逗留的时间等。在商店里，他的属下正努力工作，跟踪在商品架前徘徊的顾客，偷听他们的议论。他们的目的在于找出商店生意好坏的原因，了解顾客走进商店以后如何行动及为什么许多顾客在挑选很长时间后还是失望地离开。

昂得希尔的手下偷偷地在商店里穿行，假装清查存货。他们跟踪目标，不管顾客停留多久，多少次回到同一件商品前面，他们总是紧紧跟随，一边用照相机拍摄，一边用红笔在本上画出每个顾客的购物路线。

他们给很多商店提出了许多实际的改进措施。有一次，他们用一卷胶片拍摄了一家主要是青少年光顾的音像商店，发现这家商店把磁带放在孩子们拿不着的很高的货架上。昂得希尔指出应把商品放低 18 英寸，结果销售量大大增加。还有一次，一家叫伍尔沃思的公司发现商店的后半部分的销售额远远低于其他部分，昂得希尔通过观察和拍摄现场解开了这个谜。在销售高峰期，现金出纳机前顾客排着长长的队伍，一直延伸到商店的另一端，这实际上妨碍了顾客从商店的前面走到后面，后来商店专门安排了结账区，扩大商店后部顾客活动的空间。结果商店后半部分的销售额增加得很快。

他们还出过很多的点子。例如，建议商店设立休息区，方便丈夫观看电视、看报纸等，耐心地等待妻子逛商店。针对老年人喜欢许多人一起购物的特点，他们建议在商店通道旁设椅子，供其休息。又如，建议超市将日常必需品摆放在靠后的位置，以便于购物者在选购牛奶、面包、熟食时能够产生购买冲动，将更多的商品放入其购物篮中。

2. 顾客观察法的内容

顾客观察法能获得以下方面的信息：

（1）客流量。

（2）前来逛店的人们的平均滞留时间。

（3）逛店的顾客人数。
（4）顾客逛店的路径。
（5）顾客停步留意的商品品种和比例。
（6）顾客停步留意商品时间的长短。
（7）顾客产生购物冲动的次数。
（8）顾客对减价商品及店内各种促销活动的反应。
（9）顾客在购买一种商品之前的平均接触次数。
通过观察记录，可以帮助决策层作出以下决策：
（1）各种商品的摆放位置。
（2）发现商场的死角，即哪些地方顾客不愿去或去不了。
（3）选择合适的广告媒体和广告位置。
（4）新产品的吸引力。
（5）新包装的效果。
（6）购物篮分析，以便于分类管理。
（7）造成某品牌或某分类商品销量增加或降低的主要原因。
（8）消费者购物决策的类型及其表现等。

三、实验调查法

（一）基本介绍

1. 实验调查法的概念

实验调查法又称为因果性调查，是指市场实验者有目的、有意识地通过改变或控制一个或几个市场影响因素的实践活动，来观察市场现象在这些因素影响下的变动情况，认识市场现象的本质和发展变化规律的调查方法。例如，实验者控制一个或多个自变量（如价格、包装、广告等），研究在其他因素（如质量、服务、销售环境等）都不变或相同的情况下，这些自变量对因变量（如销售量）的影响或效果。

从本质上看，在访问法和观察法中，调查人员是一个被动的信息收集者，在实验调查法下，调查人员成了研究过程中主动积极的参与者。在使用实验法进行市场调查时要注意以下两点：

一是社会科学的实验由于受多种不可控因素的影响，因而不可能像自然科学中的实验一样准确。但通过此种方法的对比试验，还是能获得相对比较客观的信息资料。

二是用实验法得到的结果最终体现的是实际的经济效果的变化情况。例如，销售量、销售额、劳动生产率等的变化情况。用观察法进行调查主要偏向于对消费者的行为特征的反映，并且没有变量的改变。如果改变某些变量后再进行观察则属于实验法。

2. 一些常用名词

（1）自变量。

自变量也称为实验变量或处理变量，是指在实验设计中，实验者能够控制、处置或操纵的变量（即实验者可以规定或改变这些变量的取值或水平）。例如，包装实验中（包装是自变量），假设有三种不同的包装设计，就是包装设计有三个水平。

（2）因变量。

因变量也叫做响应，是测量自变量对实验单位的效果的变量。因变量的取值也叫观察值或实验效果。如在包装设计与销售量的关系中，包装是自变量，销售量常常就是因变量。在市场研究中，常见的因变量有销售量、市场占有率、品牌态度、品牌知名度等。

（3）干扰变量。

这是指自变量以外的影响因变量值的其他所有变量。这些变量对因变量的测量产生干扰，从而削弱实验结果或使实验结果无效。干扰变量是市场实验中必须努力加以控制和排除的。干扰变量主要有两类：一类是研究者可以加以控制的各实验对象之间的差别，如商场规模、地理位置、消费者的购买力等；另一类是研究者难以控制的变量，如气候、季节、商业状况、竞争对策和行动等。

（4）实验组。

这是指受到处理作用的组，即改变了自变量水平的组。

（5）控制组。

这是指没有受到处理作用的组，即维持自变量初始水平的组。

（6）现场实验。

这是指实验在现实情况下进行，如在某些商场进行。

（7）实验室实验。

实验室实验是市场调查人员人为地模拟一个场景，分析自变量的变化引起因变量的变化的情况。实验是在仔细控制的环境下进行的，如在模拟商场的实验等。

（8）内在有效性。

这是指实验变量或处理变量真正对因变量产生可观察到的差异。

（9）外在有效性。

这是指实验结果可以推广到其他环境，具有很强的代表性。

（二）实验调查法的步骤

（1）根据调查项目和课题要求，提出研究假设，确定实验自变量。

（2）进行实验设计，确定实验方法。

（3）选择实验对象。

（4）进行正式实验，严格按实验设计规定的进程进行实验，并对实验结果进行认真的观测和记录。

（5）整理、分析资料，得出实验结果，并写出调查报告。

（三）几种主要的实验设计方法

1. 事前事后无控制对比实验

这是最简单的实验调查方法。它是在同一市场内，实验前在正常情况下进行测量，收集必要的数据，然后进行现场实验（对自变量进行处理），经过一定的实验期后，收集实验过程中的数据，从而进行实验前后的对比。其实验设计特点如表 7－3 所示。

表 7－3　事前事后无控制对比实验设计特点

项目	实验组	控制组
实验前测量	Z_1	—
实验处理	有	—
实验后测量	Z_2	—

实验效果为：$E = Z_2 - Z_1$

这种设计可用来测量商品包装的变换、商品价格调整后的效果。

例如：某酒厂为了增加啤酒的销售量，经过对市场的初步分析，认为应该改变啤酒的外包装。但对于新包装设计效果如何，能否增加销量、扩大市场占有率没有切实的把握。于是，企业决定采用事前事后对比实验对市场进行一次调查。该厂将其生产的三种式样啤酒 A、B、C 作为实验对象。试验期定为一个月。实验过程中，首先统计、汇总未改变包装前一个月三种啤酒的市场销售量，然后改变包装，在同一市场销售一个月后，再统计、汇总新包装啤酒的市场销售量。经过实验，结果如表 7－4 所示。

表 7－4　啤酒包装事前事后无控制对比实验　　单位：瓶

啤酒	实验前销售量（X_1）	实验后销售量（X_2）	实验变动
A	1 300	1 600	+300
B	2 500	2 900	+400
C	2 100	2 500	+400
合计	5 900	7 000	+1 100

从实验前后测量的啤酒销售数据可以看出：实验前三种啤酒销售量分别为 1 300 瓶、2 500 瓶、2 100 瓶，共 5 900 瓶。实验后三种啤酒销售量分别为 1 600 瓶、2 900 瓶、2 500 瓶，共 7 000 瓶。实验效果为 $X_2 - X_1 = 1\ 100$ 瓶。这说明，改变啤酒的包装对啤酒销售量影响较大。因此，根据实验调查，该厂可以对啤酒进行新包装，以扩大销售量，提高市场竞争力。

此实验方法的缺陷在于没有考虑干扰因素的影响，因而难于肯定测量的差异是由改变自变量所致。

2. 事前事后有控制对比实验

这是指控制组事前事后实验结果同实验组事前事后实验结果之间进行对比的一种实验方法。这种方法是在同一时间周期内，选择两组条件相似的研究对象，一组作为实验组，一组作为控制组，在实验前后分别对两组进行比较。

实验原理：

设 Z 表示实验组的销售量，Y 表示控制组的销售量，

Z_1 表示实验组在实验前的销售量，Y_1 表示控制组在实验前的销售量，

Z_2 表示实验组在实验后的销售量，Y_2 表示控制组在实验后的销售量。

其实验设计特点见表 7－5。

表 7-5 事前事后有控制对比实验设计特点

项目	实验组	控制组
实验前测量	Z_1	Y_1
实验处理	有	—
实验后测量	Z_2	Y_2

则实验效果为：$E=(Z_2-Z_1)-(Y_2-Y_1)$

实验前后有控制对比实验和实验前后无控制对比实验相比较有很大的不同，有控制组就可以排除自变量因素以外的其他干扰变量的影响，结果是提高了实验的准确性，但实验费用要比无控制组实验大。

例如：某食品公司为测定某商品改变包装后消费者的反应，随机选两个相类似的商店，一个为实验组，另一个为控制组，实验前后的时间分别是两个月，实验前后各组的销售量如表 7-6 所示。

表 7-6 食品包装实验前后有控制对比实验的销售量统计表 单位：袋

项目	实验组	控制组
实验前测量	1 500	1 550
实验后测量	2 000	1 650

$$
\begin{aligned}
\text{实验效果 } E &= (Z_2-Z_1)-(Y_2-Y_1)\\
&= (2\,000-1\,500)-(1\,650-1\,550)\\
&= 400\ (\text{袋})
\end{aligned}
$$

相对提高：$400 \div 1\,500 \times 100\% = 26.7\%$

此例子需要说明的几点是：

(1) 控制组没有改变商品包装，但销售量增加了。可能是由于天气变暖了，日照时间增加了，期间经济发展速度加快了或利率调低等引起。这些因素不能算到包装改变的影响因素里面去。

(2) 实验组销售量增加应包括商品包装的改变。另外，对控制组产生影响的因素也影响了实验组。

(3) 对于实验效果是否显著，应进行显著性检验。

3. 所罗门四组设计

所罗门四组设计思想与实验前后有控制的对比实验设计相似。然而，为了控制所有干扰变量对实验的内在有效性的影响，可以通过加入第二个实验组和控制组，这就是所罗门四组设计。基本思路是：第二个实验组不接受预先测量，否则与第一个实验组没什么区别，即第二个控制组只接受后期测量。其实验设计特点如表 7-7 所示。

表 7－7　所罗门四组设计特点

项目	实验组 1	控制组 1	实验组 2	控制组 2
实验前测量	Z_1	Y_1	—	—
实验处理	有	—	有	—
实验后测量	Z_2	Y_2	Z_2'	Y_2'

实验效果的测量可以有三种方式：$E=(Z_2-Z_1)-(Y_2-Y_1)$，$E=Z_2'-Y_2'$，$E=Z_2-Z_1$。

如果在这些测量中效果有一致性，即发现效果都较显著，那么对实验处理影响所得出的推断更加有力。此外，通过此方法还可以直接测量实验处理的交互作用和前期测量影响。计算值为：$(Z_2-Y_2)-(Z_2'-Y_2')$

4. 事后有控制对比实验

事后有控制是指在同一时间内以非实验单位（控制组）与实验单位进行对比的一种实验调查法。在同一实验时期内，实验单位按一定的实验条件进行试验销售，非实验单位按原有条件进行销售，用来同实验单位进行对比，以测定实验的结果。其实验设计特点如表 7－8 所示。

表 7－8　事后有控制对比实验设计特点

项目	实验组	控制组
实验前测量	—	—
实验处理	有	—
实验后测量	Z_2	Y_2

实验效果 $E=Z_2-Y_2$

为了使实验结果的可信度更高，可以交换实验组和控制组，再次进行实验。

例如：某奶制品公司为调查了解现场促销对牛奶销量的影响，选定了 A、B、C 三家商店为控制组，不进行现场促销活动，商品正常在柜台销售，另选定 D、E、F 三家商店作实验组，派出营销人员现场促销，让顾客免费品尝，并发放广告材料。A、B、C、D、E、F 六个商店经营规模、所处位置等方面大体相似。实验时间为一个月，实验结果如表 7－9 所示。

表 7－9　促销活动事后有控制的实验销售量统计表　　单位：袋

控制组（无现场促销活动）		实验组（有现场促销活动）	
店名	销售量（Y_2）	店名	销售量（Z_2）
A	12 000	D	14 000
B	7 000	E	9 500
C	15 000	F	18 000
合计	34 000	合计	41 500

作为实验组的D、E、F三个店由于开展现场促销活动，一个月牛奶销售量Z_2为41 500袋，作为控制组的A、B、C三个店没有开展现场促销活动，一个月的牛奶销售量Y_2为34 000袋。而原先A、B、C三个店与D、E、F三个店销售量差不多。现在由于D、E、F店开展现场促销活动，牛奶销售量增加了7 500袋。通过控制组和实验组对比实验的调查，说明了现场促销活动能增加牛奶销售量。此调查难以达到的目标是控制组与实验组之间的相似性，包括两组所处的客观环境和各种主、客观经营能力等。

5. 阶乘设计

如果进行实验的自变量不只一个，如我们要考虑的是新产品多高价格，配合什么包装，并以什么样的POP促销方式投放市场，这时的实验可能更具说服力。例如，制造商将三种POP促销水平，三种价格水平，三种包装水平实验投入组合，得到的是27种（即3×3×3）组合。也就是要选择27个商店来进行实验，以得到我们所需要的实验效果。

6. 拉丁方格设计

阶乘设计法涉及27种不同的实验投入组合。如果实验自变量之间不存在相互联系、相互影响的关系，则可用拉丁方格设计法，仅实验9种（即3+3+3）组合，简单估计各自变量的个别影响。这样，可以降低多因素实验设计的成本。那么，这就可以参考前面所介绍的三种基本实验法，即事前事后无控制对比实验、事前事后有控制对比实验、事后有控制实验。

总之，市场营销研究的实验活动与自然科学的实验活动是相同的。但是，实验并不是在周密控制的实验室里进行，而是在现实市场中以活生生的人群为对象来进行的。因此，在实验设计时必须注意那些在实验室实验中不必考虑的因素。

（四）实验调查法的优缺点

优点主要体现在：一是结果的客观性和实用性强。实验调查法取得的数值一般比较客观，具有一定的可信度。二是方法具有可控性和主动性。运用此法可以主动改变某些变量，从而观察各种因素之间的相互关系。这是其他调查方法无法做到的。三是针对性强。实验法可针对不同的调查项目，进行合适的调查实验设计。四是可以探索不明确的因果关系。此方法可在实验过程中探索、总结各种因素及其可能产生的结果。五是实验的结论有较强的说服力。在实验单位、实验变量、实验的设计和实验的环境都基本相同的情况下，不管谁来实验，也不管在何时、何地进行实验，结果大致是相同的，这说明实验是可以重复的，故有较强的说服力。

主要缺点有：一是费用高。实验通常很昂贵，对实验组、控制组以及多次测量的需要大大增加了研究的费用。二是花费的时间长，一般在短时间内实验得不出可靠的结果。三是管理控制比较困难。因为实验时不能影响公司的日常工作和批发商、零售商的活动，并且还要考虑外来因素的影响，所以控制起来比较困难。四是保密性差，如果是现场实验，则保密性较差，研究计划容易暴露，竞争对手可能会有意破坏现场。最后一点是对组织开展实验调查的人员的专业技能要求较高。

四、其他实地调查方法

（一）小组焦点访谈法

小组焦点访谈法是指邀请符合调查目的的受访者，以小组的形式在主持人的主持下针对某些问题一起座谈，展开讨论，以获得必要信息的过程。其主要特点如下：

一是由主持人主持的一对多的交谈。

二是调查公司精心组织的交谈。

三是受访者要针对调查提纲的问题来讨论。它既不像个别深度访谈法那样可以自由畅谈，也不是按标准问卷的提问来回答。

1. 小组焦点访谈法的操作步骤

小组焦点访谈法虽然样本量较少，但在组织和实施上也必须按一定的步骤进行操作，主要步骤如下：

准备阶段：

（1）确定访谈的目标和制订实施方案。

调查公司通过与委托方交谈，了解委托方所面临的问题或需要解决的问题，确定访谈的目标和要求，并制订访谈的实施方案。该方案是整个项目操作的总纲，以此来全面考虑访谈的组织和管理，构筑整个焦点访谈的总体框架。例如，某调查公司受委托方的委托，调查乳酸奶市场的消费特点，在了解了委托方的调查目的后，调查公司进行了调查问题的界定，经过分析，确定了重点调查的几个方面：消费者对酸奶的了解情况，现有酸奶市场消费者购买的特点，消费者心理及饮用习惯等。针对这些问题，调查公司编写过滤问卷，并起草主持人提纲。为了更好地达到调查目的，调查公司最终确定按年龄段和性别划分，组织四场小组焦点访谈。

（2）选取并邀请参加焦点访谈的成员。

一般来说，参加焦点访谈的成员是按一定的标准，采用配额抽样或判断抽样的方法获得的。针对乳酸奶的市场情况调查的焦点访谈的人员的选取，原则上采取了一般调查中常用的甄别方法，即参与者及家人均没有在酸奶生产厂家工作，没有从事酸奶销售，没有在市场调查机构、广告公司、电台等单位工作，以免受“专家”行为的影响。同时，小组参加人员应避免是朋友、亲戚或同事关系，因为这种从熟人开始的讨论会抑制小组间的自发性，影响交谈的质量。实际选取过程中应寻找那些有共同背景或相似购买经历的人，年龄及其他某些特征应大致相仿，目的是减少小组成员在与调查目标无关课题上的冲突，减少与会者在感觉、经历和口头表达技巧方面的差异。

一场焦点访谈的与会者以 8 ~12 人最为适宜。为了确保足够的人数，防止邀请到的与会者因故不能参加，可以多邀请 1 ~2 人。另外，一个调查项目总共需要组织几场焦点访谈，与调查项目的难易程度、主持人了解与会者的观点和想法的程度及与会者的生活经历差异大小有关。焦点访谈的次数不宜太多，一般以 2 ~4 场为宜。在酸奶的市场情况调查中先选取了 100 个样本，然后进行再次随机抽样，获得 48 个样本，其中每场备用 2 人。每场小组焦点访谈由 10 个与会者组成。

（3）聘请主持人。

焦点访谈的主持人相当关键，焦点访谈能否顺利、能否成功，主持人起着举足轻重的作用。优秀的主持人能积极引导特定的参与者围绕着调查项目发言，能够营造出气氛令参与者畅所欲言，但又不使讨论话题偏离主题。焦点访谈的主持人通常要具备以下条件：

一是要有良好的专业基础知识，并受过一定的焦点访谈技巧的训练。

二是要熟悉项目内容，包括小组的规模、成员等一些相关的基本情况。

三是要具有较强的组织、协调和语言表达能力。

四是要能够倾听参与者的意见，客观地分析参与者的发言。

五是要思维敏捷，有较强的应变能力。

六是要对待事物能分清主次，抓住重点，合理掌握时间进度。

（4）会场布置。

小组焦点访谈一般安排在会议室，桌椅的设置使与会者彼此能够相互看得见，一般是圆桌或椭圆形桌比较合适。会议室设有隐蔽式麦克风，声音的传送设备连接到隔壁的观察室。会议室内安装隔音设备，悬挂单面镜，会议室里的一方看不到观察室，而观察室里的亮度略低于会议室，同时还装有录音或摄像设备，使客户及调查人员在观察室可以清楚地看到会议室里人员的一举一动，会议记录人员也在观察室内做相关的会议记录。

2. 小组焦点访谈法的实施过程

（1）介绍。

在参与人员到来后，调查公司应再次对号甄别，最后确定具体参与人员的名单。在焦点访谈开始之前就要先布置好场地各项设施，并向参与者解释为了避免干扰，请关闭身上的手机。焦点访谈开始时首先是主持人的自我介绍，之后让每个与会者作简单的自我介绍。经过介绍，可以使与会者之间有所了解，消除陌生感，让会议的气氛活跃起来。

（2）会议要求说明。

自我介绍完毕，主持人把此次焦点访谈的目的清楚地传达给参与者，把活动的规则解释清楚。比如，规定每人发言的时间；别人发言结束之前，不要插话，自己如果有了想法怕遗忘，可以先记录下来；讨论的问题没有对错之分；所谈内容仅用来分析消费状况等。在此主持人应融入参与者之中，让参与者既把主持人当做组织者，又把他当做随便交谈的朋友，但不是行家。如果主持人被认为是一个专家的话，参与者就会受到影响，认为自己对问题的看法可能会显得很肤浅，因而对于产品和服务的建议和看法就会有所顾忌，可能就达不到预期的调查目的。

（3）问题讨论。

在讨论问题时，主持人要善于把握讨论的范围与进度，要不断地调整参与者的发言次数，力求每个人发言次数均衡，并保证所讨论的话题与调查目的有关。例如，对酸奶的市场调查中，焦点访谈的时间控制在 100～130 分钟，开始还需要 8～10 分钟用于介绍和解释，剩下的 90～120 分钟又有近 1/4 的时间由主持人支配，那么 10 个参与者每个人仅有 9 分钟的发言时间。在讨论过程中，有些参与者滔滔不绝，发言异常踊跃，这就很容易产生偏题情况，主持人要尽快不动声色地重新提起主题，使讨论回到主题上来。对于一些情绪较紧张的参与者，应理解他们的心情和处境，应该让他们在别人发言后回答，缓解一下紧张情绪，使他们尽快融入团体。主持人在小组焦点访谈的整个过程中，对参与者所发言的要点要进行着重的记录，会议即将结束时主持人最后简要地概括一下所讨论的内容，并对参与者表示谢意，发放礼物，结束现场小组焦点访谈。

（4）撰写小组焦点访谈报告。

小组焦点访谈完成后，进入下一重要阶段的工作，即完备记录、审核、分类、编码、整理音像带、整理补充资料、统计、制图表、归档、形成报告等。主持人进一步完备小组焦点访谈的即时报告；会议记录员通过反复倾听焦点访谈保留的录像带，整理出完整的会议记录；专家组与主持人通过反复观看录像带、即时报告及会议记录等相关资料，进行反复考究，在此基础上形成小组焦点访谈的调查报告。提交小组焦点访谈的调查报告后，调查工作告一个段落。

3. 网络联机小组焦点访谈法

网络联机小组焦点访谈法或称计算机小组焦点访谈法，它是小组焦点访谈法的一个发展方向。许多组织已经使用这种新的组织小组焦点访谈的方法。调查机构通过它的计算机网络上的筛选问卷，建立一个受访者数据库。当客户要求某一特定的小组焦点访谈时，调查公司搜索它的数据库，找出符合要求的个人，然后向他们发电子邮件，要求他们在一个特定的时间登录一个特定的网站，并向他们支付报酬。像通常的小组焦点访谈法一样，调查公司需要编制讨论指南。主持人通过在网络上输入问题来控制整个小组。整个小组是在一种聊天风格的环境中进行的，这样所有参与者都能看到所有的提问和所有的答案。整个过程中文本资料都被完整地保存起来，调查者可以在整个会议过程结束后反复阅读。

4. 小组焦点访谈法的优缺点

小组焦点访谈法的优点主要表现在以下几个方面：一是产生“群体动力”作用。与会者集中在一起，可以相互启发，集思广益，一个人的想法可以启发其他人对相关问题的看法，产生连锁反应。这对于产品开发、产品设计、包装设计、广告设计等调查中产生新的观点、新的思想、新的创意等尤其有用。二是费用低。与定量调查相比较，小组焦点访谈参加的人数比较少，可以节省人力、财力和物力。三是时间短。与个别深度焦点访谈相比，小组焦点访谈由于同一时间内访问了多个被调查者，因此，可以在比较短的时间内完成调查任务。四是可以在单面镜后观察被调查者。运用小组焦点访谈法可以观察被调查者对于各种观念的反应，亲耳听到被调查者用他们的语言详尽地讨论生产商和竞争对手的产品，而不是阅读枯燥的数字和报表等。

小组焦点访谈法的缺点也比较突出，主要表现在以下几个方面：一是缺乏代表性。抽样人数少可能会有比较大的误差。因此，不能把小组焦点访谈的结果当做是决策的唯一依据。如果将小组焦点访谈的结果认为是结论性的，而不是探索性的，则这种方法就被误用了。二是数据凌乱。由于小组焦点访谈是与会者自由发言，没有规定的回答项目，因而进行资料分析和解释都很困难。三是对主持人的要求很高。小组焦点访谈由于是一对多的访谈形式，而不是一对一的访谈，就要求主持人具有丰富的经验，有较强的组织能力和控制会场能力。调查结果的质量在很大程度上取决于主持人的素质。

（二）个别深度访谈法

1. 个别深度访谈法的概念

个别深度访谈法类似于记者采访，是指事先不拟定问卷、访问提纲或访问的标准程序，由访问员与受访者就某些问题自由交谈，或半控制交谈，从交谈中获得信息资料的方法。在访问过程中，被调查者可以随便地提出自己的意见，而不管访问员所需要的是什么。

在访谈中，只要是访问者感兴趣的主题，被访者都可以自由地发表见解和回答问题。这种访谈的成功取决于访问者在下面几个方面的能力：一是一开始就建立一种轻松与友好的关系；二是在不引起回答偏见的情况下，对某些回答进行进一步探询的能力；三是把离题的情形回转到主题范围的能力。这种访谈可以长达两个小时左右。在被访者同意的情况下，访问者可以录下交谈的内容，以便为后面的资料整理带来方便，因为在交谈时低头做笔记常会破坏交谈的气氛。当然适当地做一些要点记录是很有必要的，因为这样做会使受访者感觉到自己的见解是被重视的，是有道理的。

2. 个别深度访谈法的优缺点

个别深度访谈法的优点主要表现在以下几个方面：一是消除了群体压力，一对一的访谈使受访者觉得更受重视。由于个别深度访谈没有权威人士在场，也不受群体的影响，而且是无结构的访问，没有回答项目，所以，可以对某些问题作深入的探讨并可以获得意外的资料。二是有更多的机会判断所获资料的可信度。在访谈过程中，访问者可以从受访者的表情、语调和行动上判断受访者的动机和态度，分辨他们的回答的真实程度。此外，还可以深入探查受访者，揭示隐藏在表面陈述下的感受和动机。三是特殊情况下的优势。在一些情况下，深度访谈法可能是唯一可行的办法。例如，很难组织相互竞争的百货公司或餐馆的经理对有关话题（价格）进行小组焦点调查。

个别深度访谈法的缺点主要有：一是个别深度访谈法通常比小组焦点访谈法成本高。尤其是当受访人数很多，需要一一访谈时，有关人员没有更多时间像听小组焦点访谈讨论一样来听个别深度访谈。二是一对一的访谈中无法利用“群体动力”的作用来刺激受访者的反应。三是对访问者的素质、访问技巧要求较高。对访问者来说，个别深度访谈是很消耗体力的。四是样本量小，可能引起的误差较大。五是访问所得资料难以分析和解释。

个别深度访谈法适合于了解一些复杂和抽象的问题，因为这类问题难以用三言两语说清楚，只有通过自由交谈才可以深入了解。

（三）投射法

小组焦点访谈法和个别深度访谈法属于直接方法，研究的真实目的对调查对象不加掩饰或者本来就很明显。投射法是非结构化的，以间接方式进行提问，鼓励调查对象反映他们对于所关心的主题的潜在动机、信念、态度或感受。投射法要求调查对象解释别人的行为而不是描述自己的行为，通过对别人行为的解释间接反映在相关情景下，了解他们自己的动机、信念、态度和感受。

所谓投射法，就是让被调查者完成一定的作业，然后透过对作业的分析，了解作业中所反映出来的被调查者的动机和态度。这种方法要隐瞒调查的真正意图，降低被调查者的心理防御，使调查者在无意之中、在没有心理防御的情况下泄露他们的真实态度或动机。投射法可以分为以下几种：

1. 联想法

字词联想法是指给被调查者一组意义无关的词汇（测试词汇），每次一个，要求被调查者说出浮现在脑海里的第一个词。通过对反应词以及反应时间的分析，了解被调查者对测试词汇的印象、态度和需求。字词联想法包括：自由联想法、控制联想法、连续联想法等。

（1）自由联想法。

这是指让被调查者自然、任意地说出联想到的词。例如，看到“玫瑰”一词，被调查者首先想到的是“美丽”一词，就让他说出“美丽”一词。

（2）控制联想法。

这是指让被调查者说出某种要求联想到的词。例如，看到“空调”一词，让被调查者说出联想到的三个商标名称，如“春兰”、“海尔”、“格力”等。

（3）连续联想法。

这是指让被调查者说出第一个联想词之后，连续说出第二、第三个联想词。例如，说出“减负”一词后，被调查者连续想到“轻松”、“可以多玩”、“作业少”、“身心健康”等。

字词联想法可用于产品的消费动机和偏好的调查。如“牙膏”一词，如果被调查者迅速联想到“洁白”，可能说明被调查者对牙膏的“洁白”作用很看重，如果迅速联想到“高露洁”，说明被调查者比较偏好“高露洁”品牌的牙膏。字词联想法也可用于对企业形象和品牌形象的调查。例如，给被调查者呈现“海尔”二字，被调查者可能联想到“空调”、“名牌”、“上市公司”等词汇。字词联想法还可以用于商品名称、企业名称的命名调查。企业和商品的名称要使人容易产生一些有利的联想，使人容易想起该企业的性质、商品的用途等。通过被调查者的联想，调查者可以判断哪些名词更适合于商品或企业。

这种方法的假设是，联想可以让调查对象揭示他们对于有关主题的内在感受。对答案的分析是通过以下计算进行的：一是任何一词作为答案的频率；二是给出答案之前的反应时间；三是在一段合理的时间内，对测试词根本没有反应的调查对象的数量。

2. 完成法

完成法要求给调查对象一个不完整的刺激情景，通常完成法包括句子完成法和故事完成法。

（1）句子完成法。

句子完成法是指将未完成的句子呈现给被调查者，由他们将未完成的句子完成。例如：以下是电视广告的广告语，请根据你的记忆将里面的空格填写清楚：

在口渴时最想喝的饮料是________________________________。

科技以人为本，________________________________。

选择________________________________，实现心中理想。

句子完成法主要用于了解品牌名、公司名、广告注目语句、广告文案的知名度和认知度等。运用句子完成法时，在未完成的句子中一般不要有第一或第二人称，以免被调查者有防备心理。

（2）故事完成法。

故事完成法是指给定调查对象一个故事的一部分，足以引导他的注意力到某一特定的主题，而不是在结尾暗示，要求调查对象用自己的语言给出结论。借以分析被调查者的隐秘动机。

例如：一个朋友对我说，前几天她在市场上看到一种新款服装，设计、做工、面料都很好，只是价格贵了一点，朋友当时出于价格方面的考虑没有买，朋友总结说，价格贵的东西不好卖。我说，________________________________。

3. 构建法

构建法与完成法紧密相关。构建法要求调查对象以故事、对话或者描述的形式来构造一个问答。在构建法中，调查人员提供给调查对象比完成法更少的结构，主要有图片法与漫画测试法两种。

（1）图片法。

该方法是美国最大的广告公司之一——BBDO Worldwide 开发的一种投射法。具体做法是给被调查者出示一些照片，内容是从商务经理到大学生等各种各样的人，让受试者将人与品牌联系起来，即让他们判断什么样的人使用该品牌。

（2）漫画测试法。

漫画测试法是指调查人员给出两个人的图画，其中的一个人说一句话，由被调查者以另外一个人的身份完成图中的对话，从而了解被调查者的想法。美国学者史密斯曾用此方法调查香烟的销售情况。图中一个男士下班回家后对妻子说：“我决定吸烟了！”就此调查女士对男士吸烟的看法和态度。

4. 表达法

表达法是指给调查对象提供一个语言或视觉场景，要求将场景与别人的感受和态度联系起来。调查对象表达的不是他们自己的感受和态度，而是别人的感受或态度，主要包括角色扮演法与第三者法。

（1）角色扮演法。

角色扮演要求调查对象扮演某一角色或者采取某人的行为，调查人员假设调查对象会把他们自己的感受投射到角色中，通过分析回答来提示他们的感受，如百货商店的顾客调查项目：要求调查对象扮演处理消费者投诉的经理。角色扮演处理消费者投诉的方式可以提示他们的感受和对经理的态度，如果调查对象尊重并且礼貌地对待消费者投诉，就说明他们作为消费者也希望得到管理层同样的态度。

（2）第三者法。

第三者法给调查对象提供一个语言或者视觉的情景，询问调查对象与第三者相关的信念与态度，而不是直接表达个人的信念与态度。这个第三者可以是朋友、邻居、同事或者是一个“典型”的人。调查人员假设调查对象在描述第三者的反应时将提示个人的信仰与态度，要求个人对第三者作出反应可以减小给出可接受答案的社会压力。

例如：为了了解为什么有些人不乘坐飞机，某航空公司委托开展了一项调查。当询问调查对象“您是否害怕乘飞机”时很少人回答是，所说的不乘飞机的主要原因是费用高、不方便或天气原因造成的延误。但是，调查人员怀疑这些回答受提供社会认可的答案的需要的影响。因此，进行了一项后续调查，并且询问调查对象的问题是“您认为您的邻居害怕乘坐飞机吗”。调查结果表明，多数用其他交通工具旅行的“邻居”害怕乘飞机。

值得注意的是，用第二人称提问（“您是否害怕乘飞机”）没有引出真实的回答，用第三人称问同样的问题（“您认为您的邻居害怕乘坐飞机吗”），降低了调查对象的自我防御意识，产生了真实的答案。第三人技术的一个很常用的例子是研究人员向调查对象出示购物清单，然后询问他们购物者具有哪些特征。

5. 投射法的优点与缺点

投射法与非结构化的直接方法（焦点小组访谈与深度访谈）相比一个主要的优点是假设调查对象知道调查的目的，他们可能不愿意或不能给出某种回答，而投射法可以引出这种情况下的反应。有时，在直接提问中，调查对象会有意或无意地造成调查人员理解错误、解释错误或者误导调查人员，这种情况下，投射法通过掩饰目的能够提高回答的有效性，特别是当问及有关个人的、敏感的或者受到强烈的社会规范的影响的话题时。

因为投射法是非结构化的直接方法，所以它在很大程度上仍存在缺点。这些方法一般要求训练有素的访问员进行人员访谈，还要求有技巧的解释者来分析回答的结果，因此，他们往往出价很高，并且还会存在解释偏见的严重风险。除了字词联想法，所有的方法都是开放式的，这使结果的分析与解释很困难并且带有主观性。

因此，值得将投射法得到的结果与更具有代表性的样本的其他方法所得到的结果进行比较。下表是焦点小组访谈、深度访谈与投射法的比较。

标准	焦点小组访谈	深度访谈	投射法
* 结构化程度	* 相对较高	* 中等	* 相对较低
* 对个人调查对象的追问程度	* 低	* 高	* 中
* 主持人的偏见	* 中	* 相对较高	* 相对较低
* 解释的偏见	* 相对较低	* 中	* 相对较高
* 对潜意识信息的提示程度	* 低	* 中高	* 高
* 对创新信息的挖掘程度	* 高	* 中	* 低
* 对敏感信息的获得	* 低	* 中	* 高
* 与众不同的行为/提出	* 无	* 少	* 有
* 整体的有效性	* 非常有效	* 有效	* 部分有效

●内容小结

本项目介绍了几种实地调查方法，包括入户访谈、拦截调查、电话调查、邮寄调查、留置调查、互联网调查、观察法、实验调查法、小组焦点访谈法、个别深度访谈法、投射法等；在了解每种方法的概念、优缺点的同时，要求学生知道如何操作每种方法，为学生在实践中获得一手资料提供便利。

●典型案例

当代购物中心

当代购物中心一向注重服务。夏荣是购物中心营销部的副主管，他受命制订一项旨在使服务具有可操作性的计划。这一计划的第一个阶段是建立一个系统，以不断追踪消费者对购物中心所提供服务的满意程度。根据以往的经验，他选择了他信任的两家调查公司来设计追踪消费者满意程度的调查系统。

这两家公司拟采用不同的资料收集方式。第一家公司建议用电话采访，每月对400名消费者进行采访，经计算，该抽样方式所提供的消费者满意程度评估的结果有95%的把握，误差不超过5%。第二家公司建议通过邮寄调查收集必要资料。他们的理由有两条：第一，此方法成本低、质量高；第二，消费者在回信时比接受电话访谈时更坦率。电话采访的月成本约 8 400 元，相比之下，邮寄方式的月成本约为 900 元。

初步计算：

邮寄调查的回收率为 25%，即 75% 的收信人不回信。如果回信人的观点截然不同，那么调查结果就有偏差并且不能真实代表顾客的意见。

电话采访的回答率估计为 70%。尽管电话采访仍存在很高的不回答率，但潜在的不回答者的不同意见要少得多。另外，电话采访更快捷，大约两周内就可完成，邮寄调查则需六周时间。

[重点提示]

（1）你认为获取信息的较好的方法是什么？说明理由。

（2）收集数据的过程还可以使用其他方法吗？请加以说明。

商店中啤酒位置摆放实验

迪克酿酒公司是一家小啤酒厂，迪克的产品在其所在城市方圆 200 公里的区域内销售。公司多年来一直享有盛誉，但最近由于偶然分发一批过期啤酒而使名誉受损。同时，国内啤酒商的竞争力增强，逐渐侵蚀了迪克的市场份额。迪克决定委托 A 市场咨询公司为其啤酒产品线开展一项新的促销活动。

A 市场咨询公司立即着手研究迪克的产品线和在整个市场区域内不同商店中现有的货架空间分配。因为他们意识到啤酒在超市中货架上的摆放位置是极为重要的。

在大多数商店里，常温啤酒和冰啤酒都有售。A 公司在研究冰箱冷藏室时，注意到大部分冷藏室都很小，通常前面有玻璃门。A 公司认为一般消费者都是按从左到右的顺序浏览商品。因此，他们建议迪克把它的啤酒产品放在冰箱中所有冷藏啤酒的最左边。

对于常温啤酒来说，大多数商店都是成箱地摆放，而且通常用一整条通道来放这些产品。A 公司认为一般顾客会走进通道遛来遛去。因此，他们建议迪克把它的啤酒放在其他品牌的中间。

为了检验这一假设，A 公司选择了坐落在郊区的一家便利店，利用这家店进行实验来测量货架摆放位置对啤酒销售的影响。一种实验处理是按现有的商品的摆放形式，即米勒冰啤放在冰箱中所有冷藏啤酒的最左边，米勒常温啤酒放在通道中间；另一种实验处理则是根据 A 公司的新计划来安排这些产品。所有其他因素，例如价格、瓶子数量等在整个实验过程中始终保持一致。第一种处理用于 4 月份的前两个星期，第二种处理用于后两个星期。以下统计数字显示了对于每一种处理主要品牌啤酒购买的百分比：

啤酒品牌	实验处理（#1）	实验处理（#2）
迪克	38%	43%
米勒	41%	37%
酷尔	21%	20%

[重点提示]

(1) 结合内在有效性和外在有效性来评论该项研究设计。

(2) 讨论在这个实验中利用便利店的优点和缺点。

(3) 请提出一种更加可行的研究设计。

品牌形象调查

一、进行品牌形象调查的目的

营销时代的市场竞争正越来越体现为品牌的竞争。消费者心目中的品牌形象塑造，就像联合利华前董事长 Michael Perry 所说："如同鸟儿筑巢一样，用随手摘取的稻草杂物建造而成。"进行品牌形象调查，即通过市场分析工具，在解析不同消费者的品牌印象的基础上，勾勒出某一品牌的特有气质，从而为品牌资产的管理者提供决策依据。

品牌形象调查方法的选择

品牌形象的调查可以通过定性或定量调查来实现，是选择定性还是定量的调查方法，取决于调查的目的而非时间与金钱。品牌定性调查和定量调查的特点如下：

项目	定性调查	定量调查
目的	对于潜在的原因和动机得到一个定性的认识	把得到的信息定量化并从样本推知总体
样本	少量非代表性的样本	大量代表性的样本
调查方法	小组焦点访谈、个别深度访谈	入户访谈、拦截调查
结果	产生一个初步的概念	得到一个可以指导行动的结论

品牌形象的定量调查

品牌形象的定量调查除应遵循定量市场调查的基本程序（包括定义客户问题、调查设计、实地调查、数据分析、报告撰写、向客户陈述等）以外，还应特别注意以下几个方面：

(一) 预先的定性调查

在进行品牌形象的定量调查时，无论时间、预算的限制如何，都必须先进行一些定性调查，以使调查人员了解消费者用以描述该类商品及调查品牌的基本尺度。

（二）确定过滤条件

调查对象的过滤条件决定了调查结果的代表性。如对某微波炉的品牌形象调查中，调查对象为全体市民，则调查结果代表现有和潜在消费者的意见；如调查对象为家中有微波炉的受访者，则调查结果代表现有消费者的意见；如调查对象为使用某品牌微波炉的受访者，则调查结果代表品牌使用者的意见。

在确定过滤条件时，还需要考虑依据该条件是否能够找到足够的受访者，通过何种数据采集方法才能有效找到该类受访者。

（三）选择合适的数据采集方法

采用随机抽样的入户访谈结果具有推断调查对象总体的意义，所以大多数的品牌形象调查都以此为主要的数据采集方法。街头拦截调查有利于找到满足某些过滤条件（如未来一年内准备购买彩色电视机）的受访者，在找到合格的受访者后，邀请其到附近的一间工作室中，由访问员对其进行访问。

（四）品牌形象定量调查指标体系

可以通过品牌知名度、品牌忠诚度、品牌定位、品牌联想 4 个指标来构建品牌形象定量调查体系：

1．品牌知名度

（1）该类商品中是否提示知名度。

（2）该类商品中实际使用品牌。

（3）调查品牌的知名渠道、认知渠道。

（4）调查品牌的广告印象。

（5）调查品牌的广告评价。

2．品牌忠诚度

（1）区分承诺消费者、情感购买者、满意购买者、习惯购买者、无品牌忠诚度者的比例。

（2）调查品牌的总体满意率。

（3）调查品牌的再次购买率、再次推荐率及原因。

（4）调查品牌的消费缺憾。

3．品牌定位

设计一组适当的尺度，以了解人们在考虑该类商品时主要的考虑因素；根据对已完成的类似调查问卷的分析，减少相关尺度的数量，以避免受访者在把 N 个目标划分为 M 个尺度时产生厌烦；使用判别分析对主要竞争品牌的属性评价值进行分析，形成品牌定位图；根据品牌定位图中各品牌与各尺度的距离、方位进行调查。

4．品牌联想

（1）对于该调查品牌，受访者最先想到的 3 个形容词。

（2）对于该类商品的理想品牌，受访者最先想到的 3 个形容词。

二、品牌形象的定性调查内容

（一）开放式讨论

开放式讨论的内容如下：

（1）品牌的意义。

（2）品牌的特点以及品牌之间的区别。

（3）品牌的传播。

（4）品牌的拟人化（包括人的特征、性别、年龄、职业、衣着、爱好等）。

（5）品牌词汇联想。

（6）隐喻及类比。

（7）属性归类。

（二）品牌调查的对象

首先是准备受测品牌及其竞争品牌，然后要求消费者以他们自己的分类标准来将这些品牌分组，此动作不断重复，直到消费者无法想出其他用来分组的“区隔元素”，最后由消费者解说其标准及呈现分类结果。

在品牌形象调查中，应注意以下几个问题：一是所调查的品牌不要太多，尽量只选一两个最具有代表性的竞争对手品牌作为参照物进行对比，从而清楚地看出自身品牌与竞争品牌的形象差异；二是焦点访谈法参与者最好覆盖三类消费者，即自身品牌的忠实消费者、竞争品牌的忠实消费者、其他品牌的忠实消费者；三是主持人要对消费者进行充分热身，从品牌形象的各种来源方面引导消费者对品牌形象进行联想。品牌形象定性调查中较多运用投射技术，它通过外界刺激物把人们的内在心理活动投射出来，从而较好地进行心理、动机和态度的调查。

（三）投射技术在品牌调查中的运用

在品牌形象调查中使用投射技术的好处是：使消费者处于放松状态，从而更深入地挖掘其情感及态度；将消费者从理性思维中拉开，获得其真实、自然的想法；突破语言表达障碍，探究消费者不易用语言表达的情感及态度。

在品牌形象调查中，第一种比较有代表性的投射技术是品牌视觉画廊（Brand Sight Gallery），它属于照片分类的一种形式。这是华南国际市场调查公司的一项专利技术，其中包括20张在全球经反复测试挑选出来的图片，这些图片的内容基本来源于自然界的景物，因而摒弃了不同文化、地域因素对图片解释的影响。每一张图片都有一种标准化的解释。投射技术的操作程序是让消费者根据对品牌的直觉，选择若干张最能代表该消费者对品牌感觉的图片，以发现品牌形象的核心，进行品牌形象的诊断。

第二种投射技术是拼图练习（Collage Exercise）。这种投射技术也是一种图片技术，实际上是对品牌视觉画廊的补充。调查人员可以事先精心挑选一些图片，让消费者从中挑选最能代表他们对品牌感觉的图片，并由消费者自己提供解释，从而进一步验证从品牌视觉画廊中得到的结果。

第三种是拟人化（Personification）的投射技术，即为深入了解品牌的使用者形象，了解品牌的个性，把品牌看做一个人，认为其具有人的性格和特点。这最早来源于咖啡先生（Mr. Coffee）的定性调查。拟人化练习让消费者想象品牌如果是一个人，他的人口统计特征、爱好、价值观和个性等。

但是，需要强调的是，企业要了解其品牌形象，还应重点了解其组织形象。主要使用的投射技术是参观工厂练习，例如，让消费者从企业的设备、现代化程度、职员、管理风格、决策机制等方面进行充分想象。当然，还可通过人们对企业经营者形象的拟人化描述，从另外一个角度了解品牌的组织形象。除了调查品牌形象的现状以外，还可以进一步了解品牌形象特性中哪些特性对于消费者是重要的、哪些是不重要的，并通过品牌在这些特性上的表现的对比，寻找品牌的优势与劣势。主要的调查方法是通过品牌表现（Performance）与重要性（Importance）对比的象限分析，判断哪些品牌特性因素对于品牌而言是关键优势，哪些是次要优势，哪些是关键改进点，哪些是次优先级。

[重点提示]

（1）根据以上所介绍的内容，针对你所熟悉和感兴趣的品牌，起草对此品牌的品牌形象进行小组焦点访谈的主持人提纲，并组织一次访谈。

（2）针对调查的结果，描述该品牌形象的核心和品牌的组织形象，说明哪些品牌特性因素对于品牌而言是关键优势，哪些是次要优势，哪些是关键改进点等。

● 综合实训

实训项目七	获取一手资料
实训任务	选择一手资料收集的方法，并进行资料的收集
实训时间	2 学时
实训重点	1. 训练学生对直接调查法的掌握情况 2. 针对具体调查任务收集资料的能力
实训目标	1. 通过本项目训练，帮助学生掌握一手资料收集的方法，特别是访谈调查法的应用 2. 通过本项目训练，帮助学生对一手资料的分类整理、评估，对相关资料开展综合分析的能力
实施形式	1. 小组内进行分工，每人收集一定范围的调查任务 2. 进行小组交流，汇总成一份整体报告 3. 制作 PPT，以班级为单位全面讨论
实训提示	将形成原始资料分类保存好，进行必要的甄别
实训成果	形成一手资料调查的心得报告，各组展示，教师讲评

●课后练习

（一）问答题

1. 互联网调查的优缺点是什么？
2. 比较观察调查法、实验调查法与询问调查法的优点和缺点。
3. 定性调查与定量调查的主要区别是什么？
4. 小组焦点访谈法的缺点是什么？
5. 焦点访谈法的操作步骤是什么？
6. 深度访谈法的优缺点是什么？

（二）技能题

1. 你正准备以注重营养的大学生为目标受试者为一种新型的快餐食品做市场测试。你将如何选择产品的测试城市？你可能选择什么样的城市？为什么选择这些城市？

2. 某大学拟提供三种可选择的冷冻食品品牌。他们只想提供三者之一，并想看看学生们更喜欢哪一种。设计一个实验来测试学生们更喜欢哪种比萨饼品牌。

3. 一家微波炉生产商已经设计出一种既能降低能源成本，又可以完全加热熟食的改进模型。然而，由于附加部件和工程设计的改变，这种新模型将导致产品价格提高30%。这家公司想确定一下这种新模型对微波炉销售会产生什么影响。请设计出一种能为经营者提供信息的合适的实验。为什么选择这种设计？

（三）上机题

试访问国内几家知名企业网站，了解这些企业是通过什么方式获得一手资料的。

项目八　整理调查资料

●项目目标

掌握调查资料整理的方式与形式。

●技能要求

了解并掌握调查问卷的登记与审核方法；

了解并掌握编码方法；

了解并掌握数据录入方法；

了解并掌握统计图表的绘制方法。

●提交成果

原始数据录入 Excel 及相关统计图表。

●教学建议

建议课内 6 学时，课外 2 学时。教学需要在机房内进行，项目组织以小组为单位以各组的调查问卷为对象进行登记、审核、编码工作，并最终完成原始资料的录入及相关统计图表的绘制工作。本项目要求学生重视对问卷的审核与校对工作，对 Excel 操作较熟练，懂得将杂乱的资料转化成有条理的数据。

●任务描述

Ennz 公司实施的问卷调查，共发放了 300 份问卷，收回了 268 份，这 268 份问卷中是否有一些无效问卷，是全部无效，还是部分无效，这些无效的信息有没有补救措施，对于调查人员来讲这是一项重要工作。公司决策需要的是形象直观、便于阅读的信息，而这些信息潜藏在大量的原始问卷资料之中，如何整理出对公司决策有帮助的信息，是本项目需要重点解决的问题。

●任务要点

调查资料整理首先是从调查问卷的回收与登记开始的。同时，为保证调查资料准确、真实和完整，还必须对资料进行严格的审核，以确定哪些问卷是合格的，可以接受，哪些问卷是不合格的，必须作废。资料审核以后，即可以进行分组整理。资料分组是资料整理中最重要的环节，准确的分组，能够揭示现象的本质和特征。在保证调查资料准确性的前提下，分组是否合理、科学，关系到整个调查统计分析研究的成败。为便于分析和阅读，还要将整理的资料用相应的统计图和统计表显示出来。项目小组成员应明确以下几点问题：第一，确认数据资料；第二，对数据进行编码和录入；第三，利用一些常见的统计图表来显示信息。

一、调查问卷的整理

（一）调查问卷的回收与登记

伴随着实地调查的展开，应及时进行问卷的回收与登记工作。在回收过程中，应加强责任制，保证问卷的完整和安全。要做好问卷的登记和编号工作，从不同调查地点由不同调查人员交回的问卷都要立即登记和编号。

一般事先需要专门设计登记表格，具体内容有：

（1）调查地区及编号，调查员姓名及编号。

（2）调查实施的时间，问卷交付的日期。

（3）问卷编号。

（4）实发问卷数、上交问卷数、未答或拒答问卷数、丢失问卷数等。

回收的问卷应分别按照调查人员和不同地区（或单位）放置，醒目地标明编号或注明调查人员和地区、单位，以方便整理和查找。

如果发现没有满足抽样设计中对子样本的配额规定，应及时在正式的整理工作开始之前对不足份额作补充访问。

（二）调查问卷的审核

审核资料是资料整理工作的基础，通过对原始资料进行审查核实，可以避免调查资料的遗漏、错误或重复，保证调查资料准确、真实、完整和一致，达到调查资料整理的目的和要求。调查资料审核具体包括完整性、准确性、一致性与及时性审核等方面。

1. 完整性审核

完整性审核主要看应调查的单位是否都已调查，问卷或调查表内的各项目是否都填写齐全，也就是检查是否有单位无回答或项目无回答。如果发现没有答案的问题，可能是被调查者不能回答或不愿回答，也可能是调查人员的疏忽所致，则应立即询问，填补空白问题。如果问卷中出现“不知道”的答案所占比重过大，就会影响调查资料的完整性，应采取适当措施处理并加以说明。

2. 准确性审核

主要看调查资料的口径、计算方法、计量单位等是否符合要求。剔除不可靠的资料，使资料更加准确。调查资料还要清楚易懂，即如果所记录的回答字迹模糊，或者除调查员以外谁都不明白，则应返回问卷，让调查员校正或写清楚。

3. 一致性审核

检查被调查者的回答是否前后不一致，有无逻辑错误。例如，某位被调查者在前面说她在前一天晚上看见某电视广告，后面又说自己前一天晚上没看电视。调查人员在审核调查问卷时，可能发现某一位被调查者的回答前后不一致，或者一个资料来源的数字与后来从其他资料来源收集的数字不一致，这就需要调查人员深入调查，探询原因，或剔除、或调整资料，使之真实、准确。

4. 及时性审核

审查各被调查单位是否都按规定日期填写和送出。填写的资料是否是最新资料。现代市场活动节奏越来越快，只有代表市场活动最新状态的市场信息才是使用价值最高的信息。切勿将失效、过时的信息引入决策中。此外，要剔除不必要的资料，把重要的资料筛选出来。

（三）调查资料的校订

1. 检查不满意的答案

为了增加准确性，对那些初步接受调查的问卷还要进一步地检查和校订，找出任何属于下列情况之一的答案：

（1）字迹模糊的。如果调查员记录做得不好，特别是当问卷中开放式问答题比较多时，答案就可能是字迹模糊的。

（2）不完全的。如果有些问答题没有回答，答案就是不完全的。

（3）不一致的。有些答案很容易发现是不一致的。例如，一个被访者回答其月收入为600元，其每月购置服装消费却为2 000元；或一个被访者回答不喜欢这个商场的服务，但其每周来逛这个商场的次数为3次等。

（4）模棱两可的。一些开放式问题的答案可能是模棱两可的或难于清楚地解释的，可能用了缩写的字或意思不清楚的字。对于要求单一答案的封闭式问题，也可能选择了多个答案。校订人员必须对开放式问题的非标准答案做出判断，还必须判定对某一特定问题的回答中哪些方面有局限性以至毫无用处。如有可能，与被访者再次接触并再次提问那些答案未被认定的有价值的问题。

例如，开放式问题记录：

问题：您为什么在众多的快捷/方便的餐馆中选择经常去真功夫？

记录A：顾客似乎觉得真功夫有更加美味的食物和一流服务环境。——访谈员记录不当

记录B：因为我喜欢它——访谈员没有进一步探查回答。

记录C：因为我喜欢它P（probe探查）。我喜欢它并经常去那里，因为那是离我工作的地方最近的餐馆。AE（anything else）没有——适当的记录和探查。

对于这样的情况，校订人员应该用红笔将这些答案圈出来或写出来，使之与问卷中用于记录数据的方式有明显的区别。

（5）分叉错误的。有些市场调查问卷可能要求很多的分叉或许多有排除条件的项目。可能根据对某一个关键问题的答案要求被访者跳过整段的内容。

例如，问题可能是这样问的：这是您第一次来本超市购物吗？1 是，继续回答问题4；2 不是，跳答问题9。或者有些项目是要受前面问题的条件限制的，例如，问题可能是这样开头的："如果是这样的话，那么就……；否则，就……"。

如果问卷中有许多这样的分叉和排除条件，校订工作就变得更加必要。校订人员需要认真检查这样的项目，并对被访者完成的本不应回答的项目作必要的修改。我们怎么来校订这些问题呢？经验告诉我们可以按照下面步骤进行：

第一步，给每个校订人员一份空白问卷，问卷中可能需要排除或段落都用红笔圈出来，把它用作检查每份完成问卷的“参照问卷”。

第二步，“参照问卷”上，用作判断下面部分是否需要回答的“准则题”，也要用红笔清楚地圈出来，同时标记出用于指示下面部分是否排除的答案。

第三步，校订人员将完成的问卷和这个“参照问卷”作逐页比较，以确保没有不恰当的答案。

对于每一个校订人员来说，在还没有十分熟悉所有应该被排除的部分或项目，以及没有十分熟悉排除的准则之前，用上述方法处理前几份问卷中的分叉问题和排除问题至关重要。

2. 处理不满意的答案

找出这些不满意答案后，我们需要对其进行适当的处理。将不满意的答案检查出来以后，主要采用以下三种办法进行处理：

（1）返回现场重新调查。

此方法适用于规模较小、被调查者容易找到的情形。但是，调查时间、调查地点和调查方式可能发生变化，从而影响二次调查的数据结果。

（2）视为缺失数据。

在无法退回问卷重新调查的情形下，可以将这些不满意的问卷作为缺失处理。如果不满意的问卷数量较少而且这些问卷中令人不满意回答的比例也很小，涉及的变量不是关键变量，在此情况下，可采取此方法。

（3）放弃不用。

存在以下情况，问卷放弃不用：一是令人不满意回答的问卷占问卷总数的比例在10%以上；二是样本量很大；三是不满意问卷与合格问卷的答卷者在人口特征、关键变量等方面的分布没有显著差异；四是准备放弃的问卷中令人不满意的回答比例较大；五是关键变量的回答缺失。

我们应该注意，不满意的问卷与满意的问卷之间一般都会有差异，而且将某份问卷（某个被访者）指定为不满意的问卷也可能是主观的。按缺失值处理或将整个问卷作废都可能会使数据产生偏差。如果研究者决定要废除不满意的问卷，应该向客户报告识别这些问卷（被访者）的方法和作废的数量。

二、数据的编码与录入

资料汇总阶段往往需要处理大量的数据资料，传统的手工汇总技术效率低、速度慢，已经退居次要的辅助地位，目前市场调查工作一般采用电子计算机汇总处理技术。运用计算机进行数据处理，首先需要对资料进行编码，然后将数据录入计算机，通过Excel、SPSS、SAS等计算机软件进行处理。

（一）数据编码

编码就是将问卷信息（包括调查问题和答案）转化为统一设计的计算机可识别的代码，

以便于对其进行数据整理与分析。编码是信息转换的重要手段之一，在市场调查中，编码是一个不可忽视的重要环节。从问卷设计中的编码设计到数据处理阶段的编码过程，都有可能伴随着编码误差，从而直接影响调查的数据质量。

编码的设计即确定各问卷、问卷各项目和答案对应代码的名称、形式、范围及与原数据的对应关系。

1. 编码设计的内容

编码设计的具体内容包括：问卷的代码、变量的定义。问卷的代码主要包括地区代码、街道代码、居委会代码、调查员代码及问卷代码等。例如，某问卷的代码为"1041508"，第一位数字"1"表示北京市，后面两位数字"04"表示调查员代号，再后面两位数字"15"为居委会代号，最后两位代码"08"表示该调查员在这个居委会成功调查的第八份问卷。问卷的代码看上去很简单，但非常必要。因为通过问卷代码，不仅可以方便查找问卷，检查访问员的工作，还有助于地区间的对比分析。

对问卷变量和取值的编码设计比较复杂，一份市场调查问卷通常包含若干问题。为了统计处理方便，在数据输入计算机之前，必须先给每一个问题或变量起一个变量名称。变量名称一般是用英文字母或数字的组合，可以用 B（Background）代表"背景"部分，而 B_1 代表背景部分的第一个问题，以此类推。可以用 Q（Question）代表"主体问题"，而 Q_1 代表第一个主体问题，以此类推。可以用 S（Sink）代表问卷的"筛选问题"，而 S_1 代表第一个筛选问题，以此类推。

2. 编码设计的分类

根据编码设计的时间与方法不同，可分为前设计编码和后设计编码两种。

（1）前设计编码。

所谓前设计编码，主要针对答案类别事先已知的问题，如结构式问卷中的封闭题和数字型开放题，在问卷设计的同时设计编码表。这种编码设计简单易行，但有可能由于问卷选项的设计缺少某重要选项，或设置多余选项而影响数据质量。

编码的设计与问卷设计密切相关，前设计编码可以归入问卷设计之中。前设计编码要求事先已知问题的答案类别，主要应用于结构式问卷中的封闭题。

① 对单项选择题只需规定一个变量，取值为选项号。

例如：Q1：请问您最近一年内买过 VCD 光盘吗？

1. 买过　　2. 没买过

变量的取值范围为 1、2，其中 1 表示买过，2 表示没买过，0 表示该题无回答。这个码不能与合理回答相重复。如询问家中的电视机数时，答案为 0 表示家中没有电视，如果无回答也用 0 表示，编码就不能如实反映原数据了。这一点也适用于其他类问题的编码设计。

②对多选题须规定多个变量。通常是将各个可能回答的答案选项都设为 0 ~1 变量，如被调查者选择了该答案，此变量的值为 1，否则为 0。例如：

Q7：下面哪种媒体的广告对您的消费影响较大？

A. 电视（0，1）　　B. 报纸（0，1）

C. 街头广告（0，1）　　D. 购物场所的广告（0，1）

这种方法的优点是便于分析，编码的结果不用经过转换，可直接分析。缺点是不便于录入，变量随选项增多而增多，对于大样本，录入工作负担较重，而且录入时，录入值与问卷答案不同，很容易出错。

③对排序题同样需规定多个变量，与多选题类似。有两种方法，这两种方法对应的问题形式略有差异。

第一种方法：变量个数即选项个数，按照选项排列顺序，分别定义各变量为对应选项所排次序号，取值即为次序号。例如：

Q3：您选择去某一商场购物主要考虑的因素是什么（请按重要程度排序）？

A. 服务水平（　）　B. 地理位置（　）　C. 商品质量（　）　D. 价格因素（　）

按照这种题型对所有选项排序，采用此法比较可行，问卷设计时对应各选项统一留出位置填写次序号。但是如果仅取前几名排序，采用此法与多选题一样，优点是可以直接进行分析，但录入工作量大。

第二种方法：变量个数为要求排序的项数，依照次序号排列顺序，分别定义各变量为各次序号对应的选项项数，取值即为选项号。仍以上题为例，但改变其形式：

Q3：您选择去某一商场购物最重要的因素是什么？（　）

其次呢？（　）

再次呢？（　）

A. 服务水平　　B. 地理位置　　C. 商品质量　　D. 价格因素

如果问题只要求取前几名排序，与多选题一样，采用此方法便于录入，减少工作量和出错率，但分析时要先进行数据转换。

（2）后设计编码。

所谓后设计编码，主要针对答案类别事先无法确定的问题。如封闭式问答题的“其他”项和开放式问答题，要在数据收集完成后，根据被调查者的回答设计编码表。这种编码表的分类可能相对更准确、有效，但比较复杂，而且费时、费力。

①后设计编码的技术要点。提供编码员一份空白的“参照问卷”；提供每一个需要事后编码的项目一份编码表或编码名单；对每一个项目做一份编码本，内含一页或几张单页；让所有的编码员都在同一地点，使用同一编码本进行工作；提供编码指南，说明什么时候及怎样设立一个新的代码或合并答案；设立较多、较窄的类别要优于设立较少、较宽的类别；保持编码册的整洁和清晰。

②后设计编码的方法。后设计编码的方法是根据问题的回答确定各答案类别。选取问卷有两种方式：一是阅读所有问卷对该问题的回答，这种方法适用于样本量较小的情况；另一种方法是抽取部分问卷，可以随机选取，也可以分层系统选取，尽量使其分散一些，此方法适用于样本量较大的情况。

选定问卷后，仔细阅读每个被调查者对该特定问题的回答，每遇到一个新的答案类别就记录下来，同时记录各答案类别出现的频数。

（二）录入调查数据

市场调查除网上调查外一般都需要进行调查后的数据录入工作。如果调查表的编码和数字书写有统一的规范和标准，可以采用光电录入的方法进行，类似高考时标准试题涂卡后再用光电阅卷系统。现代化的录入手段一般在填写调查表时都比较严格，人工录入可能错误率较高。

目前小规模的调查采取计算机手工录入方法。

1. 数据录入的要求

手工录入出错率很高，这就要求有防范的措施，一般主要从以下几个方面进行：

（1）挑选工作认真、有责任心、技术熟练的录入员。

（2）加强对录入员的监督管理。

（3）定期检查录入员的工作质量和工作效率。

（4）对录入的资料进行抽样复查，一般复查比例为25% ~35%。

（5）二次录入或双机录入。即相同的资料由不同的人进行两次录入，或相同的资料在两台不同的机器上录入，比较并找出不一致的数据，确定差错，然后加以更正。

2. 计算机录入的方法

随着计算机技术的高速发展，计算机应用的迅速普及，数据的录入工作已逐渐从手工处理转变为计算机操作。目前，常用的数据录入方式有键盘录入、OMR、OCR及语音识别。其中后三种属于自动识别技术，适合比较大型的市场调查及处理大量的数据输入工作。采用Excel软件进行数据录入是一种非常不错的选择，它不仅操作简单，而且也方便制图制表。下面以Ennz公司新产品调查数据录入为例进行说明。

（1）设计数据库格式。

以Ennz公司的30份问卷为例，在Excel表格中据编码的结果来设计数据库的结构，在工作区的第1行输入变量名称，第2行到第31行分别输入30份问卷的数据，如图8-1所示。

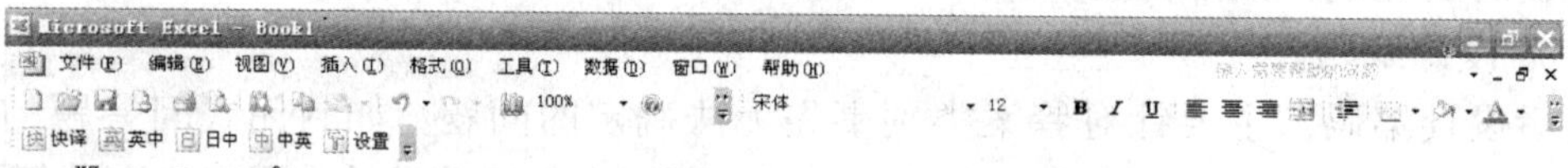

图8-1 基本数据库

（2）编码设置。

对于封闭式问题，将选项依次用数字 1、2、3……来代替，而开放式问题则先要对答案进行分类，确定有代表性的意见，再依次用数字来代替，如图 8 – 2 所示。

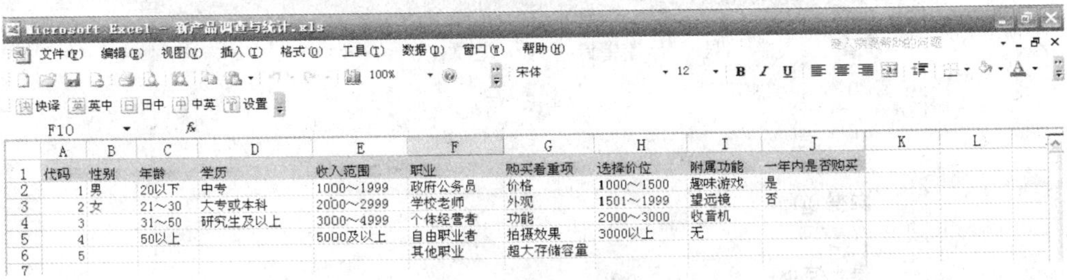

代码	性别	年龄	学历	收入范围	职业	购买看重项	选择价位	附属功能	一年内是否购买
1	男	20以下	中专	1000～1999	政府公务员	价格	1000～1500	趣味游戏	是
2	女	21～30	大专或本科	2000～2999	学校老师	外观	1501～1999	望远镜	否
3		31～50	研究生及以上	3000～4999	个体经营者	功能	2000～3000	收音机	
4		50以上		5000及以上	自由职业者	拍摄效果	3000以上	无	
5					其他职业	超大存储容量			

图 8 – 2　数据编码

（3）设置单元格数据有效性。

确定好数据录入格式后，我们准备录入数据，为了避免在数据录入时出现录入无效或编码太广这样的错误，在录入数据前可以对单元格数据的有效性进行设置。

例如，对于问题 1 其有效的答案对应的数字编码应该是 1、2，如果输入的不是 1 或 2，机器就应该提醒数据录入人员出现问题了。数据有效性的设置步骤如下：

第一步：用鼠标拖动选中单元格区域 B2: B31；点开数据菜单，出现下拉菜单，从下拉菜单中点子菜单有效性，如图 8 – 3 所示。

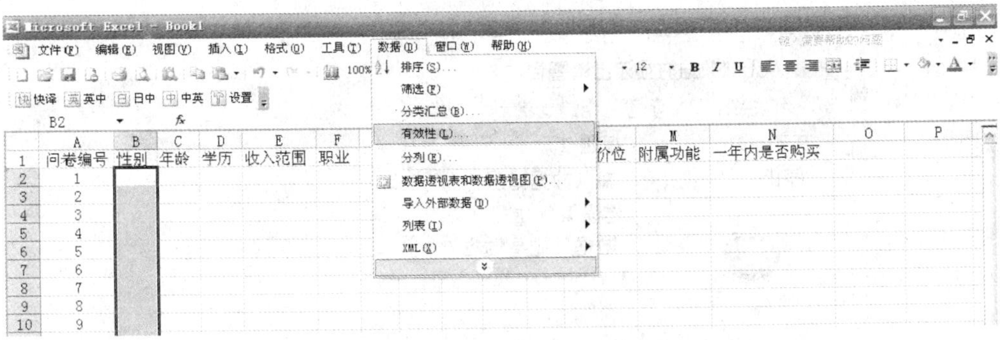

图 8 – 3　调用有效性设置命令

第二步：出现对话框，点设置选项卡进行设置，点出错警告选项卡进行出错警告设置，如图8－4，8－5所示。

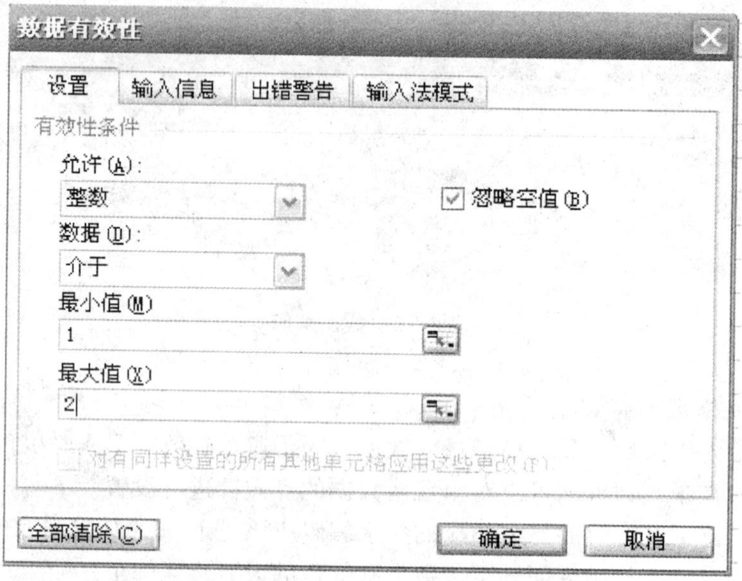

图8－4　有效性设置

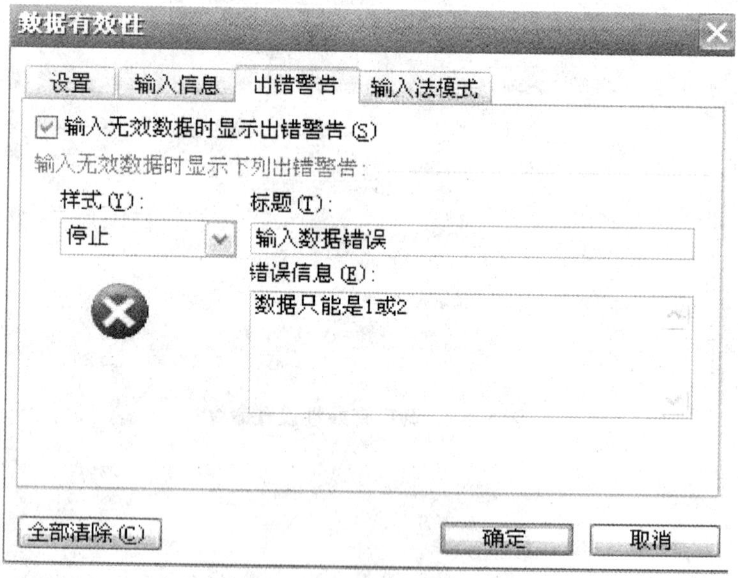

图8－5　出错警告设置

第三步：输入数据，如果输入的数据不是1或2，将出现警告，应进行修正，如图8-6所示。

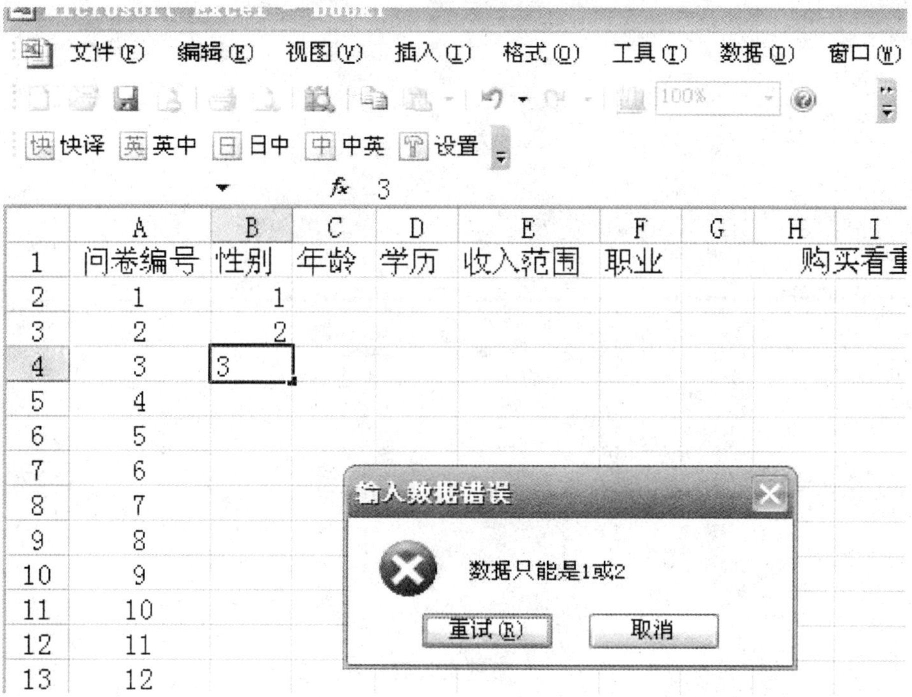

图8-6　出错提示

（4）录入数据。

我们对单元格进行了有效性设置后，可以大大降低数据录入过程中的错误。其他变量的有效性设置可以参照上面的步骤进行。将这些准备工作做好后，数据录入人员就可以进行数据录入了。在实际操作中因为问卷数据较大，可两两合作，分别按问卷编码录入，再合并在一起。建好的数据库如图8-7所示。

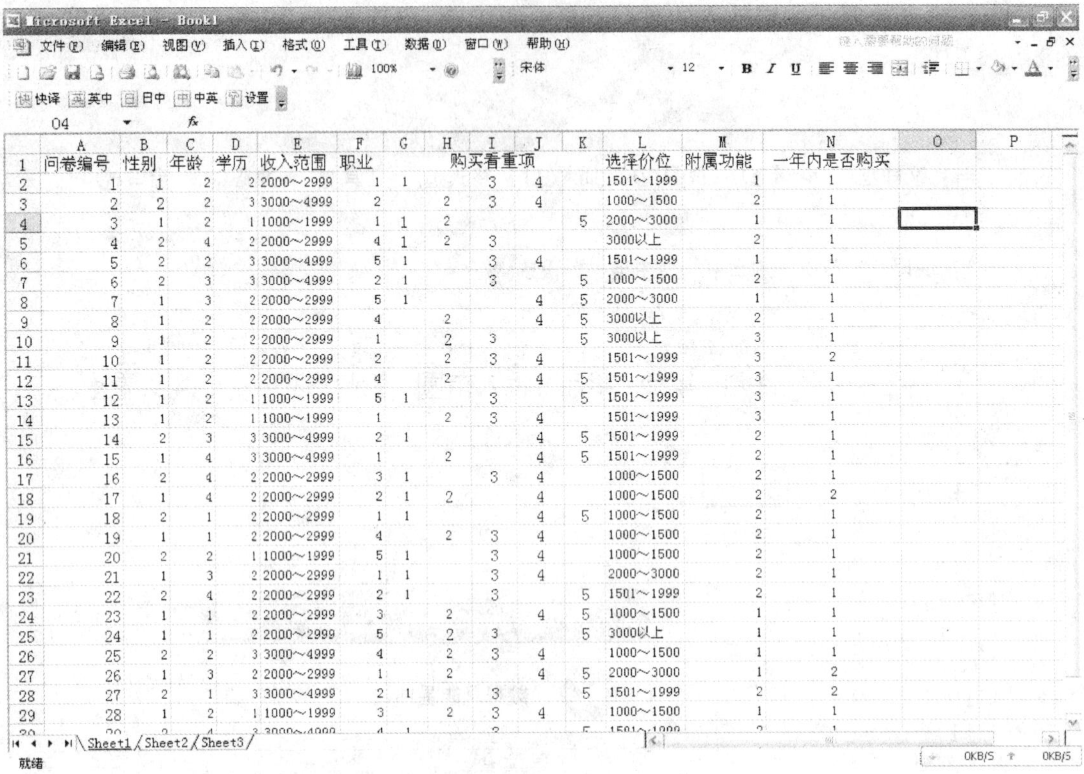

	A	B	C	D	E	F	G	H	I	J	K	L	M	N
1	问卷编号	性别	年龄	学历	收入范围	职业		购买看重项				选择价位	附属功能	一年内是否购买
2	1	1	2	2	2000～2999	1	1		3	4		1501～1999	1	1
3	2	2	2	3	3000～4999	2		2	3	4		1000～1500	2	1
4	3	1	2	1	1000～1999	1	1	2			5	2000～3000	1	1
5	4	2	4	2	2000～2999	4	1	2	3			3000以上	2	1
6	5	2	2	3	3000～4999	5	1		3	4		1501～1999	1	1
7	6	2	3	3	3000～4999	2	1		3		5	1000～1500	2	1
8	7	1	3	2	2000～2999	5	1			4	5	2000～3000	1	1
9	8	1	2	2	2000～2999	4		2		4	5	3000以上	2	1
10	9	1	2	2	2000～2999	1		2	3		5	3000以上	3	1
11	10	1	2	2	2000～2999	2		2	3	4		1501～1999	3	2
12	11	1	2	2	2000～2999	4		2		4	5	1501～1999	3	1
13	12	1	2	1	1000～1999	5	1		3		5	1501～1999	3	1
14	13	1	2	1	1000～1999	1		2	3	4		1501～1999	3	1
15	14	2	3	3	3000～4999	2	1			4	5	1501～1999	2	1
16	15	1	4	3	3000～4999	1		2		4	5	1501～1999	2	1
17	16	2	4	2	2000～2999	3	1		3	4		1000～1500	2	1
18	17	1	4	2	2000～2999	2	1	2		4		1000～1500	2	2
19	18	2	1	2	2000～2999	1	1			4	5	1000～1500	2	1
20	19	1	1	2	2000～2999	4		2	3	4		1000～1500	2	1
21	20	2	2	1	1000～1999	5	1		3	4		1000～1500	2	1
22	21	1	3	2	2000～2999	1	1		3	4		2000～3000	2	1
23	22	2	4	2	2000～2999	2	1		3		5	1501～1999	2	1
24	23	1	1	2	2000～2999	3		2		4	5	1000～1500	1	1
25	24	1	1	2	2000～2999	5		2	3		5	3000以上	1	1
26	25	2	2	3	3000～4999	4		2	3	4		1000～1500	1	1
27	26	1	3	2	2000～2999	1		2		4	5	2000～3000	1	2
28	27	2	1	3	3000～4999	2	1		3		5	1501～1999	2	2
29	28	1	2	1	1000～1999	3		2	3	4		1000～1500	1	1

图 8－7　数据录入原始数据库

3. 缺失数据的处理

在许多情况下，少量的缺失回答是可以容忍的，但是如果缺失的比例超过了 10%，就可能出现严重的问题。处理缺失值主要有四种方法：用一个样本统计量的值去代替缺失值；用从一个统计模型计算出来的值去代替缺失值；将有缺失值的个案剔除；将有缺失值的个案保留，仅在相应的分析中作必要的排除。

（1）用一个样本统计量的值代替缺失值。

缺失值可以用一个样本统计量去代替，最典型的做法是使用变量的平均值。这样，由于该变量的平均值保持不变，那其他统计量如标准差和相关系数等也不会受很大影响。例如，一个被访者没有回答其收入，那么就用整个样本的平均收入或用该被访者所在的子样本的平均收入代替。不过从逻辑上说，这样做是有问题的，因为被访者如果回答了该问题的话，其答案可能是高于或低于该平均值的。

（2）用统计模型计算值代替缺失值。

另一种缺失值的处理方法就是利用某些统计模型计算得到的比较合理的值来代替，如回归模型、判别分析模型等。比方说，“产品的使用程度”可能与“家庭规模”和“家庭收入”有联系，利用回答了这三个问题的被访者的数据，可能构造出一个回归模型。对于没有回答“产品的使用程度”的被访者，只要其“家庭规模”和“家庭收入”是知道的，就可以通过这个回归模型计算得出其“产品的使用强度”。

（3）剔除有缺失值的个案。

将有缺失值的个案整个删除的方法，结果可能会导致很小的样本，因为很多被访者都多多少少会有一些项目没有回答。剔除大量数据并不是调查人员所希望的，因为数据的收集是需要大量的经费和时间的。而且，有缺失回答的被访者与那些全部回答的被访者之间可能会有显著的差异。如果真是如此，这种整体删除的方法会导致有严重偏差的结果。

（4）保留有缺失值的个案。

将有缺失值的个案保留，仅在相应的分析中作必要的排除的方法，会使分析中不同的计算将根据不同的样本量进行，这也有可能导致不适宜的结果。但是在实践中这种方法常被研究人员采用，因为如果能满足以下三个条件，这种方法是妥当的：一是样本量很大；二是缺失值很少；三是变量之间不是高度相关的。

不同的缺失值处理方法可能产生不同的结果，特别是当回答的缺失不是随机的及变量之间存在高度相关的情况。因此，应当使缺失数据保持在最低的水平。在选择一种处理缺失数据的方法之前，研究人员应该仔细地考虑各种方法可能产生的后果。如果对缺失数据进行了处理，应该有文件描述，并向客户报告。

4. 数据录入注意的问题

数据录入指将信息从计算机不可识别的形式转换成为计算机能够识别的形式的过程。我们目前利用 Excel 软件来建立数据库，使用键盘录入数据，这样容易产生错误，为了将错误限制在最低水平，下面的几点提示应该是有用的：

（1）提供给每个录入人员一份清楚的记录格式的说明文件。

（2）开始录入前几个个案时，研究人员必须在场。

（3）决不能假定录入人员是懂得如何做数据录入的。

（4）如有可能，就对录入的数据进行全面的核查。

（5）如果全面的核查不可行，就采取抽查的方法。

对录入人员也要进行培训，明确任务的具体要求及注意事项。如果录入的格式没有事先印刷在问卷上，就必须向录入人员提供一份“记录格式”，用于明确每个记录包含的变量及其相对位置。在录入工作刚刚开始时，研究人员最好能在场，解答录入人员所提问题。

为了保证高度的准确性，有必要对录入的结果进行核查以发现是否有错误。全面核查要求每一个个案都必须录入两次，采用一台核查机和两个录入人员。第二个录入人员将编码的问卷重新录入一遍。两个人录入的数据要进行逐个个案的比较，如稍有不同，录入的错误就会被检测出来。但是全面核查时间和费用都要加倍。因此，一般不采用这种全面核查的方式，除非是需要高精度的情况。根据时间和费用的限制，以及有经验的录入人员其准确度一般都相当高的事实，通常只抽查 25% 或稍多一些就足够了。

三、绘制图表

图 8－7 所显示的数据库中，资料较原始资料简化了许多，但并没有形象地显示有价值的信息，就需要对这些数据进行进一步的处理，而统计图表则是在原始数据的基础上显示数据关系的一种有效形式。在录入了原始数据后把说明总体特征的数字资料按照一定的规则，以表格

的形式表现出来，这样的表格叫做统计表，它是系统地表述数字资料的表现形式。统计图是在统计表的基础上，表现统计资料的辅助形式，也是统计分析的一种重要工具。统计图是用几何图形或实物图形把统计表中的数字资料形象地再现出来，使人易于接受和理解。

统计表和统计图是显示统计数据最常用的两种形式。统计表把许多杂乱的数据有条理地组织在一张简明的表格内，而统计图则把数据通过生动的图形形象地显示出来，统计表和统计图比繁杂的数据更能形象生动地展示调查结果。在调查实务中 SPSS 和 Excel 等软件都能比较方便地绘制出统计图表。下面以 Ennz 公司的调查数据中的职业分布为例，利用 Excel 来完成图表的绘制。

第一步：在新的 Excel 表格中显示如下信息（代码上限为问题编码），并在工具栏中选择数据分析命令，如图 8－8 所示。

图 8－8　调用数据分析

第二步：打开直方图，设置相关参数。在输入区域录入数据的起始与终止单元格，接受区域录入代码的起始与终止单元格，中间以冒号分开，其他参数根据需要设定，如图 8－9，8－10 所示。

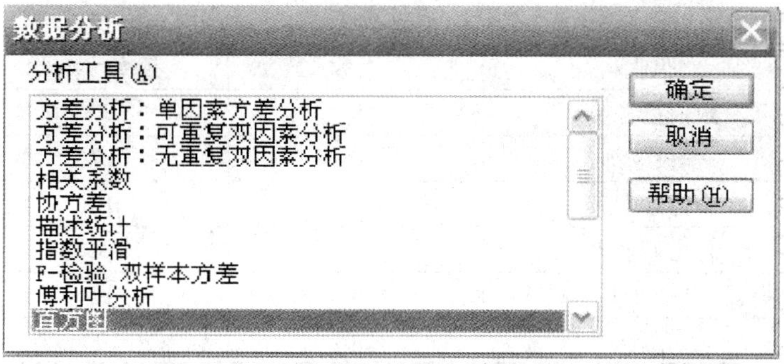

图 8－9

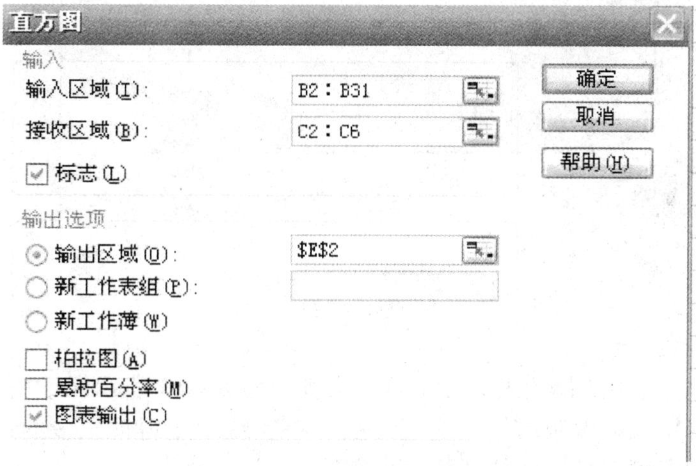

图 8－10

第三步：点确定，生成结果如图 8－11 所示。

接收	频率
1	8
2	8
3	3
4	6
5	5
其他	0

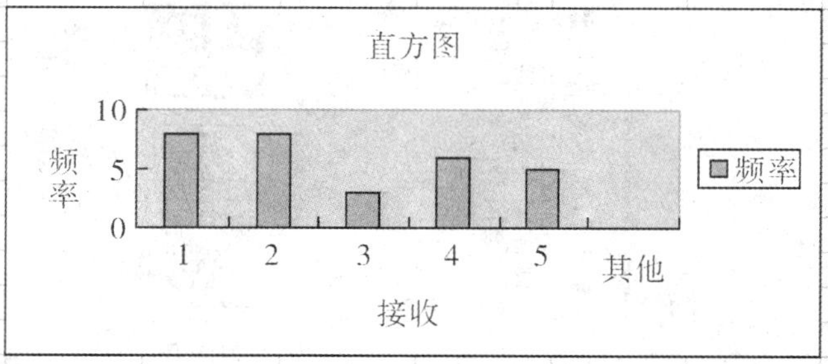

图 8－11

第四步：图表修饰。将编码转换成相对应的图案，表中频率改为人数，而在后一列加上频数，通过必要的统计计划，最终统计表和统计图如下所示。

统计表

职业	人数	频率（%）
政府公务员	8	27
学校老师	8	27
个体经营者	3	10
自由职业者	6	20
其他职业	5	16
合计	30	100

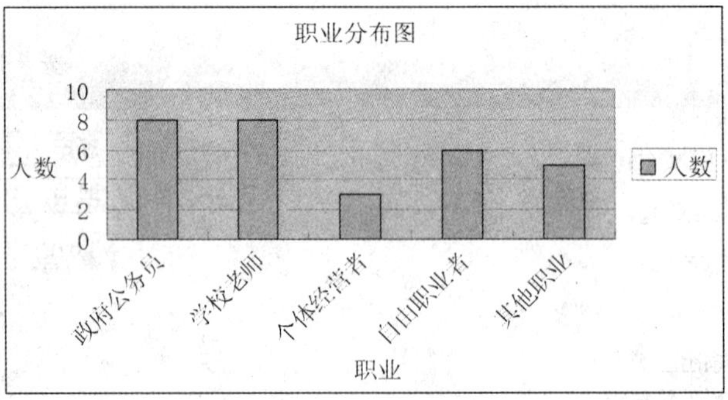

图 8－12

在 Excel 常用工具栏中选择图表向导工具，会弹出图 8－13 所示对话框，根据需要选择图表类型，再根据其提示就能编制出漂亮的统计图。在实践中用得比较多的是直方图、折线图、饼形图和环形图，读者可以找一些统计数据多实践。

图 8－13

●内容小结

本项目主要介绍问卷调查中问卷的回收及审核，要求调查工作人员有高度的责任心，对回收的问卷要认真校对，对不符合要求的问卷或填写要作出科学、合理的处理，从而为数据的录入打好基础，避免低劣数据的录入。其次，还介绍了录入数据前的编码，好的编码会大大提高录入的效率，减少差错。最后主要介绍了运用Excel录入数据的方法。通过本项目的学习，一方面可以使学生对问卷市场调查有更进一步的了解，同时还能促进学生对实际调查技能的掌握。

●典型案例

休闲餐饮的需求调查数据资料

性别	人数	频率（%）
男	54	60
女	36	40
合计	90	100

在这次的调查中，派发100份问卷回收98份，有效问卷90份，占问卷数的90%，在调查过程中男性消费者比女性稍多（如上表所示）：男性占60%，略多；在年级的分布上，大一的占51.11%，大二的占40%，大三的占8.89%，明显地，大一、大二的相差不大，原因在于这个学期大三的师兄师姐都差不多要毕业与忙于找工作，而大一、大二的学生均在学校，易于调查，主要集中于大一、大二也是因为他们留在学校的时间还相对较长，对于马坝镇的休闲餐饮市场还是具有巨大的潜在购买力，同时也因为他们大都有自己的看法，属于刚刚独立的青年，有一定的判断与决策能力。

通过这次的调查，我们可以看出马坝镇的休闲餐饮业对松山大学生无论在何时都具有巨大的吸引力，松山市场消费者对于休闲餐饮也同时具有相应的需求，因而以下对于松山大学生对休闲餐饮的需求情况总结了几方面的特点与发展的趋势：

（1）调查表明马坝镇的休闲餐饮店发展迅速，在松山消费者心目中有相当地位，而“0751”休闲吧却罕为松山大学生所知。

随着时代的发展，人们的生活需求日益趋向多样化，对食品的要求也越发挑剔，而休闲餐饮作为饮食行业的一支另起军，在这个市场占据相当的地位。马坝休闲餐饮随之迎来了繁荣发展的时机，“0751”休闲吧作为现代休闲餐饮的新力军迎势而上，但却迟迟未能进入松山大学生的消费范围，据调查资料表明接触过“0751”吧的松山大学生只有1.11%（如下图所示），这个数据也充分地表明“0751”吧的知名度有待提高。调查表明“0751”吧之所以不被熟知，是因为本身地理位置偏远，加上马坝镇中心几大强劲竞争对手“百草园”、“肯德基”等的实力强劲，使得“0751”吧的竞争力不强，难以和对手同位竞争。

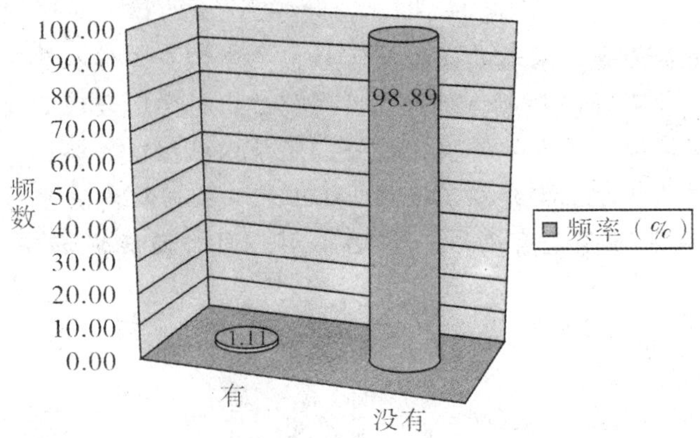

关于是否曾经接触 0751 吧的分布直方图

（2）调查结果表明，在对休闲餐饮的消费过程中，学生对一餐消费与对套餐类价位的接受程度有明显的偏好性。

对于现在的大学生，出门在外，每个月的生活费都是来自家长，所以在对外饮食消费时，不同的人有着不同的消费习惯，针对这一事件所进行的调查数据如下图所示。

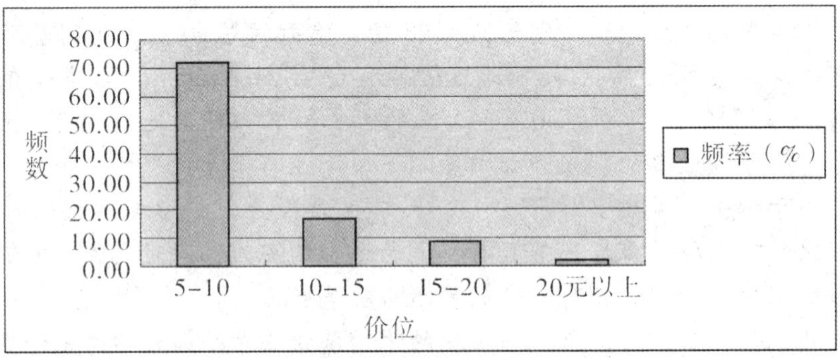

可接受一餐价位分布直方图

消费在 5～10 元的占绝大部分，再从对套餐与自由点的情况上看，如下图所示。

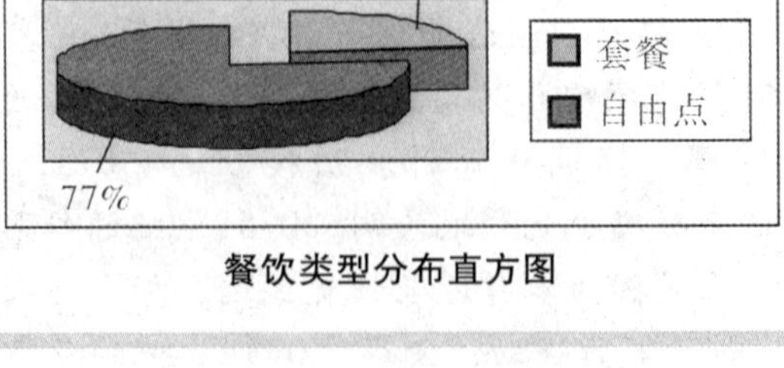

餐饮类型分布直方图

绝大部分的学生偏好于自由点，可见针对于此，店家需要着重于改善自身餐饮店的消费额度与点菜方式。

(3) 针对消费额度的选择，很明显消费者在消费时对餐价的选择有一定的归类性。

调查结果如下表，数据表明5~10元与10~15元的餐位消费者普遍接受15元以下的套餐消费，而15~20元一餐的消费者基本上接受15~20元的套餐，数据也表明即使是20元以上的消费者对超过20元的套餐也未必需要，因此店家对于此种情况的出现对餐位价格的确定应当有一定的原则性，才能更好地适应消费者的需求。

统计项价位选择	套餐价位（%）			
一餐的价位	15元以下	15~20元	20元以上	总　计
5~10元	66.67	33.33	0.00	100.00
10~15元	0.00	100.00	0.00	100.00
15~20元	50.00	50.00	0.00	100.00
20元以上	84.62	13.85	1.54	100.00
总　计	73.33	25.56	1.11	100.00

(4) 针对休闲餐饮吧的内部设计等各方面的要求，消费者对休闲餐饮店也有着明显的归类性。

很明显当消费者在进行消费的时候对于餐饮店有一定的选择性，而不是随意性，对环境装潢、服务质量、食品味道等因素有明显的要求，调查结果如下图所示。

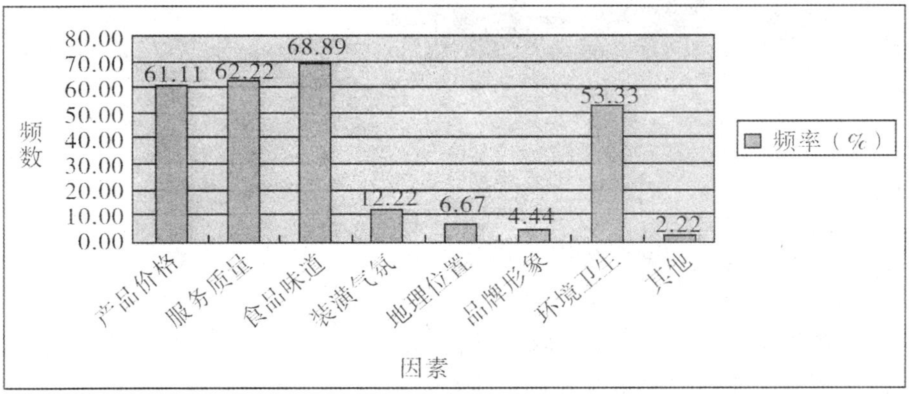

影响餐饮店的因素直方图

食品质量、服务质量和产品价格常被消费者所考虑，因此这也表明消费者求实求廉的心理，这也给广大店家一个启示，该如何针对这一情况作出相应的对策。

(5) 针对男生女生结群外出时的人数是否存在明显的差异作出相应的分析。

调查数据表明男生和女生结群外出就餐存在差异，具体情况如下图所示。

	外出人数（%）				
性别	1个	2～3个	4～6个	6个以上	总计
男	3.70	61.11	27.78	7.41	100
女	5.56	66.67	25.00	2.78	100
总计	4.44	63.33	26.67	5.56	100

从表中可以看出在结伴6人以内就餐男女生没有明显的差别，也就是说外出人数与性别相关性不大。

(6) 针对于这样的市场，休闲餐饮店推出哪种类型的促销方式与宣传手段会对经营有好处?

在现实生活中，人们的贪好处的心理越来越明显，很多时候一点小礼物或活动促销、低价策略都会引来相当多的消费者，也就是说选择何种促销方式有一定的重要性，调查结果如下图所示。

数据表明比较吸引学生的是学生折扣券，占38%，其他的方面也略占比例，这对店家以后的促销方式的走向明显有一个趋势性的影响。

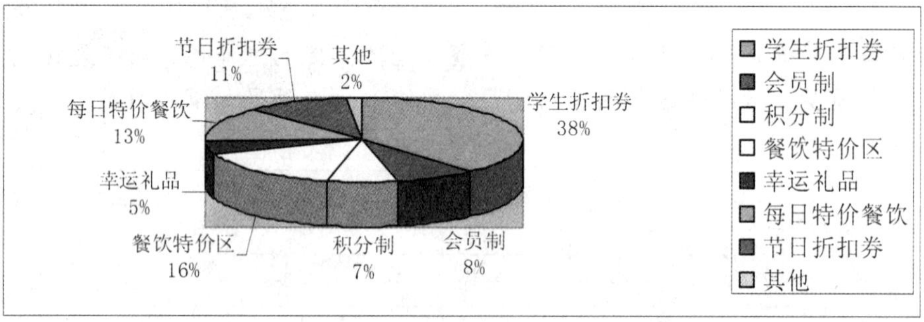

促销类型分布饼形图

(7) 调查清楚消费者在消费饮食时偏爱于哪类食品，有助于餐饮店有针对性地推出菜色。

一家餐饮店的菜色的好与不好、吸不吸引人对一家店的生意的好与不好起到至关重要的作用，因此有必要进行对于消费者饮食偏好的调查，调查结果如下图所示。

调查表明消费者在选择食品的时候主要趋向于蒸炒类家常菜与特色小吃，因此店家也应作出相关的对策，满足消费者的需求。

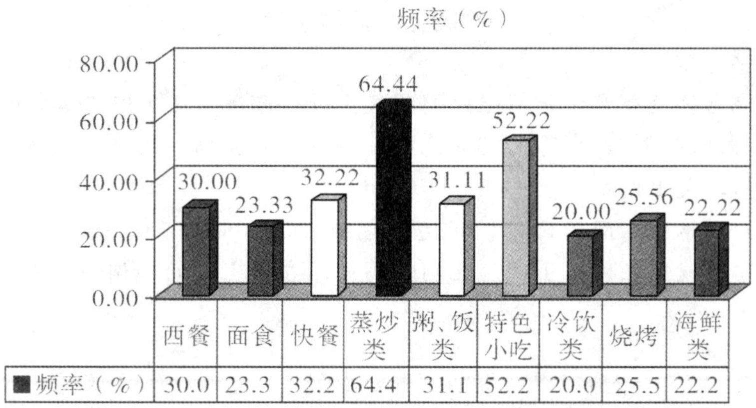

（8）通过调查表明，休闲餐饮店要想发展，宣传必不可少，但是什么样的宣传方式才容易被消费者所接受呢？

调查结果如下图所示。依图可知宣传单上的优惠餐的价格更吸引消费者，因此在对宣传单上各项内容进行宣传时，有必要针对价格作出相应的策略，使得宣传单更吸引消费者。

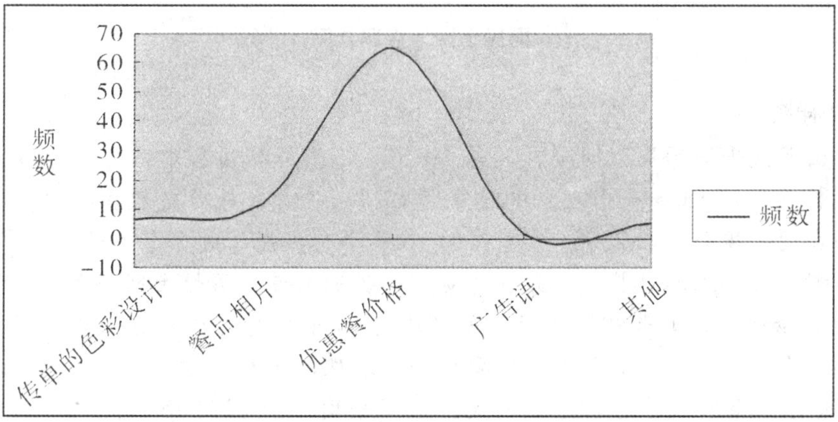

［重点提示］

（1）你认为该案例中图表运用合理吗？说明理由。

（2）你认为运用图表需要注意哪些问题？

网民上网习惯统计

1. 上网地点

网民上网地点的最大变化是网吧比例明显上升。超过1/3（37.2%）的网民表示经常去网吧上网，比2006年12月的32.3%高了5个百分点，第一次超过网民在工作单位上网的比例而成为第二大上网场所。

在家上网和在单位上网的比例较稳定，分别占73.8%和31.2%。与互联网普及率较高国家相比，中国网民在网吧上网的比例偏高，而在家上网的比例还不够高。

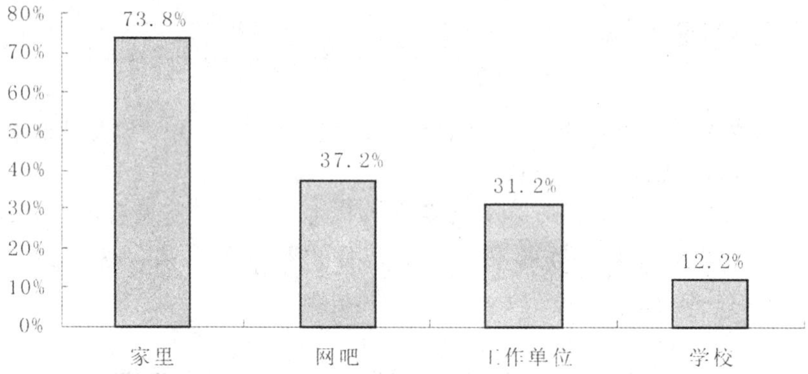

网民上网地点调查图

2. 上网时长

目前中国网民平均每周上网小时数是18.6小时，与韩国和中国香港比较，中国网民上网时间较长（韩国13.3个小时，中国香港15.1小时）。与历史数据相比，中国网民的上网时长仍在逐年提高，比2006年12月的16.9小时提高了近2个小时。

不同类型的网民上网时长存在差异。从不同性别来看，男性上网时间较长，平均每周20.6个小时，女性上网时长相对较短，平均每周16个小时。尽管男女在互联网网民普及率上相近，但女性对互联网的关注时间要少一些。从学生与非学生角度来看，学生由于要上课，上网时间很显然要少于非学生网民，每周平均上网12个小时，而非学生网民上网时长是22.4个小时。

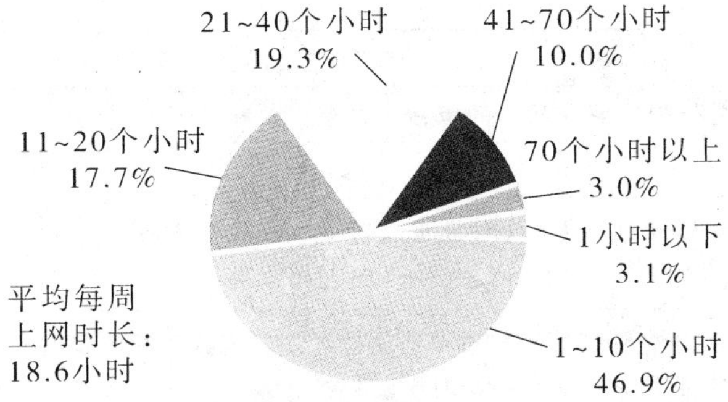

网民每周上网小时数调查图

3. 上网时点

上网时点如下图所示，总体网民上网高峰仍旧集中在晚上20点和21点，最高峰是20点。有超过60%的网民经常在这一时点上网，次高峰在下午14点。低谷则是凌晨到早上8点。

学生与非学生网民的上网时间存在一定差异。非学生网民在高峰期上网比例更高，最高峰后推到了晚上21点，2/3（68%）的非学生网民经常在这一时点上网。其他特征如性别、月收入对网民上网时段影响较小。

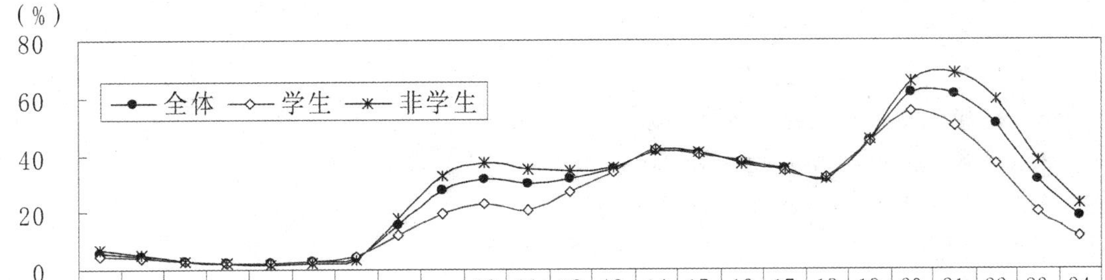

	1点	2点	3点	4点	5点	6点	7点	8点	9点	10点	11点	12点	13点	14点	15点	16点	17点	18点	19点	20点	21点	22点	23点	24点
全体	6	5	3	2	2	3	4	16	28	32	30	32	35	42	41	38	35	32	45	62	61	50	31	18
学生	4	4	3	2	2	3	4	12	20	23	21	27	34	42	40	38	35	32	45	55	50	37	20	11
非学生	7	5	3	2	2	2	4	18	33	37	35	35	36	41	41	37	35	32	45	66	68	59	38	23

中国网民上网时点调查图

[重点提示]

以上信息给你哪些启示？

● 综合实训

实训项目八	整理调查资料
实训任务	完成前一阶段调查问卷的审核、校对、编码及录入工作，根据需要绘制出统计图表
实训时间	4 学时
实训重点	1. 训练学生运用 Excel 对数据进行录入的基本方法 2. 训练学生运用 Excel 绘制统计图表的方法
实训目标	1. 学生能掌握回收问卷的预处理的方法，包括审核、校对及对缺失数据的处理 2. 学生能掌握对问卷进行科学编码的方法 3. 学生能掌握运用 Excel 对数据进行录入的基本方法 4. 学生能掌握运用 Excel 绘制统计图表的方法
实施形式	1. 小组内进行分工，每人收集一定数量的问卷 2. 两两搭配，进行问卷的预处理、编码及录入 3. 将小组全部数据合并在一起，绘制必要的统计图表
实训提示	制定相关的处理标准，特别是录入数据应有严格的统一要求
实训成果	各小组的调查原始数据及相关图表，小组代表介绍该环节的心得，教师讲评

●课后练习

（一）问答题

1. 如何处理有问题的调查问卷？
2. 如何防范资料录入的错误？
3. 简述运用 Excel 录入的方法。
4. 什么是编码？你了解哪些编码的方法？
5. 前设计编码和后设计编码有何区别？

（二）技能题

根据下表资料利用 Excel 绘制统计图，图形类型自选。

我国国内生产总值中三大产业比例

	我国国内生产总值比重（%）	
	1995 年	1999 年
第一产业	19.6	17.3
第二产业	49.1	49.7
第三产业	31.3	33.0
合计	100.0	100.0

（三）上机题

上网查找有关问卷编码及录入方法的文章，并形成报告，总结所发现的规律。

项目九　分析调查数据

●项目目标

掌握单变量集中趋势与离中趋势分析方法、列联表分析及相关与回归分析。

●技能要求

了解并掌握单变量集中趋势与离中趋势分析方法；

了解并掌握列联表分析方法；

了解并掌握相关与回归分析。

●提交成果

对上一阶段的数据进行分析，并形成初步的数据分析报告。

●教学建议

建议课内 6 学时，课外 2 学时。考虑到运用 Excel 进行数据分析教学可安排在计算机机房进行，项目组织以教师引导、小组讨论、巩固训练等方式进行。本项目要求学生理解常用数据分析方法的原理，并能运用 Excel 进行数据分析。

●任务描述

Ennz 公司的调查问卷可收集到九个方面资料，分别是性别、年龄、学历、收入、职业、购买看重项、选择价位、附属功能及一年内的购买意向。这些资料对企业的新产品开发有何意义？对数码相机潜在需求者男女性是一样的吗？他们的年龄有什么特点？会不会存在学历与收入方面的差异？购买看重项与职业有关系吗？对价格的承受能力与所选择的附属功能间有关系吗？要揭示答案就必须立足于原始数据进行进一步的分析。

●任务要点

数据分析的方法有多种，要完成上述任务，分析人员首先得区分以下各问题的调查数据属于何种类型，一般可将数据分为定类、定序、定距、定比四种类型，不同类型数据的分析方法是有区别的。在明白了数据的类型后，就要了解常用数据分析的方法，本项目主要介绍了单变量集中趋势与离中趋势分析方法、列联表分析及相关与回归分析。对于大多数小规模的调查以上方法足以应付，但如果要开展深入的研究，读者还需要研习高级统计分析方法，如因子分析、聚类分析、判别分析、联合分析等。

对于市场调查人员来说，在对调查统计资料进行分析之前，先需清楚数据类型，再选择合适的统计分析方法，然后再计算统计指标描述现象的统计规律性，这样才能有针对性地进行分析。

一、确定数据的基本类型

（一）数据的类型

对于不同的市场调查数据，我们予以计量的程度是不同的，有的数据只能或只需进行分类（如定性分析），有些则可以或要求必须用比较精确的数字加以计量（如定量分析）。按照我们对客观事物测试的程度或精确水平的不同，可以将所采用的计量程度由低级到高级、由粗略到精确分为四个层次，即定类尺度、定序尺度、定距尺度和定比尺度。用不同的尺度测度的数据可使用的统计分析方法是不同的。

1. 定类尺度

定类尺度的值只能把研究对象分类，也即只能决定研究对象是同类抑或不同类，具有“=”与“≠”的数学性质。例如，性别区分为男性和女性两类；出生地区分为农村、城市、城镇三类；民族背景区分为汉、蒙、回、苗、壮、藏、维吾尔等；婚姻状况区分为未婚、已婚、分居、离婚、丧偶等类。这些尺度的值，只能区别异同，属于定类层次。设计定类尺度的各个类别时，要注意两个原则：一个是类与类之间要互相排斥，也即每个研究对象只能归入一类；另一个是所有研究对象均有归属，不可遗漏。例如，性别分为男女两类，它既概括了人的性别的全部类别，同时类别之间又具有排斥性。

2. 定序尺度

定序尺度能决定次序，也即尺度的值能把研究对象排列高低或大小，具有“>”与“<”的数学特质。它是比定类尺度层次更高的尺度，因此也具有定类尺度的特质，即区分类别（“=”，“≠”）。例如，文化程度可以分为大学、高中、初中、小学、文盲；工厂规模可以分为大、中、小；年龄可以分为老、中、青。这些尺度的值，既可以区分异同，也可以区别研究对象的高低或大小。但是，各个定序尺度的值之间没有确切的间隔距离，如大学究竟比高中高出多少，大学与高中之间的距离和初中与小学之间的距离是否相等，通常是没有确切的尺度来测量的。定序尺度在各个案上所取的尺度值只具有大于或小于的性质，只能排列出它们的顺序，而不能反映出大于或小于的数量或距离。

3. 定距尺度

除了包括定序尺度的特性外，还能确切测量同一类别各个案高低、大小次序之间的距离，因而具有“+”与“-”的数学特质。但是，定距尺度没有一个真正的零点。例如，摄氏度这一定距尺度说明，40 摄氏度比 30 摄氏度高 10 摄氏度，30 摄氏度比 20 摄氏度又高 10 摄氏度，它们之间高出的距离相等，而零摄氏度并不是没有温度。又比如，调查数个地区的工人占全部劳动人口的比率时，发现甲、乙、丙、丁、戊五个地区的比率分别是2%、10%、35%、20%、10%。甲区与丙区相差33%，丙区与丁区相差15%。这也是一个定距尺度。定距尺度各类别之间的距离只能用加减而不能用乘除或倍数的形式来说明它们之间的关系。

4. 定比尺度

定比尺度除了具有定距尺度的特性外，还具有一个真正的零点，因而它具有“×”与“÷”的数学特质。例如，年龄和收入这两个尺度固然是定距尺度，同时又是定比尺度，因为其零点是绝对的，可以作乘除的运算。如A月收入是60元，而B是30元，我们可以算出前者是后者的两倍。智力商数这个尺度是定距尺度，但不是定比尺度，因为其0分只具有相对的意义，不是绝对的或固定的，不能说某人的智商是0分就是没有智力。同时，由于其零点是不固定的，即使A是140分，而B是70分，我们也不能说前者的智力是后者的两倍，只能说两者相差70分。因为0值是不固定的，如果将其向上移高20分，则A的智商变为120分，而B变成50分，两者的相差仍是70分，但A却是B的2.4倍，而不是原先的两倍了。摄氏度这一尺度也如此。定比尺度是最高测量层次的尺度。

以上四种尺度对事物的度量层次是由低级到高级、由粗略到精确逐步递进的。高层次计量尺度的数据可以转化为低层次计量尺度的数据；反之则不行，即低层次计量尺度的数据不能转化为高层次计量尺度的数据。低层次计量尺度的数据适用的统计方法高层次计量尺度的数据也适用；反之也不行，即高层次计量尺度的数据适用的统计方法低层次计量尺度的数据并不适用。如表9－1所示。

表9－1　数据的四种计量尺度及其适用统计方法的比较

尺度	基本性质	市场调查案例	适用的统计方法	
			描述统计方法	推论统计方法
定类尺度	表明对象或其类别的数字	性别、品牌、职业	比例、众数	X^2检验、二项式检验
定序尺度	表示对象的相对位置，但不能表示差异大小的数字	偏好排序、位次、社会层次	比例、众数、中位数	顺序相关系数，ANOVA
定距尺度	可以比较对象间的差异，但不存在绝对零点	态度、意见	中位数、全距、均值、标准差	相关系数、t检验、ANOVA、回归分析、因子分析
定比尺度	存在绝对零点，可以计算对象间的比率	年龄、收入、成本、销售量、市场份额	全距、均值、标准差、几何均值、调各均值	相关系数、t检验、ANOVA、回归分析、因子分析

（二）基本统计分析方法

统计分析方法是一种定量分析方法，主要包括描述统计分析和推论统计分析。其中描述统计分析着重于对数量水平或其他特征的描述，可能是通过某具体指标反映某一方面的特征，也可能是通过若干变量描述它们的相互关系。对数据的准确性、可靠性和测度的选择有一定要求。其结果重于数量描述，但不具有推断性质。而推论统计分析主要用于通过对样本的研究推断总体。对变量的选择、测度的决定、资料的时间跨度、空间范围有严格限制，必须符合严格的假设条件。其结果不仅可用于描述数理关系，还可以推断总体、进行预测、提示原因及检验理论等。

描述统计分析方法是一般的市场调查分析人员必须掌握的分析方法，也是本教材中主要介绍的方法。根据分析中涉及变量的多少，可将描述统计分析分为单变量统计分析、双变量统计分析和多变量统计分析。

二、单变量描述统计分析

（一）集中趋势分析

所谓集中趋势分析，是指用一个具体的统计量反映一组数据向该统计量集中趋势的统计方法，它所表示的是一组数据集中的程度或水平。常用的集中量数是平均数、中位数和众数。

1. 平均数（Mean）

平均数也称算术平均数，它是人们最熟悉、使用最频繁的一个集中量数，常用 $\overline{X}$表示。计算平均数的条件是，所有数据必须是定距或定比测量的数据。

计算平均数的公式是：

$$\overline{X}=\frac{\sum X}{n}$$

这是平均数的定义公式，适用于用单个原始数据计算平均数。

2. 中位数（Median）

中位数又称中数、中点数，它是指位于按一定顺序排列的一组数据中央位置的数值。计算中位数的条件是，只有定序、定距、定比数据才能求中位数，定类数据则无中位数可言。中位数常表示为 Md。

当资料为一组单个数据时，求中位数比较简单。组成数据的个数为奇数时，中位数的数值就是位于中央的那个数据的数值。例如，5 位同学考试成绩分别为 65 分、74 分、78 分、85 分、90 分，由 5 个数据组成，这组数据的中位数就是处于中央位置上的 78 分。

组成数据的个数为偶数时，中位数的位置则处于中间两个数据之间，在没有直接对应数值的情况下，通常取这两个数值的平均数作为中位数。

当资料为分组数据、特别是组距分组数据时，求中位数的方法就比较复杂。

由于这类中位数在市场调查中用处不大，而且在统计软件（如 SPSS、SAS、Excel）中求任何资料的中位数、四分位数、百分位数等都很容易，因此这里就不再作介绍，有兴趣者可参看统计学有关书籍。

3. 众数（Mode）

众数又称为范数、密集数、通常数等，常用符号 Mo 表示。众数是指在一组数据中出现次数最多或出现频率最高的那个数。众数也是一种集中量数，同样用于表达一组数据的集中趋势。

求众数最简单的方法是观察法，即通过观察找到一组数据中出现次数或频率最高的那个数，其数值就是所求的众数，如一组数据为6，8，4，7，5，8，4，8，其中8这个数出现了3次，出现的次数最多，故8为这组数据的众数。

在分组数据中也可用观察法求众数。如果是从单值分组数据中求众数，可先找出最大的频数组，该频数组所对应的标志值就是所求的众数。

如果是从组距分组资料中求众数，在各组组距大小相同、各组上、下限表示方法一致的情况下，可用与单值分组数据中求众数相同的方法求众数，即先找出最大的频数组，然后以该组之组中值作为所求的众数。

评价集中量数的优劣有一个标准，这就是：哪一种集中量数能最准确、最稳定地反映数据整体的集中趋势，哪一种集中量数就是最好的集中量数。从这个标准看，平均数、中位数、众数这三种集中量数，都各有优点和缺点。其中，平均数被公认是三种集中量数中最好的一种，也是使用得最多的一种。由于计算平均数时每个数据都参与进来，因而它能最全面、最准确地反映数据整体的集中趋势。但是，也正因为如此，它往往受一个或几个极端数据的影响，使平均数反映数据整体集中趋势的准确性变得面目全非。

中位数在表现数据整体的集中趋势上，一般没有平均数那么准确，但是，当一组数据中存在着极端数据、或数据整体中有个别数据不准确、不清楚的情况下，中位数能比平均数更准确、更稳定地反映数据整体的集中趋势。相比之下，在三种集中量数中众数被认为是最差的一种，但它也有自己的优点。例如，在需要快速而又粗略地找出一组数据的代表值时，众数比平均数、中位数都更能表现出其优越性。

（二）离散趋势分析

对于一组数据整体，只有既用集中量数描述其平均水平和典型情况，又用离散量数反映其分散性、变异性等特殊情况，才能真实描绘出这组数据的全貌。

所谓离散量数，就是表示一组数据变异程度或分散程度的量数。离散量数越大，表示数据分布范围越广、越不集中、越不整齐；反之，离散量数越小，表示数据分布范围越集中，变动程度越小。

常用的是方差与标准差、全距、异众比率、离散系数和偏度系数。

1. *全距*（Range）

全距又称极差，它是一组数据中最大值与最小值之差，通常用R表示。

全距是最简单的离散量数，它概念清楚，含义明确，计算简便。但是，也正由于计算过于简单，仅由数据中最大值与最小值两个数据之差而得，不考虑中间数据的情况，因而反映数据的离散状况太粗略、不灵敏，只能作为离散量数的参考性指标。

2. *方差与标准差*（Variance and Standard Deviation）

方差是一种重要的离散量数，它的计算方法是，把一组数据中每个数据与该组算术平均数相减，将其差进行平方然后相加，再除以数据的个数。

标准差是最重要、应用最广泛的离散量数。标准差的值越大，表明数据的离散程度越大，也就是数据的差异性越大，分布越不均匀；反之，标准差越小，则是数据的离散程度越小，数据的差异性越小，数据越整齐。

计算方差和标准差的方法并不复杂，用定义公式求方差和标准差如下：

方差公式：

$$\sigma^2 = \frac{\sum_{i=1}^{N}(X_i - \overline{X})^2}{N}$$

标准差公式：

$$\sigma = \sqrt{\frac{\sum_{i=1}^{N}(X_i - \overline{X})^2}{N}}$$

当处理的数据为分组资料时，计算方差和标准差的公式为：

$$\sigma = \sqrt{\frac{\sum (X_i - X)^2 f}{\sum f}}$$

公式中 X 表示单值分组数据中的实际数值或组距分组资料中的组中值，f 表示各组的频数。

从这里可以看出，分组数据计算方差与标准差的公式与用原始数据计算方差与标准差的公式实质上是一样的，前者只是用单值分组数据中的实际数据或组距分组数据中的组中值取代原始数据，并且要与组的频数 f 相乘后再求和。

3. 离散系数（Coefficient of Variation）

上述全距、方差、标准差等，都属于绝对离散量数，即它们都是带有与原观察值（数据）相同量纲（单位）的量数。绝对离散量数的局限是，只有当两种离散量数的单位相同时，才能比较其大小。当两种离散量数的单位不同时，就无法进行差异比较。为了解决这个问题，统计学家创造出了相对离散量数，离散系数便是其中的一种。

所谓离散系数，即标准差与算术平均数的百分比值，用 CV 表示。它是一种无量纲的相对数，因而便于进行比较。离散系数的计算公式为：

$$CV = \frac{\sigma}{\overline{X}}$$

CV 表示离散系数；σ 表示标准差；$\overline{X}$ 表示算术平均数。

离散系数的最大功用是可以比较不同单位数据分布的差异程度。

（三）频数分布分析

通过样本数据的集中趋势离散趋势分析可以描述数据的一些基本统计特征，但要进一步研究数据取值的分布情况，还需要计算其频数分布。描述频数分布常用的方法是频数表和直方图。对变量进行频数分布分析，就是计算该变量的各取值被回答的次数及其所占的比例。频数分布分析不仅要分析所关心数据的集中趋势、离散性和分布形状，还要计算缺失数据、极端值、范围外数据的比例等。

编制频数分布首先要对原始数据进行统计分组。统计数据分组是指根据研究目的和要求，将全部数据按照一定的标志划分成若干类型组，使组内的差异尽可能小，组间的差别尽可能明显，从而使大量无序的、混沌的数据变成有序的、反映总体特征的资料（见图 9－1）。

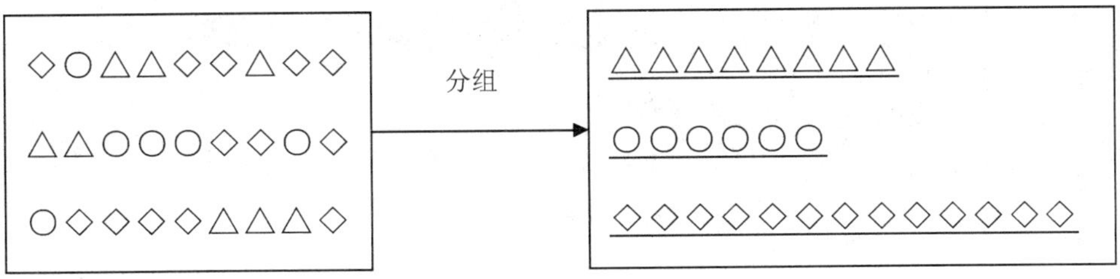

图 9－1　分组概念图示

在分组的基础上，把所有数据或总体单位按组归并、排列，形成所有数据或总体单位在各组间的分布，称为频数分布。如表 9－2 所示。

表 9－2　被调查职工基本情况表

性别	人数（人）	百分比（%）	累计百分比（%）
男性			
30 岁以下	32	32	32
30～50 岁	17	17	49
50 岁以上	9	9	58
女性			
30 岁以下	25	25	83
30～50 岁	11	11	94
50 岁以上	6	6	100

频数分布表一般包括频数、百分比、累计百分比等项目。

（四）运用 Excel 进行单变量描述统计分析

对于一组数据，要想获得它们的一些常用统计量，可以使用 Excel 软件提供的统计函数来实现。

下面以某商品顾客愿意支持的价格调查的统计数据为例，可以将建好的数据库中购买价格的数据复制粘贴到新的工作表中，利用描述统计工具对购买价格进行基本统计分析。具体操作步骤如下：

第一步，将所有的购买价格数据输入工作表中，如存放在 A2：A467 域中。

第二步，选择工具菜单中的数据分析命令，这时将弹出数据分析对话框，如图 9－2 所示。选择描述统计具，单击确定，这时将弹出描述统计对话框，如图 9－3 所示。

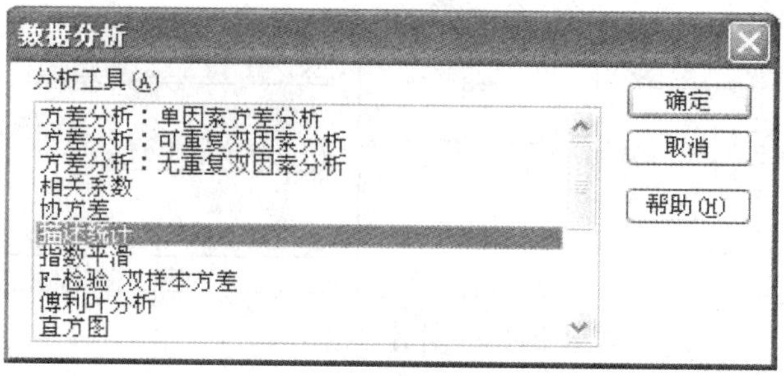

图 9－2　数据分析对话框

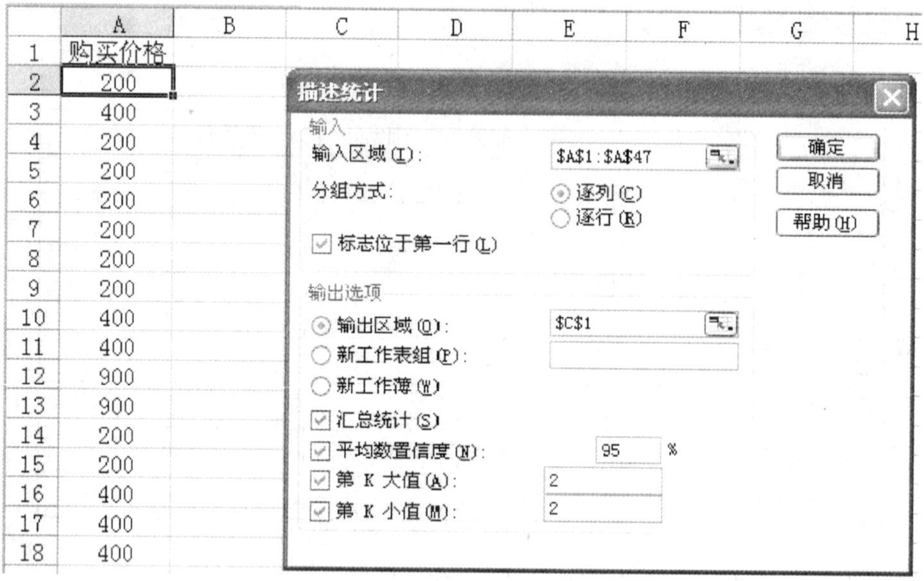

图 9－3　描述统计对话框

第三步，在输入框内指定输入数据的有关参数。

（1）输入区域：指定要分析的数据所在的单元格区域，本例输入 A1: A47。

（2）分组方式：指定输入数据是以行还是以列方式排列的。这里选定逐列，因为给定的购买价格是按列排列的。

（3）标志位于第一行复选框：若输入区域包括列标志行，则必须选中此复选框。否则，不能选中该复选框，此时 Excel 自动以列 1、列 2、列 3 ……作为数据的列标志。本例选中此复选框。

（4）在输出选项框内指定有关输出选项。

（5）指定存放结果的位置：根据需要可以指定输出到当前工作表的某个单元格区域，这时需在输出区域框键入输出单元格区域的左上角单元格地址，也可以指定输出到新工作表组，这时需要输入工作表名称，还可以指定输出到新工作簿。本例选中将结果输出到输出区域，并输入左上角单元格地址 C1。

（6）汇总统计复选框：若选中，则显示描述统计结果，否则不显示结果。本例选中汇总统计复选框。

（7）平均数置信度复选框：如果需要输出包含均值的置信度，则选中此复选框，并输入所要使用的置信度。本例键入95%，表明要计算在显著性水平为5%时的均值置信度。

（8）第K大值复选框：根据需要指定要输出数据中的第几个最大值。本例选中第K大值复选框，并输入3，表示要求输出第2大的数值。

（9）第K小值复选框：根据需要指定要输出数据中的第几个最小值。本例选中第K小值复选框，并输入3，表示要求输出第2小的数值。

第四步，单击确定按钮。这时Excel软件将描述统计结果存放在当前工作表的C1：D18区域中，如图9－4所示。

	A	B	C	D
1	购买价格		购买价格	
2	200			
3	400		平均	393.4782609
4	200		标准误差	26.31143355
5	200		中位数	400
6	200		众数	400
7	200		标准差	178.4528247
8	200		方差	31845.41063
9	200		峰度	1.227368637
10	400		偏斜度	1.062092779
11	400		区域	700
12	900		最小值	200
13	900		最大值	900
14	200		求和	18100
15	200		观测数	46
16	400		最大(2)	900
17	400		最小(2)	200
18	400		置信度(95.0%)	52.9939467

图9－4　描述统计结果

从分析结果可以看出：购买价格的平均值为393.48、方差为31 845.41、中位数为400（即在这组数据中居于中间的数）、众数为400（即在这组数据中出现频率最高的数）、最小值为200、最大值为900；偏斜度为1.06与峰度为1.23，都不为0。

三、列联表分析

在市场调查研究中常会遇到这样一些问题：顾客对新产品的熟悉程度与年龄和教育水平有关吗？顾客消费习惯（可从消费者类型、消费时机、消费场所等来划分）与性别有关吗？产品的使用量（用频繁使用者、普通使用者、少量使用者或非使用者来划分）与对户外活动的兴趣是否有关？是否使用该产品与收入（高、中、低）有关？要回答这些问题，就需要确定这些变量之间的关系。这些变量多属于定类变量和定序变量，一般无法采用很精确的统计分析手段，而列联表分析能很好地解决这个问题。

（一）列联表分析的原理

1. 列联表

列联表可同时描述两个或两个以上的变量的情况，是两个以上的变量交叉分类的频数分布表。列联表的结果显示的是有限个种类或取值下的两个以上变量的联合分布，一个变量的类别和其他变量的类别相互交叉，因此，一个变量的频数分布被其他变量的取值或种类进一步细分为若干区域。通常是将自变量或被看做是自变量的或用作解释的那个变量放在上层，而将因变量或被看做因变量或被解释的那个变量放在表的左侧。

（1）2×2 列联表。

一种双变量列联表，并且每个变量对应的分别有两个类别。假如我们希望了解对网络的使用与性别是否有关。为了进行列联表分析，调查对象被分为少量使用者和频繁使用者，标准可设定为每天上网时间少于 4 小时的人为少量使用者，其他人为频繁使用者，如表 9－3 所示。列联表中两个变量种类的每一种结合都占据一个单元，每个单元中的数字代表有多少调查对象同时符合这两个类别。

表 9－3　性别与网络使用率的列联表（人）

网络使用率	性别		行合计
	男性	女性	
少量	9	20	(29)
频繁	41	30	(71)
列合计	(50)	(50)	(100)

（2）r×c 列联表。

行变量的类别用 r 表示，r_i表示第 i 个类别；列变量的类别用 c 表示，c_j表示第 j 个类别。

每种组合的观察频数用 f_{ij}表示，表中列出了行变量和列变量的所有可能的组合，一个 r 行 c 列的列联表称为 r ×c 列联表。列联表的两个变量的变量值应有所限制，特别是不能同时具有多个变量值。否则，交互分类表中的百分数就会太多，令人迷乱，反而不易看出两变量间是否存在相关性。比如当变量 X 有 4 个变量值，而变量 Y 有 5 个变量值时，交互分类表中就会出现 20 个百分比。通常解决办法是将有些变量值进行合并，以缩小交互分类表的规模。

表 9－4　r×c 列联表的一般表示

行 r_i	列 c_j			行合计
	j = 1	j = 2	…	
i = 1	f_{11}	f_{12}		(r_1)
i = 2	f_{21}	f_{22}		(r_2)
…				
列合计	(c_1)	(c_2)		

注：f_{ij}表示第 i 行第 j 列的观察频数

有时为了使前两个变量之间的联系更加清晰，在实际中会引入第三个变量，这样既可以检验前两个变量之间的联系是否虚假，还可以揭示更变量间更深层的联系。在此受篇幅限制不详细说明。

2. 卡方（χ^2）检验

列联分析一方面是要确定两变量间是否存在相关关系，另一方面是要确定这种“是”或“否”的结论只限于在样本范围内成立，还是在总体范围内也成立，这就必须进行卡方（χ^2）检验。卡方（χ^2）统计量用于检验列联表中观察到的相关关系的统计显著性，用以判断两个变量之间是否存在系统的联系。相关性检验的零假设是：行和列变量之间相互独立，不存在显著的相关关系。然后计算 χ^2。在交叉列联表分析中，用于检验行列变量之间是否相关的计算公式为：

$$\chi^2 = \Sigma \frac{(f_0 - f_e)^2}{f_e}$$

其中，f_0 表示实际观察频数，f_e 表示期望频数，用每一个 f_0 所在行总数乘以它所在列总数，再除以全部个案数。用表 9－4 中的数据资料为例进行说明。

f_{11}代表第一行与第一列相交的那一格的期望频数，表中 f_{11} 的观察频数为 9，行总数 29，列总数 50，那么 $f_{11} = \frac{29 \times 50}{100} = 16$，同理可以计算出 $f_{12} = \frac{29 \times 50}{100} = 16$，$f_{21} = \frac{71 \times 50}{100} = 36$，$f_{22} = \frac{71 \times 50}{100} = 36$。代入 χ^2 计算公式，便有：

$$\chi^2 = \frac{(9-16)^2}{16} + \frac{(20-16)^2}{16} + \frac{(41-36)^2}{36} + \frac{(30-36)^2}{36} = 5.75$$

卡方统计量服从（行数－1）×（列数－1）个自由度的卡方统计，上例的自由度为 df =（2－1）×（2－1）=1，假定给出 p 值为 0.05，由 χ^2 分布表可得到 χ^2 为 3.841。一般地，将计算出的 χ^2 值与临界值进行比较，若计算值大于或等于临界值，则称差异显著，并拒绝两变量不相关的原假设；若计算值小于临界值，则称差异不显著，并接受两变量独立的假设，变量间无关。上例中计算值为 5.75 大于临界值 3.841，表示拒绝不相关的零假设，说明性别与网络使用率有关。

3. 关系强度的测量

列联表分析可以讨论两变量间是否存在相关关系，χ^2 检验表明两个变量间存在关系时，还可以进一步分析其关系的强弱，常见方法有列联系数、Φ 系数、Cramer's V、λ 系数。列联系数（Contingency Coefficient）常用于定类变量之间的相关系数计算。C 值介于 0 和 1 之间，当两变量不相关时，C 达到下限且等于 0，但达不到 1。Φ 系数值介于 0 和 1 之间，越接近 1，说明关系强度越大。V 系数（Phi and Cramer’s V）常用于定类变量之间的相关系数计算，V 系数介于 0 和 1 之间，其中，K 为行数和列数较小的实际数。这些系数可直接计算得出，也可通过 SPSS 统计分析软件得出。

4. 基本分析步骤

对于定类变量，在实际进行列联表分析时，通常的步骤包括：

（1）用卡方统计量检验变量之间无联系的零假设，如果无法拒绝零假设，则变量之间相关。

（2）如果 H_0 被拒绝，就要采用适当的统计量（Φ 系数、列联系数、Cramer's V、λ 系数或者其他统计量）考察关系的强度。

（3）如果 H_0 被拒绝，则通过计算因变量沿自变量方向的百分比来解释两者关系的模式。

（二）Excel 在列联表分析中的应用

利用 Excel 的统计函数可实现卡方检验，一旦建立模板后，只要替换其中数据，即可自动进行数据处理，得到 χ^2 值及显著性水平 P 值，此种方法计算结果准确无误。下面以某消费者购买行为研究实验数据（样本数为30）为例，利用列联表的卡方检验分析年龄与消费者类型的相关性。

（1）以“年龄”和“消费者类型”字段为原始数据创建数据透视表，经整理后得到实际观察频数分布表，如表 9－5 所示。

表 9－5　频数分布表

	A	B	C	D	E	F	G	H
1	表3　年龄与消费者类型列联表（实际观察频数分布表）							
2	计数项:年龄	消费者类型 ▾						
3	年龄 ▾	不定型购买	冲动型购买	经济型购买	理智型购买	习惯型购买	想象型购买	总计
4	30岁以下	4	2		2		3	11
5	31～50岁	1	1	5	2	2		11
6	50岁以上			1	4	3		8
7	总计	5	3	6	8	5	3	30
8								
9	表4　年龄与消费者类型列联表（预期频数分布表）							
10	年龄	不定型购买	冲动型购买	经济型购买	理智型购买	习惯型购买	想象型购买	总计
11	30岁以下	1.83	1.10	2.20	2.93	1.83	1.10	11.00
12	31～50岁	1.83	1.10	2.20	2.93	1.83	1.10	11.00
13	50岁以上	1.33	0.80	1.60	2.13	1.33	0.80	8.00
14	总计	5.00	3.00	6.00	8.00	5.00	3.00	30.00
15								
16	P值	0.129134363						
17	卡方值	15.08106061						

（2）求期望频数。在 B11 单元格中输入“＝B＄7＊＄H＄4/＄H＄7”（符号“＄”表示向外扩展时紧跟其后的行数或列数数值不变），按回车键后，拖动右下角的填充柄向右复制公式到单元格 G11。在 B12 单元格中输入“＝B＄7＊＄H＄5/＄H＄7”，在 B13 单元格中输入“＝B＄7＊＄H＄6/＄H＄7”，方法同上，得到期望频数分布表，如图 1 所示。

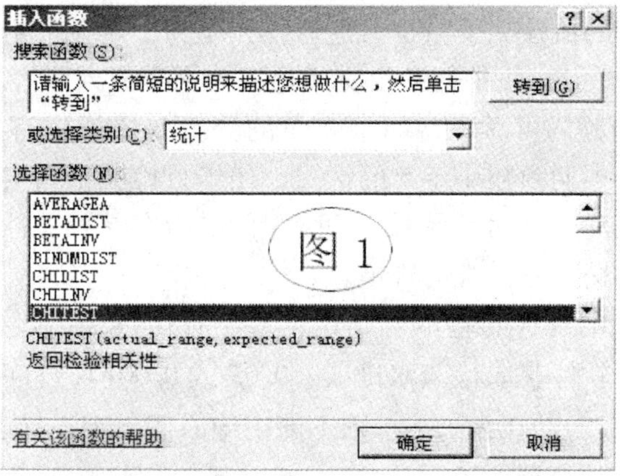

（3）求显著性水平 P 值，利用 P 求 χ^2 值。选择任意单元格 B16，点击“插入”菜单下的“*fx* 函数”，选择类别栏选“统计”，函数选“CHITEST”，点确定按钮，如图 1 所示，弹出函数参数对话框，点击 Actual_ range 栏右侧折叠按扭选择实际观察频数区域 B4: G6，Expected_ range 栏选择期望频数区域 B11: G13，如图 2 所示。点确定后，在 B16 单元格显示概率 P 值为 0.129。选择任意单元格 B17，插入 *fx* 函数，选“CHIINV”，确定后弹出函数参数对话框，在 Probability 输入 B16，在 Deg_ freedom 输入自由度 10（由上文 R＊C 列联表自由度的计算方法得来），确定后得到卡方值为 15.081，如图 3 所示。

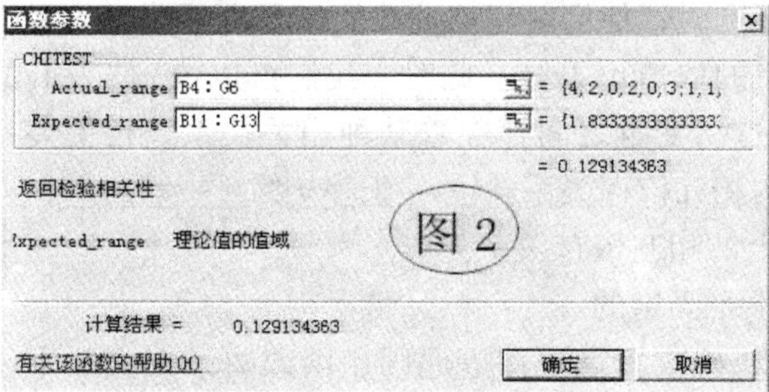

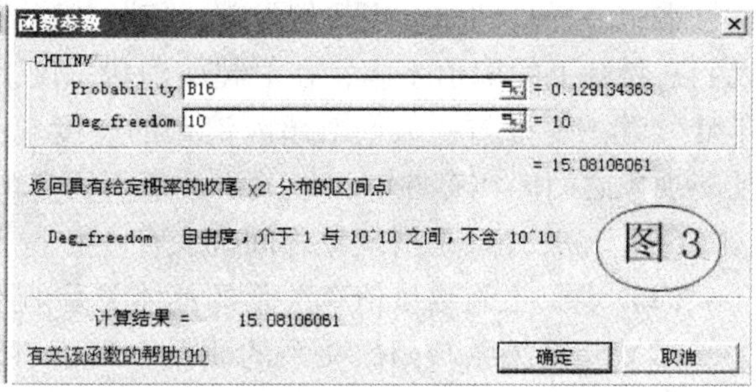

（4）根据相关数据作结论判断。一般可通过查阅 χ^2 分布表得到临界值，假设给定的 P 值为 0.05，自由度为 10，那 χ^2 临界值为 18.307（通过 CHIINV 函数也可计算出临界值）。最终卡方计算值（15.081）小于临界值（18.307），不能拒绝原假设，说明列联表中行列变量间无关的零假设 H_0 成立，即年龄与消费者类型不存在显著的相关性。

（三）注意事项

列联表分析比单个的多变量分析能提供更多解释复杂现象的信息，能够减轻离散多变量分析中单元过于分散的问题，适用于不十分熟练的研究者和非统计背景的经理们，在调查分析中具有广泛的适用性。在实际市场研究工作中还需要注意以下一些问题：

（1）对于两个变量的安排，通常是将自变量或被看做是自变量的或用作解释的那个变量放在上层，而将因变量或被看作因变量或被解释的那个变量放在表的左侧。表中百分比的计算方向一般情况下是按自变量的方向，即纵栏的方向。但在运用 SPSS 进行数据分析时将分组多的放在行变量框，分组少的放在列变量框，这样操作是为了避免产生一个行过长的表或列过多的表不方便研究者观察。在 Excel 中通常由交叉透视表来生成列联表。

（2）为了保证卡方检验的可靠性，两个变量的分组变量值应有所限制。否则，一方面就有可能出现上例方格中的预期频数小于 5 的情况，使卡方检验不真实；另一方面，列联表中的百分数就会太多，令人迷乱，反而不易看出两变量间是否存在相关性。通常解决办法是将有些变量值进行合并，以缩小交互分类表的规模。

（3）卡方独立性检验的解释的基本规则是：求出自由度为 $(r-1)\times(c-1)$ 时 χ^2 值，通过 χ^2 分布表或相关统计软件获取检验水准 α（0.05 或 0.001），自由度为 $(r-1)\times(c-1)$ 时的临界值 χ^2_α，如果 $\chi^2<\chi^2_\alpha$，说明 $P>\alpha$，则不能拒绝原假设 H_0，认为两变量间无关系；如果 $\chi^2>=\chi^2_\alpha$，说明 $P<\alpha$，则拒绝原假设 H_0，认为两变量间有关系，进而可以解释因变量沿自变量方向的百分比来解释两者关系。

四、相关与回归分析

在市场调查分析中，相关与回归分析广泛应用于研究变量间的关系。

（一）相关分析

1. 相关关系的概念

两变量之间的相关关系指的是当其中一个变量发生变化时，另一个变量也随之发生变化。反过来也一样。例如，当我们发现人们的年龄不同时，他们对超前消费的态度也不同。或者说人们在年龄上的取值不同，在对超前消费态度上的取值也不同。此时，我们可以说，“人们的年龄”这一变量与“人们对超前消费的态度”这一变量之间存在着某种相关关系。相关关系反映现象之间确实存在的，但关系数值不固定的相互依存关系。这一概念表明：

（1）相关关系是指现象之间确实存在数量上的相互依存关系。

（2）现象之间数量依存关系的具体关系值不是固定的。

（3）相关关系与函数关系的联系。由于有观察或测量误差等原因，函数关系在实际中往往通过相关关系表现出来。在研究相关关系时，又常常要使用函数关系的形式来表现，以便找到相关关系的一般数量表现形式。

2. 相关关系的种类

对于定序以上层次的变量来说，变量与变量之间的关系可以分为正关系与负关系两个方向。正相关指的是当一个变量的取值增加时，另一个变量的取值也随之增加，反之亦然。或者说，两个变量的取值变化具有同方向性。例如，我们调查发现，人们的文化程度越高，他们的收入水平也越高；反之，那些收入水平越低的人，他的文化程度也越低。这时我们就可以说，人们的文化程度与收入水平之间存在着正相关关系。对于负相关，则指的是当一个变量的取值增加时，另一个变量的取值反而减少。或者说，两个变量的取值变化具有反方向性。

相关关系的方向性只限于定序以上层次的变量，因为只有这些变量的取值才有大小、高低或多少之分。而定类层次的变量只有类别之分，因此，它与其他变量相关时不存在正、负方向的问题。

3. 相关关系的类型

从变量变化的表现形式上分，可以将相关关系分为线性相关和非线性相关。所谓线性相关，指的是当变量 X 值发生变动时，变量 Y 的值也随之发生大致均等的变动。并且在直角坐标系中，每对 X、Y 的值所对应的点分布狭长，呈直线状趋势。在图 9－5 中，散点图（a）、（b）、（c）都是线性相关的例子，而散点图（d）、（e）则是非线性相关的例子。

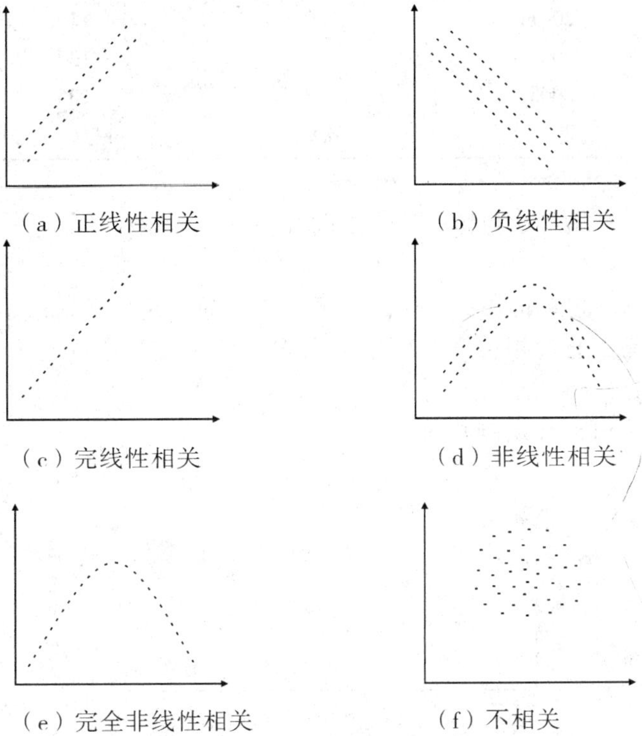

图 9－5　各类相关系的散点图

4. 相关表和相关图

（1）相关表。

相关表是一种反映变量之间相关关系的统计表。将某一变量按其取值的大小排列，然后再将与其相关的另一变量的对应值平行排列，便可得到简单的相关表。

例如，某地区某企业近八年产品产量与生产费用的相关情况如表 9－6 所示。

表 9-6　产品产量与生产费用相关表

年份	产品产量 x（千吨）	生产费用 y（万元）
1997	1.2	62
1998	2.0	86
1999	3.1	80
2000	3.8	110
2001	5.0	115
2002	6.1	132
2003	7.2	135
2004	8.0	160

从上表可以看出，产品产量与生产费用之间存在一定的正相关关系。

（2）相关图。

相关图又称散点图，它是将相关表中的观测值在平面直角坐标系中用坐标点描绘出来，以表明相关点的分布状况。通过相关图，可以大致看出两个变量之间有无相关关系及相关的形态、方向和密切程度。

以表 9-6 为例，用 Excel 绘制相关图如下。

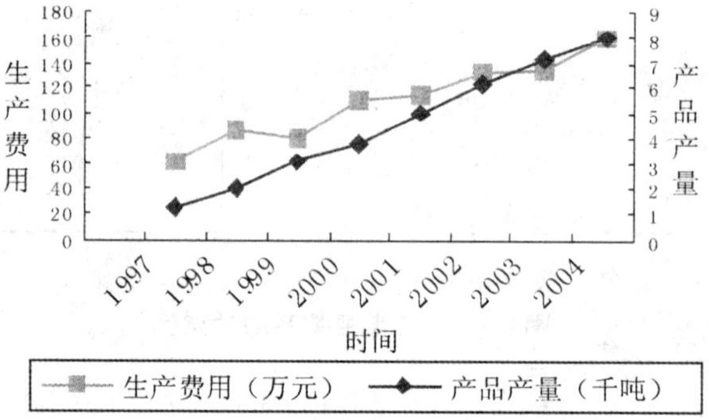

图 9-6　产品产量与生产费用相关图

5. 相关系数

（1）相关系数的定义。

相关系数是用来说明变量之间在直线相关条件下相关关系密切程度和方向的统计分析指标。其定义公式为：

$$r=\frac{\frac{\sum(x-\bar{x})(y-\bar{y})}{n}}{\sqrt{\frac{\sum(x-\bar{x})^2}{n}}\sqrt{\frac{\sum(y-\bar{y})^2}{n}}}$$

式中：n 表示数据项数，x 为自变量，y 为因变量。

相关系数公式的含义理解：

①两个变量之间的相关程度和方向取决于两个变量离差乘积之和$\sum(x-\bar{x})(y-\bar{y})$，当它为0时，$r$为0；当它为正时，$r$为正；当它为负时，$r$为负。

②相关程度的大小与计量单位无关。为了消除积差中两个变量原有计量单位的影响，将各变量的离差除以该变量数列的标准差，使之成为相对积差，即$\frac{x-\bar{x}}{\sigma}$和$\frac{y-\bar{y}}{\sigma}$，所以相关系数是无量纲的数量。

（2）相关系数的计算。

①根据相关系数定义的公式推导得简化公式

$$r=\frac{n\sum xy-\sum x\cdot\sum y}{\sqrt{n\sum x^2-\left(\sum x\right)^2}\cdot\sqrt{n\sum y^2-\left(\sum y\right)^2}}$$

例如，以表9－6为例，用Excel计算相关系数见表9－7。

表9－7　相关系数计算表

年份	产品产量 x（千吨）	生产费用 y（千元）	x^2	y^2	xy
1997	1.2	620	1.44	384 400	744
1998	2	860	4	739 600	1 720
1999	3.1	800	9.61	640 000	2 480
2000	3.8	1 100	14.44	1 210 000	4 180
2001	5	1 150	25	1 322 500	5 750
2002	6.1	1 320	37.21	1 742 400	8 052
2003	7.2	1 350	51.84	1 822 500	9 720
2004	8	1 600	64	2 560 000	12 800
合计	36.4	8 800	207.54	10 421 400	45 446

于是：$r=\frac{8\times45\ 446-36.4\times8\ 800}{\sqrt{8\times207.54-36.4^2}\times\sqrt{8\times10\ 421\ 400-8\ 800^2}}=0.9\ 697$

②利用Excel计算相关系数。

以表9－6的资料为例，处理的简要步骤与结果如下：

在Excel主页面中，从［工具］——［数据分析］——［相关关系］进入相关关系窗口做相应处理得以下结果：

	产品产量（千吨）	生产费用（千元）
产品产量（千吨）	1	
生产费用（万元）	0.969 704	1

（3）相关系数的意义。

相关系数一般可以从正负符号和绝对数值的大小两个层面理解。正负说明现象之间是正相关还是负相关。绝对数值的大小说明两现象之间线性相关的密切程度。

1）r 的取值在 -1 到 $+1$ 之间。

2）$r=+1$ 为完全正相关；$r=-1$ 为完全负相关。表明变量之间为完全线性相关，即函数关系。

3）$r=0$，表明两变量无线性相关关系。

4）$r>0$，表明变量之间为正相关；$r<0$，表明变量之间为负相关。

5）r 的绝对值越接近于1，表明线性相关关系越密切；r 越接近于0，表明线性相关关系越不密切。根据经验可将相关程度分为以下几种情况：

①$|r|<0.3$，为无线性相关；

② $0.3\leqslant|r|<0.5$，为低度线性相关；

③ $0.5\leqslant|r|<0.8$，为显著线性相关；

④$|r|\geqslant0.8$，一般称为高度线性相关。

以上说明必须建立在相关系数通过显著性检验的基础之上。

（4）相关系数的显著性检验①。

相关系数是根据样本数据计算的，具有一定随机性，能否真实地表现变量总体的相关情况受到随机因素和样本容量大小的影响，故需要对其进行检验。

样本相关系数的检验包括两类检验：

1）对总体相关系数是否等于0进行检验；

2）对总体相关系数是否等于某一给定的不为0的数值进行检验。

下面仅介绍对总体相关系数是否等于0的检验。

总体相关系数的检验统计上用 t 检验，其步骤如下：

第一步，提出原假设和备择假设。假设样本相关系数 r 是抽自具有零相关的总体，即

$$H_0: \rho=0, \quad H_1: \rho\neq0$$

第二步，规定显著性水平，并依据自由度（$n-2$）确定临界值；

第三步，计算检验 H_0 的统计量：$T=\dfrac{r\sqrt{n-2}}{\sqrt{1-r^2}}$

第四步，做出判断。将计算的统计量与临界值对比；若统计量大于或等于临界值，表明变量间线性相关在统计上是显著的，若统计量小于临界值，则说明相关关系在统计上并不显著。

对上例中产品产量与生产费用之间的相关系数进行检验。

---

① 可结合课程需要参考统计学有关教材选讲。

①提出原假设和备择假设。

$$H_0: \rho=0, \quad H_1: \rho \neq 0$$

②取显著性水平 $\alpha=0.05$，根据自由度 $n-2=6$ 查 t 分布表得

$$t_{\alpha/2}=t_{0.025}=2.4469$$

③计算检验 H_0 的统计量：$T=\frac{r\sqrt{n-2}}{\sqrt{1-r^2}}=\frac{0.9697\sqrt{8-2}}{\sqrt{1-0.9697^2}}=9.7236$

④由于 $T>t_{\alpha/2}$，则拒绝 H_0，表明变量间线性相关在统计上是显著的，即产品产量与生产费用之间的相关系数是显著的。

（二）回归分析

在分析两个变量之间的相关关系时，除了要注意其相关的方向和强度外，还可进一步注意这两个变量之间是否存在着某种因果关系，发现这种因果关系便要进行回归分析。

1. 回归分析的概念

回归分析就是对具有相关关系的变量之间数量变化的一般关系进行测定，确定一个相关的数学表达式，以便于进行估计或预测的统计方法。回归分析的特点主要有：

（1）在变量之间，必须根据研究目的具体确定哪些是自变量，哪个是因变量。

（2）回归方程的作用在于，在给定自变量的数值情况下估计因变量的可能值。一个回归方程只能做一种推算，推算的结果表明变量之间具体的变动关系。

（3）直线回归方程中，自变量的系数为回归系数。回归系数的符号为正时，表示正相关；回归系数的符号为负时，表示负相关。

（4）确定回归方程时，只要求因变量是随机的，而自变量是给定的数值。

2. 回归分析的条件

并非所有存在着相关关系的变量之间，都一定能进行回归分析。相关关系与回归分析有一定的联系，但二者并不是一回事。如果变量 X 与变量 Y 之间存在因果关系，那么它们之间必定存在相关关系；反之，如果两个变量之间存在相关关系，它们之间则未必就存在因果关系。要得出“变量 X 是变量 Y 的原因”的结论，必须同时满足下列三个条件：

（1）变量 X 与变量 Y 之间存在着不对称的相关关系，即当变量 X 发生变化时，变量 Y 也必定随之发生变化；但当变量 Y 发生变化时，变量 X 并不随之发生变化。这种不对称的相关关系，可以说是因果关系成立的基础。比如，当调查资料表明家长的职业与子女的升学意愿存在相关关系时，我们更有可能相信前者是后者的原因。因为家长的职业不同时，对子女的影响和期望不同，因而导致子女的升学意愿也不同；但反过来，子女的升学意愿一般是不可能引起家长职业发生改变的。

（2）变量 X 与变量 Y 在发生的顺序上有先后之别，即先有原因变量（自变量）的变化，后有结果变量（因变量）的变化。如果两个变量的变化同时发生，分不出先后，则不能成为因果关系。

（3）变量 X 与变量 Y 的关系不是同源于第三个变量的影响，即变量 X 与变量 Y 之间的关系不是某种虚假的或表面的关系。举例来说，当我们调查发现住房的拥挤程度与夫妻间的冲突成正比时，我们不能就下结论说，住房拥挤是夫妻间的冲突的原因。因为这两个变量之间的关系可能是由于另一个变量——家庭经济水平所导致的，即家庭经济水平低使得家庭的住房拥

挤，又使得夫妻间的矛盾增多。如果没有家庭经济的这个变量的影响，住房拥挤与夫妻间的冲突是不相关的。

3. 一元线性回归分析

（1）一元线性回归模型的确定。

设有两个变量 x 和 y，变量 y 的取值随变量 x 取值的变化而变化，我们称 y 为因变量，x 为自变量；反之亦然。一般来说，对于具有线性相关关系的两个变量，可以用一条直线方程来表示它们之间的关系，即：

回归方程：$y_c = a + bx$

上述模型中，y_c 为回归估计值，a 是直线的截距，b 是两条直线的回归系数。a、b 都是待定参数，通常采用最小平方法计算。

（2）参数 a、b 的最小二乘估计。

参数 a、b 的最小二乘估计的基本原理是：要使配合的方程 $y_c = a + bx$ 最能概括反映观察值的变化规律。所配合直线模型使得离差的平方和为最小，即使得 $\sum(y - y_c)^2 =$ 最小值的 a、b 值。

令：$Q(a, b) = \sum(y - y_c)^2 = \sum(y - a - bx)^2$

要使函数 $Q(a, b)$ 有极小值，则必须满足函数对参数 a、b 的一阶偏导等于0。

$$\begin{cases} \dfrac{\partial Q}{\partial a} = 0 \\ \dfrac{\partial Q}{\partial b} = 0 \end{cases}，即 \begin{cases} \sum 2(y - a - bx)(-1) = 0 \\ \sum 2(y - a - bx)(-x) = 0 \end{cases}$$

整理得标准方程组：$\begin{cases} \sum y = na + b\sum x \\ \sum xy = a\sum x + b\sum x^2 \end{cases}$

解该方程组得：$\begin{cases} b = \dfrac{n\sum xy - \sum x \sum y}{n\sum x^2 - (\sum x)^2} = \dfrac{\overline{xy} - \bar{x} \cdot \bar{y}}{\sigma^2} \\ a = \dfrac{\sum y}{n} - b\dfrac{\sum x}{n} = \bar{y} - b\bar{x} \end{cases}$

其中，$\overline{xy} = \dfrac{\sum xy}{n}$

例如，以表9－6的资料，建立一元线性回归模型。根据表9－7的计算数据代入参数 a、b 的最小二乘估计方程。

$$b = \frac{8 \times 45\,446 - 36.4 \times 8\,800}{8 \times 207.54 - 36.4^2} = 128.9\,599$$

$$a = \frac{8\,800}{8} - 128.9\,599 \times \frac{36.4}{8} = 513.2\,323$$

一元线性回归模型为：$y_c = 513.2\,323 + 128.9\,599x$

以上模型表明：产品产量每增加1千吨，生产费用平均增加128.9 599元。

（3）回归方程的显著性检验①。

① 可结合课程需要参考统计学有关教材选讲。

对回归方程进行显著性检验基于以下两点：

第一，在根据样本数据拟合回归方程时，我们首先假设变量 x 与 y 之间存在着线性关系，但这种假设是否成立就必须通过检验才能证实；

第二，样本回归方程 $y_c = a + bx$ 中的 a、b 是对总体回归方程中参数 α 和 β 的最小二乘估计值，样本回归系数 b 能否作为总体回归系数 β 的估计值，还需要对总体回归系数 β 的显著性进行检验。

回归方程的检验一般包括两个方面的内容：一是线性关系的检验；二是回归系数的检验。

1）线性关系的检验

具体方法是将回归离差平方和（SSR）同剩余离差平方和（SSE）加以比较，应用 F 检验来分析二者之间的差别是否显著。检验的具体步骤如下：

第一步，提出假设。

$$H_0: \beta = 0, \quad H_1: \beta \neq 0$$

第二步，计算检验统计量 F。

$$F = \frac{SSR/1}{SSE/(n-2)} = \frac{\sum (y-\bar{y})/1}{\sum (y-y_c)/(n-2)}$$

可以证明，在原假设成立的情况下，F 统计量服从 F 分布，第一自由度为 1，第二自由度为 $n-2$，即 $F \sim F(1, n-2)$。

第三步，确定显著性水平以及临界值 F。

确定显著性水平 α（通常 $\alpha = 0.05$）。

依据 α 和两个自由度 f_1、f_2 查 F 分布表可得相应的临界值 F_α。

第四步，做出判断。

如果 $F > F_\alpha$，拒绝原假设 H_0，表明回归效果显著；反之，则接受原假设，表明线性回归方程的回归效果不显著。

例如：以表 9-6 的资料为例，对其回归模型作 F 检验。F 检验计算表见表 9-8。

表 9-8　一元线性回归模型 F 检验计算表

年份	x	y	y_c	$(y_c-\bar{y})^2$	$(y-y_c)^2$
1997	1.2	620	667.98 418	186 637.67	2 302.4 815
1998	2	860	771.1 521	108 140.94	7 893.9 493
1999	3.1	800	913.00 799	34 966.012	12 770.806
2000	3.8	1 100	1 003.2 799	9 354.7 739	9 354.7 739
2001	5	1 150	1 158.0 318	3 367.6 898	64.509 811
2002	6.1	1 320	1 299.8 877	39 955.089	404.50 501
2003	7.2	1 350	1 441.7 436	116 788.67	8 416.8 845
2004	8	1 600	1 544.9 115	197 946.24	3 034.7 428
合计	36.4	8 800	8 799.9 988	697 157.09	44 242.653

①提出假设。假设线性关系不显著，即

$$H_0: \beta = 0$$

②计算检验统计量 F。

$$F = \frac{\sum (y_c - \bar{y})/1}{\sum (y - y_c)/(n-2)} = \frac{697\ 157.09}{44\ 242.653/6} = 94.54\ 547$$

③确定显著性水平以及临界值 F。

设 $\alpha = 0.05$，$f_1 = 1$，$f_2 = n - 2 = 6$，查 F 分布得临界值 $F_{0.05}(1, 6) = 5.99$

④做出判断。

由于 $F = 94.54\ 547 > F_{0.05}(1, 6) = 5.99$，所以拒绝原假设 H_0，表明回归效果显著。

2）回归系数的检验。

回归系数的检验就是检验自变量对因变量的影响程度是否显著的问题。即总体回归系数是否等于零。其检验步骤如下：

第一步，提出假设。假设样本是从一个没有线性关系的总体中选出，即

$$H_0: \beta = 0, \quad H_1: \beta \neq 0$$

第二步，计算检验的统计量 T 值。

$$T = b/S_b$$

其中：S_b 是回归系数 b 的标准差，S_y 是估计标准误差。计算公式如下：

$$S_y = \sqrt{\frac{\sum (y - y_c)^2}{n-2}} = \sqrt{\frac{\sum y^2 - a\sum y - b\sum xy}{n-2}}$$

$$S_b = \sqrt{\frac{S_y^2}{\sum (x - \bar{x})^2}}$$

第三步，确定显著性水平 α（通常 $\alpha = 0.05$），并根据自由度 $f = n - 2$ 查 t 分布表得相应的临界值 $t_{\alpha/2}$。

第四步，做出判断。若 $|t| > t_{\alpha/2}$，拒绝 H_0，回归系数 $b = 0$ 的可能性小于 5%，表明两个变量之间存在线性关系；反之，表明两个变量之间不存在线性关系。

例如：以表 9-6 为例，对回归模型做回归系数检验。

①提出假设。

$$H_0: \beta = 0, \quad H_1: \beta \neq 0$$

②计算检验的统计量 T 值。

$$S_y = \sqrt{\frac{\sum (y - y_c)^2}{n-2}} = \sqrt{\frac{44\ 242\ 653}{6}} = 85.87$$

$$S_b = \sqrt{\frac{S_y^2}{\sum (x - \bar{x})^2}} = \sqrt{\frac{85.87^2}{41.92}} = 13.26\ 277$$

于是，$T = b/S_b = 128.9\ 599/13.26\ 277 = 9.72\ 345$

③取显著性水平 $\alpha = 0.05$，并根据自由度 $f = n - 2 = 6$，查 t 分布表得相应的临界值 $t_{\alpha/2} = t_{0.025} = 2.4\ 469$。

④由于 $T = 9.72\ 345 > t_{\alpha/2} = t_{0.025} = 2.4\ 469$，拒绝 H_0，表明样本回归系数是显著的，生产费用与产品产量之间确实存在着线性关系，产品产量是影响生产费用的显著因素。

（4）一元线性回归问题的 Excel 处理。

以表 9－6 的资料为例，处理的简要步骤与结果如下：

在 Excel 主页面中，从［工具］——［数据分析］——［回归分析］进入回归分析的窗口做相应处理得到下图所示结果。

SUMMARY OUTPUT

回归统计	
Multiple R	0.9697
R Square	0.94033
Adjusted R S	0.93038
标准误差	85.8707
观测值	8

方差分析

	df	SS	MS	F	Significance F
回归分析	1	697157.3	697157	94.546	6.795E-05
残差	6	44242.65	7373.78		
总计	7	741400			

	Coeffici	标准误差	t Stat	P-value	Lower 95%	Upper 95%	下限 95.0%	上限 95.0%
Intercept	513.232	67.55231	7.59755	0.0003	347.93779	678.5269	347.93779	678.5269
X Variable 1	128.96	13.26277	9.72345	7E-05	96.507089	161.4128	96.507089	161.41276

由上图可知：相关系数 $R=0.9697$，F 检验回归方程显著，t 检验回归系数 P 值小于 0.05，说明回归系数是显著的，于是有可预测的回归方程：$y_c=513.232+128.96x$。

●**内容小结**

本项目在区分调查数据类型（定类、定序、定距、定比）的基础上，详细介绍最常见的三种定量分析方法。单变量描述统计分析主要通过集中趋势分析、离中趋势分析及频数分布表分析简单描绘出数据的代表性及差异性；而列联表分析则能描述两个或三个变量之间的频数关系，可进一步发现数据间的关系，相关关系是反映现象之间确实存在的，但关系数值不固定的相互依存关系。相关关系的种类按相关的方向可分为正相关和负相关，按相关的形式可分为线性相关和非线性相关。相关表是一种反映变量之间相关关系的统计表。将某一变量按其取值的大小排列，然后再将与其相关的另一变量的对应值平行排列，便可得到简单的相关表。相关图又称散点图，它将相关表中的观测值在平面直角坐标系中用坐标点描绘出来，以表明相关点的分布状况。通过相关图，可以大致看出两个变量之间有无相关关系及相关的形态、方向和密切程度。通过相关系数还能够界定变量间的相关程度。回归分析就是对具有相关关系的变量之间数量变化的一般关系进行测定，确定一个相关的数学表达式，以便于进行估计或预测的统计方法。回归分析的类型按回归变量的个数不同可以分为一元回归分析和多元回归分析，本项目主要介绍了一元回归分析及如何建立一元回归方程。在本项目中还介绍了如何运用 Excel 进行数据分析。

●**典型案例**

某企业商品销售额与广告费支出

据经验，企业的商品销售额与广告费用支出之间具有相关关系。某企业1998—2007年的商品销售额和广告费用支出资料如下表。该企业预计2008年的广告费支出为35万元，要求在95%的置信度下，通过分析所掌握的数据，预测2008年商品销售额。

年份	广告费 y_i/（万元）	商品销售额 y_i/（百万元）	xy	x^2	y^2
1998	4	7	28	16	49
1999	7	12	84	49	144
2000	9	17	153	81	289
2001	12	20	240	144	400
2002	14	23	322	196	529
2003	17	26	442	289	676
2004	20	29	580	400	841
2005	22	32	704	484	1 024
2006	25	35	875	625	1 225
2007	27	40	1 080	729	1 600
合计	157	241	4 508	3 013	6 777

分析步骤：

第一，进行相关分析。

坐标系下将广告费支出和商品销售额的数据标出，画出散点图，可以发现呈直线上升趋势。可以判定二者为一元线性关系。

第二，建立回归方程。

回归方程为 $y=a+bx$，其中关键是求参数 a 与 b 的值。根据上表中资料，利用最小平方法可以求出 a 与 b 的值。

$$b=\frac{n\sum xy-\sum x\sum y}{n\sum x^2-(\sum x)^2}=\frac{10\times 4\ 508-157\times 241}{10\times 3\ 013-157^2}=1.321$$

$$a=\frac{\sum y}{n}-b\frac{\sum x}{n}=\frac{241}{10}-1.321\times\frac{157}{10}=3.36$$

所求回归方程为 $y=3.36+1.321x$

第三，进行检验，检验相关系数。

$$r = \frac{n\sum xy - \sum x \sum y}{\sqrt{n\sum x^2 - (\sum x)^2}\sqrt{n\sum y^2 - (\sum y)^2}}$$

$$= \frac{10 \times 4\,508 - 157 \times 241}{\sqrt{10 \times 3\,013 - 157^2} \times \sqrt{10 \times 6\,777 - 241^2}}$$

$$= 0.9\,994$$

取得显著性水平 $a = 0.05$，参数为 $n - 2 = 8$。查相关系数临界值表得：$r_{0.05} = 0.632$

因为 $r > r_0$，说明广告费与商品销售额存在很强的正相关关系。

第四，进行预测。先进行点预测，2008 年的广告费预计支出 35 万元，将其代入方程，有

$$y = 3.36 + 1.321 \times 35 = 49.595 \text{（百万元）}$$

即 2008 年的商品销售额可达到 49.595 百万元。再进行区间预测，利用公式 $S = \sqrt{\frac{\sum (y - y_i)^2}{n-2}}$ 计算标准误差，查 t 分布表，最后可得商品销售额的预测区间为：49.59 ~ 53.731，即若以 95% 的把握预测，当广告费支出为 35 万元时，商品的销售额在 45.864 百万 ~ 53.326 百万元。

● 综合实训

实训项目九	分析调查数据
实训任务	根据自己小组的调查数据，分析主要数据的类型，根据需要进行数据分析
实训时间	4 学时
实训重点	熟练运用频数分布分析和列联表分析
实训目标	学生能掌握多种数据分析方法，特别是应用比较多的频数分布分析及列联表分析
实施形式	1. 小组成员间加强数据分析方法学习的交流 2. 各小组成员根据原始资料选择合适的分析方法，进行数据分析
实训提示	大多数市场调查的数据为定类数据，主要运用百分比分析和列联表分析
实训成果	各小组成员以自己小组的数据为背景完成自己的数据分析，小组内交流，教师讲评

●课后练习

（一）问答题

1. 描述计算频数的过程。
2. 常用的集中趋势指标有哪些？
3. 平均数、中位数、众数有什么关系？
4. 频数分布和列联表的主要差异是什么？

5. 什么是相关分析？什么是回归分析？二者有何联系？

（二）技能题

根据下图显示出的28个样本资料，利用Excel绘制性别与附属功能、收入范围与选择价位之间的列联表，并进行分析。

	A	B	C	D	E	F	G	H	I	J	K	L	M	N
1	问卷编号	性别	年龄	学历	收入范围	职业			购买看重项			选择价位	附属功能	一年内是否购买
2	1	1	2	2	2000～2999	1	1		3	4		1501～1999	1	1
3	2	2	2	3	3000～4999	2		2	3	4		1000～1500	2	1
4	3	1	2	1	1000～1999	1	1	2			5	2000～3000	1	1
5	4	2	4	2	2000～2999	4	1	2	3			3000以上	2	1
6	5	2	2	3	3000～4999	5	1		3	4		1501～1999	1	1
7	6	2	3	3	3000～4999	2	1		3		5	1000～1500	2	1
8	7	1	3	2	2000～2999	5	1			4	5	2000～3000	1	1
9	8	1	2	2	2000～2999	4		2		4	5	3000以上	2	1
10	9	1	2	2	2000～2999	1		2	3		5	3000以上	3	1
11	10	1	2	2	2000～2999	2		2	3	4		1501～1999	3	2
12	11	1	2	2	2000～2999	4		2		4	5	1501～1999	3	1
13	12	1	2	1	1000～1999	5	1		3		5	1501～1999	3	1
14	13	1	2	1	1000～1999	1		2	3	4		1501～1999	3	1
15	14	2	3	3	3000～4999	2	1			4	5	1501～1999	2	1
16	15	1	4	3	3000～4999	1		2		4	5	1501～1999	2	1
17	16	2	4	2	2000～2999	3	1		3	4		1000～1500	2	1
18	17	1	4	2	2000～2999	2	1	2		4		1000～1500	2	2
19	18	2	1	2	2000～2999	1	1			4	5	1000～1500	2	1
20	19	1	1	2	2000～2999	4		2	3	4		1000～1500	2	1
21	20	2	2	1	1000～1999	5	1		3	4		1000～1500	2	1
22	21	1	3	2	2000～2999	1	1		3	4		2000～3000	2	1
23	22	2	4	2	2000～2999	2	1		3		5	1501～1999	2	1
24	23	1	1	2	2000～2999	3		2		4	5	1000～1500	1	1
25	24	1	1	2	2000～2999	5		2	3		5	3000以上	1	1
26	25	2	2	3	3000～4999	4		2	3	4		1000～1500	1	1
27	26	1	3	2	2000～2999	1		2		4	5	2000～3000	1	2
28	27	2	1	3	3000～4999	2	1		3		5	1501～1999	2	2
29	28	1	2	1	1000～1999	3		2	3	4		1000～1500	1	1

（三）上机题

上网查找有关调查数据分析方法的文章，并形成报告，总结不同分析方法的应用范围。

项目十　撰写调查报告

●项目目标

明确写好调查报告的重要性；掌握撰写调查报告的方法。

●技能要求

掌握调查报告的基本结构；

掌握调查报告各部分的写作要求及技巧；

掌握总结并提出建议的方法。

●提交成果

完成自己的调查报告。

●教学建议

建议课内4学时，课外4学时。为加强对学生写作的指导教学可安排在多媒体教室或计算机房进行，项目组织以教师引导、小组讨论等方式进行。本项目要求学生有一定的沟通协调能力和综合分析能力，同时熟练地操作Word和PPT，对报告能进行排版。

●任务描述

Ennz公司的市场调查到目前已接近尾声，现在需要向决策者提交一份调查报告供其参考。调查报告中应呈现哪些内容？阅读者比较关心哪些问题？如何才能让阅读者相信报告中的结论及相关建议具有参考价值？届时是书面汇报还是口头汇报？作为调查项目的负责人，需要充分考虑这些问题。

●任务要点

市场调查报告是整个调查任务活动的成果体现。实践证明，无论调查设计多么科学，调查问卷多么周密，样本多么具有代表性，数据收集、质量控制多么严格，数据整理和分析多么恰当，调查过程和调查结果与调查的要求多么一致，如果调查者不能把诸多的调查资料组织成一份清晰的高质量的市场调查报告，就不能与决策者或用户进行有效的信息沟通，决策者或用户就不能有效地采取行动。为了编写出一份高质量的调查报告，在编写之前，相关人员需要搞清楚三个方面的问题：一是市场调查报告的基本框架；二是调查报告的主要内容有哪些；三是报告的呈现形式。

一、构思市场调查报告的框架

（一）明确市场调查的目的、方法和实施情况

明确市场调查的目的是撰写市场调查报告的基本准备工作。每一个市场调查报告都有明确的撰写目的和针对性，即反映情况、指出原因、提出建议，从而为社会或企业的决策部门制定或调整某项决策服务。而市场调查报告撰写的目的，其依据或实质就是市场调查的目的，两者具有一致性。

除了明确市场调查目的外，一份完整的市场调查报告还必须交代该项市场调查所采用的方法，如资料收集、统计整理是怎样进行的等，还必须陈述该项市场调查具体的实施情况，如有效样本数量及分布、操作进程等。

例如，在一项关于大学生移动通信满意度的调查报告中有以下内容：

本研究主要依托问卷收集数据。在设计问卷前开展了小规模的焦点小组访谈，收集到用户比较关心的如通信信号、品牌影响、扣费、服务、短号等方面的信息，再结合相关研究成果，设计调查问卷，并进行了试调查，完善了问卷。最终问卷共分为两部分，一部分是顾客个人信息，另一部分是测量问题。测量问卷采用李克特（Likert）5 级量表设计，1 代表“很不同意”，2 代表“不同意”，3 代表“不同意也不反对”，4 代表“同意”，5 代表“很同意”。分值越高，说明顾客对该测评项满意越大；反之则越小。在拟定问卷后，对访问员进行了培训，将调查的目标、内容等细节进行了充分沟通。调查一共确定了 300 个样本，对某高职院校五个系进行了配额，再进一步对相关系专业与年级进行了二次配额。采用入户调查的方式，最终收回有效问卷 268 份，有效率达到 89%。

（二）落实写作材料

这是撰写市场调查报告的基础和中心准备工作。一份市场调查报告是否具有较高的决策参考价值，很大程度上取决于它在写作时拥有材料的数量及质量。

整理与本次调查有关的一手资料和二手资料，还必须对所取得的各种相关资料加以初步的鉴别、筛选、整理及必要的补充。从质量上把好关，争取使撰写材料具有客观性、针对性、全面性和时效性。整理统计分析数据，要认证研究数据的统计分析结果，可以先将全部结果整理成各种便于阅读比较的表格和图形。在整理这些数据的过程中，对调查报告中应重点论述的问题自然会逐步形成思路。对难以解释的数据，要结合其他方面的知识进行研究，必要时可针对有关问题找专家咨询或进一步召开小范围的调查座谈会。

（三）确定报告类型及阅读对象

调查报告有多种类型，如一般性报告、专题性报告、研究性报告、说明性报告等。一般性报告就是对一般调查所写的报告，它要求内容简单明了，对调查方法、资料分析整理过程、资

料目录等作简单说明，结论和建议可适当多一些。专题性报告是为特定目的进行调查后写的报告，它要求报告详细明确，中心突出，重在对调查任务所提出的问题作出回答。一般情况下，为企业所做的调查用的是一般性报告和说明性报告。

其次，调查报告还必须明确阅读对象，阅读对象不同，他们的要求和所关心的问题的侧重点也不同。如果调查报告的阅读者是公司的总经理，那么他主要关心的是调查的结论和建议部分，而不是大量的数字分析等。但如果阅读的对象是市场研究人员，他所要了解的是这些结论是怎么得来的，是否科学、合理，那么他更关心的就是调查所采用的方式、方法，数据的来源等方面的问题。所以在撰写报告前要根据具体的目的和要求来决定报告的风格、内容和长短。

（四）构思报告

在动笔前须有一个构思过程，也就是凭借调查所收集的资料，初步认识调查对象，经过判断推理，提炼出报告主题。在此基础上，确立观点，列出论点和论据，考虑文章的内容与结构层次，拟定提纲。构思过程各个环节所要达到的基本目标分别如下：

（1）凭借调查所收集的资料，初步认识调查对象。经过对调查对象多侧面、多层次的深入研究把握调查对象的一般规律性。

例如，在一项关于大学生移动通信满意度的调查报告中有以下内容：

选择以在校大学生为主要调查对象，一方面基于大学生群体生活范围比较集中，数据收集方便；另一方面是基于上文的分析，高校学生是手机普及率最高的群体之一，是移动通信服务的一个重要目标市场，并且大学生作为无收入或低收入群体，其用于移动通信的费用大多在30～50元/月，属于典型的低端用户，是一个对移动通信需求不断增长的消费群体。他们不仅有近期的消费量，还有未来远期的消费潜量。三大运营商从来没有放弃过对这一市场的争夺，选择这样的研究对象对运营商的市场发展有战略意义。

（2）提炼报告主题。在认识调查对象的前提下确立主题，即报告的主基调。主题的提炼是构思阶段非常重要的一环，其准确与否直接关系到最终报告的方向性。因此，主题的提炼应力求准确，在此基础上还应该深刻、富有创见性。

（3）确立观点、列出论点和论据。在主题确立后，对收集到的大量资料，经过分析研究，逐渐消化、吸收，形成概念，再通过判断、推理，把感性认识提高到理性认识，然后列出论点、论据，得出结论。观点是调查者对分析对象所持有的看法和评价，是调查材料的客观性与调查者主观认识的统一体，是形成思路、组织材料的基本依据和出发点。要从实际调查的情况和数字出发，通过现象而把握本质，具体分析，提炼观点，立论新颖，用简单、明确、易懂的语言阐述。

例如，在一项关于大学生移动通信满意度的调查报告的主要观点为：产品质量对移动通信顾客满意度有积极显著影响；服务质量对移动通信顾客满意度有积极显著影响；企业形象对移动通信顾客满意度有积极显著影响；价格水平对移动通信顾客满意度有积极显著影响。

（4）拟定调查报告提纲。提纲是调查报告的骨架，拟定一份提纲可以理清思路。调查报告提纲可以采用从层次上列出报告的章节形式的条目提纲，或者列出各章节要表述的观点形式的观点提纲。一般先拟定提纲框架，把调查报告分为几大部分。然后在各部分中再充实，按次序或轻重，横向或纵向罗列而成较细的提纲。提纲越细，反映调查者的思路越清晰，同时也便于对调查报告进行调整。

例如，在一项关于大学生移动通信满意度的调查报告提纲中各部分内容如下：

前言：概述调查的背景、意义与目的。

第一部分：陈述问卷调查的情况，内容包括问卷涵盖的问题、样本的获取方法及样本数量、有效问卷等。

第二部分：调查数据的统计分析。说明数据处理的方法，分析数据的主要计算结果。

第三部分：调查结果分析。就调查数据结果，结合访谈资料，分析大学生移动通信满意度的情况及影响因素。

第四部分：结论与建议。就分析结果提出提高满意度的建议，包括从价格、服务、质量、形象四个方面进行论述。

（五）选择材料

市场调查报告的材料，可分为两种：一种是从调查中得来但还未经整理、鉴别、筛选的材料，这是素材；另一种是通过整理、鉴别、筛选后写进文章的材料，这是题材。

市场调查报告材料的选择应十分严格，特别要注意以下几点：

（1）材料的真实性。对写进文章的材料，必须进行去粗取精、去伪存真的选择。

（2）数据的准确性和精确性。市场调查报告往往是从数据中得出观点，由数据来证实观点，因此数据的差错或不精确必然影响到观点的正确性。

（3）材料要有个性。写进调查报告的材料，主要应当是这一个项目在这一次调查中发现的有价值的材料。如果材料缺乏个性，那么这篇调查报告也失去了应有的价值。

二、撰写市场调查报告

（一）确定市场调查报告的格式

调查报告的形式没有统一规范，不同的人对此有不同的设计。但以下这些部分都是调查报告不可缺少的组成部分，无论如何操作都应当包括这些部分。

1. 介绍部分

介绍部分是向读者说明报告主要内容的部分。对于不需要深入研究报告的人员来说，看介绍部分即可了解到调查的概况。同时介绍部分也提供了深入阅读全文的检索方法和主要提示。调查报告的介绍部分应包括五个部分：封面、目录、摘要、调查概况和主要结论。

2. 正文

正文是调查报告的核心部分，一般由开头、主体、结束语三部分组成。

3. 附件

附件是指调查报告正文包含不了或没有提及，但与正文有关的必须附加说明的部分。它是对正文报告的补充或更详尽说明。附件主要包括调查方案、抽样技术方案、调查问卷、数据整理表格、数据分析表格和其他支持型材料。

（二）市场调查报告的编写

1. 设计市场调查报告封面

封面包括报告的题目、报告的使用者、报告的编写者及提交报告的日期等内容。

作为一种习惯做法，调查分析报告题目的下方应注明报告人或单位、通信地址、电话、报告日期，然后另起一行注明报告呈交的对象。

2. 确定市场调查报告标题

选题一般表现为调查报告的标题，也就是调查报告的题目。它必须准确揭示调查报告的主题思想，做到题文相符、高度概括，具有较强的吸引力。一般是通过扼要地突出本次市场调查全过程中最有特色的环节的方式，揭示本报告所要论述的内容。标题是画龙点睛之笔，好的标题是报告成功的一半。好的标题必须准确揭示报告的主体思想，做到题文相符，让报告的使用者通过题目就能对报告想要表达的内容一目了然。标题要简单明了，高度概括，具有强烈的吸引力。

一般标题采用下列三种写法：

（1）采用直叙式标题，即用调查对象和调查的主题问题作题目。

例如：中国联通市场占有率调查。

优点：简明扼要，比较客观，但略显呆板。

（2）采用表明观点式标题，直接阐明作者的观点、看法或对事物作出判断、评价的标题。

例如：必须提高销售人员素质——A公司销售人员情况调查。

优点：既表明了报告编写者的态度，揭示了主题，又有一定的吸引力。

缺点：通常要加副标题才能将调查对象和内容表达清楚。

（3）采用提问式标题，即报告的题目是一个设问句或反问句，而报告的内容就是回答这个问题。

例如：消费者愿意到网上购物吗?

优点：这类题目比较尖锐，具有较大的吸引力，一般用于揭露问题的调查分析报告。

3. 制作报告目录

目录是整个报告的检索部分，便于读者了解报告结构，有利于读者阅读某一部分内容。如果可能，目录应当非常详细。国外调查报告的惯例是将文字、表格和图形分别编写目录，这样如果读者不需要阅读某些文字，而只需检索某一张表格，也可以很轻松地找到。这种方法在国内的调查报告中也可以应用。

市场调查报告目录举例

一、摘要……………………………………………………………… 1
二、调查概况………………………………………………………… 3
　　1. 研究背景及目的 ……………………………………………… 3
　　2. 研究内容 ……………………………………………………… 4
三、研究方法………………………………………………………… 6
四、调查结果分析…………………………………………………… 8
　　1. ×××× ………………………………………………………… 9
　　2. ×××× ………………………………………………………… 12
　　3. ×××× ………………………………………………………… 15
五、结论及建议 ……………………………………………………… 30
　　附录一　消费者调查问卷 ……………………………………… 32

附录二 消费者问卷的原始统计数据 …………………………………………………… 33
附录三 零售商调查问卷 ……………………………………………………………… 38
附录四 零售商问卷的原始统计数据 …………………………………………………… 40

4. 编写报告摘要

摘要就是为那些没有大量时间阅读整个报告的使用者（特别是高层管理人员）或者由于不具备太多的专业知识，只想尽快得到调查分析报告的主要结论，以及进行怎样的市场操作的阅读者而准备的。

报告摘要具体包括四个方面的内容：①简要说明调查目的；②介绍调查对象和调查内容，包括调查时间、地点、对象、范围、调查要点及所要解答的问题；③简要介绍调查研究的方法；④简要说明调查结论与建议。

调查分析报告的摘要书写要求：

从内容来讲，要做到清楚、简洁和高度概括，其目的是让阅读者通过阅读摘要不但能了解本项目调查的全貌，同时对调查结论也有一个概括性的了解。

从语言文字来讲，应该通俗、精炼，尽量避免使用生僻的字句或过于专业性、技术性的术语。摘要一般在完成报告后写。

5. 编写引言

（1）引言的写作形式。

引言即调查报告的开头。开头的形式有这样几种：

①开门见山，揭示主题。文章开始先交代调查的目的或动机，揭示主题。

例如：2007 年 3 月我们对 2006 级市场营销专业的学生进行有关心理障碍问题的调查研究，目的是要有针对性地对学生进行健康教育，矫正、疏导各种不良心理，使学生健康成长。

②结论先行，逐步论证，即将调查结论写出来，然后再逐步论证，这种开头形式，观点明确，一目了然。

例如：2007 年 3 月，我们对我校高一 300 名学生心理状况进行调查。调查结果表明，不少学生存在这样或那样的心理方面的障碍，大致可以分为以下几类：……

③交代情况，逐层分析。文章开头可先介绍背景，然后逐层分析，得出结论。也可交代调查时间、地点、对象、范围等情况，然后分析。这样可使读者有一个感性认识，然后再深入分析研究。

例如：《放眼未来之路——911 名专家人士眼里的中国数据通信网络》的开头，“中国邮电信息总局与北京新华信息商业风险管理有限公司于今年 4、5 月间在北京、上海、广州进行一次大规模的抽样调查，力图考查我国通信网络的现状，并展望未来之路”。在这次调查中，除涉及特定专业问题外，还围绕着网络化的大趋势设计了许多问题，包括用户目前的网络使用情况、意见、需求等，调查对象是各种单位中通信网络或计算机方面的技术人员……

④提出问题，引入正题。用这种方式提出人们所关注的问题，引导读者进入正题。

（2）引言部分写作应把握的原则。

开头部分的写作方式很多，可根据情况适当选择，但不管怎样，开头部分应围绕这样几个问题：一是为什么进行调查；二是怎样进行调查；三是调查的结论如何。其作用是向报告阅读者提供进行市场研究的背景资料及其相关信息，使阅读者能够大致了解进行该项市场调查的原因和需要解决的问题，以及必要性和重要性。

6. 编写正文

正文是调查报告的核心部分，一般由开头、主体、结束语三部分组成。这部分包括整个市场调查的详细内容，含调查使用方法、调查程序、调查结果。对调查方法的描述要尽量讲清是使用何种方法，并提供选择此种方法的原因。

在本文中相当一部分内容应是数字、表格，以及对这些的解释、分析，要用最准确、恰当的语句对分析作出描述，结构要严谨，推理要有一定的逻辑性。

调查报告正文的行文应当严谨、规范，不必追求华丽的辞藻。如果某些词可能引起读者的误解，则应当尽量避免出现，而采用更接近人们日常习惯的用语。与其他公文文体不同，调查报告应当不厌其详，对于所有调查中获得的数据都应当进行反映。

7. 编写结论与建议

结论与建议是阅读者最为关注的部分。应根据调查结果总结结论，并结合企业或客户情况提出其所面临的优势与困难，提出解决方法和建议。

结论和建议的几种表现形式：

（1）概括全文。综合说明调查报告的主要观点，深化文章的主题。

（2）形成结论。在对真实资料进行深入细致的科学分析的基础上，得出报告结论。

（3）提出看法和建议。通过分析，形成对事物的看法，在此基础上，提出建议或可行性方案。

结论和建议的语言要求：简明扼要，使读者明确题旨，加深认识，可以参考本文中的信息对建议进行判断、评价，能够启发读者思考和联想。

结论和建议与正文部分的论述要紧密对应，不可以提出无证据的结论，也不要没有结论性意见的论证。同时这部分内容要具有可行性和可操作性，且有应用价值。

调查结论和建议举例：关于某慈善事业调查分析报告的结论与建议。

结论的写法：

（1）消极印象并不是影响捐赠与否的主要因素，积极印象也不一定会转化为捐赠行动。

（2）非捐赠者缺少关于组织的足够信息。

（3）对该组织及其所属组织缺乏了解。

（4）被调查者认为给组织在管理上花费了过多的捐赠资金。

（5）该组织在竞争有限的捐赠资金。

建议的写法：

（1）做进一步的调查，以确定非捐赠者对该组织及其服务宗旨的了解程度。

（2）向潜在捐赠者提供有关该组织的宗旨、所支持的组织、合理的管理成本等方面的信息。

（3）加大在工作场所开展宣传活动的频率，运用各种途径来增加公众对捐赠方法的了解。

（4）该组织应制定适度竞争的营销战略来应对竞争对手。

8. 附件

附件是与调查过程有关的各种资料的总和，这些内容不便在正文中涉及，但在阅读正文或者检验调查结果的有效性时，需要参考这些资料。附件中包括的主要内容有：

（1）项目策划书。

（2）抽样方案，包括样本点的分布和样本量的分配情况等。

（3）调查问卷。

（4）主要质量控制数据。

如果在调查中使用了其他的二手资料在允许的情况下也应当向客户提供，作为参照。对于具有保密价值的材料，调查公司应当提供多少，可以由双方在合同签订时予以确认，必要的时候客户方应当为获得这些材料付费并且做出保密的承诺。

三、市场调查结果的沟通

市场调查结果沟通是指市场调查人员同委托者、使用者及其他人员之间就市场调查结果的一种信息交换活动。其意义在于市场调查报告的沟通是调查结果实际应用的前提条件，有利于委托者及使用者更好地接受有关信息，做出正确的营销决策，发挥调查结果的效用，有利于市场调查结果的进一步完善。市场调查报告的呈递方式（沟通方式）主要有两类：书面呈交方式（主要以调查报告形式）和口头汇报方式。

（一）修改市场调查报告

在初稿完成后，调查小组人员可以针对初稿的内容、结构、用词等方面进行多次审核和修改，确认报告言之有理，持之有据，观点明确，表达准确，逻辑合理。在定稿前也可以以会议的形式将整个报告或报告的若干部分拿出来与有关方面进行沟通，从中得到有用信息，提高报告的质量。调查报告中容易出现问题的地方列举如下：

（1）审核报告的标题是否简洁、明了、富有吸引力并且能揭示调查主题的内容。

（2）审核报告主体各部分内容与主题的连贯性如何，有无修改和增减。

（3）是否处理好了篇幅和质量的关系。

正如本任务案例中所反映的，一份250页的报告并不是总裁所要读的，对于他来说，一份5页纸的执行性摘要就够了。篇幅并不代表质量，只有让报告使用者满意的报告才是高质量的报告。调查的价值不是用报告的篇幅来衡量的，而是以质量、简洁和有效的计算来度量的。

（4）资料的取舍是否合理。

报告中是否采用了大量与目标无关的资料，而使报告内容不是很紧凑，同时，这也是造成篇幅过长的原因之一。

（5）是否对图表资料作了充分的解释和分析。

对于用于推断调查结论的论据资料，特别是图表资料，如果只是将图表和数据展示出来而不作解释，必然引起使用者对这些图表和数据的怀疑，进而影响报告本身的可信度。

（6）审核所推断出的结论是否科学，论据是否确凿，审核所提建议是否可行。

所提建议不可行，是指在报告中提出的建议对报告使用者来说是根本行不通的。这种问题的出现大都是由于撰写者不十分了解企业的情况，或者对市场的判断过于轻率。

（7）是否过度使用定量技术。

定量技术的使用肯定会提高市场调查报告的质量，但必须适可而止。过度使用定量技术会降低报告的可读性，容易造成使用者阅读疲劳和引发对报告合理化的怀疑。当使用者是一位非技术型营销经理时，他可能会拒绝一篇不易理解的报告。

（8）报告的重点是否突出，报告的顺序安排是否得当。

每个问题在全篇报告中占有的篇幅和位置，须与问题本身的重要程度相一致。报告的顺序可以采用下列两种结构：

①纵式结构，即按照被调查对象发生、发展的先后顺序或被调查对象的演变过程安排材料。

②横式结构，即按照材料的性质和逻辑关系归类，从不同的侧面、不同的角度并列地将材料组成几个问题或几个方面，还可以加上小标题，逐一地报告各方面的情况。

（9）语言表述是否做到严谨、简明和通俗。

①语言严谨体现在选词造句要精确，分寸感强。在报告中不能使用如“可能”、“也许”、“大概”等含糊的词语，而且还要注意在选择使用表示强度的副词或形容词时，要把握词语的差异程度。比如，“有所反应”与“有反应”；“较大反响”与“反应强烈”；“显著变化”与“很大变化”之间的差别。

②简明。在叙述事实情况时，力争以较少的文字清楚地表达较多的内容，要毫不犹豫地删除一些不必要的词句。能用一句话说明的，不用两句话。能用一个字说明的，不用两个字。

③通俗。调查报告的行文要求自然流畅，尽量选用常见的词句，避免使用晦涩难懂的和专业技术性强的词语。

（二）提交市场调查报告

市场调查报告征得各方意见并进行修改后就可以定稿并提交。

1. 以书面方式提交

调查人员将定稿后的调查报告打印为正式文稿，而且要求对报告中所使用的字体、字号、颜色、字间距等进行细心的选择和设计，文章的编排要求大方、美观、有助于阅读。另外，报告应该使用质地较好的纸张打印、装订，封面应选择专门的封面用纸，封面上的字体大小、空白位置应精心设计。因为，粗糙的外观或一些小的失误和遗漏都会严重地影响阅读者的兴趣，甚至信任感。

如果市场调查项目是由客户委托的，则往往会在报告的目录前面附上提交函（即一封致客户的提交函）和委托书（即在项目正式开始之前客户写给调查者的委托函）。

提交函的内容：大概阐述一下调查者承担并实施的项目的大致过程和体会（但不提及调查的结果），也可确认委托方未来需要采用的行动（如需要注意的问题或需要进一步进行的调查工作等）。有时候，提交函还会说明委托情况。

例如，提交函的写法：

尊敬的张总裁：

您好！

按照您在2007年6月8日委托书中的要求，我已经完成了数码相机市场需求情况的调查分析。现提交标题为“Ennz公司数码相机市场需求情况市场调查”的报告。该报告是在300名对数码相机感兴趣的人的现场访问、问卷调查基础上完成的，在报告中我们进行了详细的描述。本次调查采用了市场营销调查的惯例，并且相信，该报告符合贵公司的限制条件，其结果是可靠且有效的。我希望您对本次调查的结果（结论和建议）感到满意，并且该结果对贵公司新型数码相机的开发有所帮助。如您有什么问题，请立即与我联系。

致礼！

××公司总裁　×××

2. 以口头方式提交

口头报告是一种直接沟通方式，它更能突出强调市场调查的结论，使相关人员对市场调查的主题意义，论证过程有一个清晰的认识。口头报告的优点有三：一是时间短，见效快，节省决策者的时间与精力；二是听取者对报告的印象深刻；三是口头汇报后可以直接进行沟通和交流，提出疑问，并做出解答等。事实上，对于一项重要的市场调查报告，口头报告是唯一的一种交流途径。它可以帮助调查组织者达到多重目的。

绝大多数市场调查项目在准备和递交书面报告之前或之后都要作口头陈述，它可以简化为在使用者组织的地点与经理人员进行的一次简短会议，也可以正式到向董事会作一次报告。

有效的口头陈述均应以听众为中心，充分了解听众的身份、兴趣爱好、教育背景和时间等，精心安排口头陈述的内容，将其写成书面形式，也可以使用各种综合说明情况的图表协助表达；可以借助投影仪、幻灯片或大型图片等辅助器材，尽可能直观地向全体目标听众进行传达，以求取得良好的效果。

如有可能，应从市场调查人员当中抽选数人同时进行传达，各人可根据不同重点轮流发言，避免重复和单调。而且，还应该留适当时间，让听众有机会提出问题。在口头汇报时需要准备的内容主要包括：一是汇报提要。为每位听众提供一份关于汇报流程和主要结论的汇报提要。提要应留出足够的空白，以利于听众做临时记录或评述。二是视觉辅助。使用手提电脑、投影设备，制作演示稿，内容包括摘要、调查方案、调查结果和建议的概要性内容。三是调查报告的复印件。报告是调查结果的一种实物凭证，鉴于调查者在介绍中省略了报告中的许多细节，为委托者及感兴趣者准备报告复印件，在听取介绍前就能思考所要提出的问题，就感兴趣的环节仔细阅读等。四是介绍技巧的练习。

3. 使用演示软件制作市场调查报告

最近几年，为寻求沟通调查结果的更有效方式，市场调查人员纷纷使用演示软件。微软公司 PowerPoint 软件能利用多种字体和字号创建项目图表，并且可以进行字体加粗、变斜体、添加下划线；可以创建出多种不同类型的、可用于展示特定调查发现的图形（饼状图、柱形图、线形图等），而且只需点击鼠标就可以对这些图形进行修改和测试；可以在演示及切换幻灯片时，有多种动画效果，还可以在幻灯片中插入声音、视频（项目组分析的现场录像）。

事实上，使用图表展示信息比用文字显得更有效、更具说服力，而且调查委托方一般都指明报告应以图表为基础，要求尽量少地使用文字。

●内容小结

调查报告是传递调查结果、重要建议、总结和其他重要信息的真实信息，是企业经营决策的重要参考依据。本项目主要介绍了调查报告撰写的基本结构，包括封面、目录、摘要、调查概况和主要结论及建议。一份高质量的报告应是结构严谨、思路清晰、数据呈现生动、结论与建议合理。

● 典型案例

某高校大学生消费情况的调查报告

近年来，随着高校的扩招，在校的大学生数量逐渐增多，大学生作为一个特殊的消费群体也受到越来越大的关注，他们有着不同于社会其他消费群体的消费心理和行为，消费观念的超前和消费实力的滞后，都对他们的消费有很大影响。了解大学生的消费情况，清楚大学生消费水平、消费支出项目，从而合理引导大学生理性消费十分必要。因此，我们决定在我校大学生中进行一次消费的调查分析，了解我校大学生的消费情况。

一、问卷调查的情况

我们组成了一个10人调查小组，实施本次调查。设计的大学生消费情况调查问卷（见附录）包括大学生月消费额度、生活资金来源、家庭收入情况，用于饮食、通信、证书考试培训、恋爱、交友等支出金额。在校园内，面向1万余名大学生，采取简单随机抽样的方法抽取500个样本单位，通过访谈获取500份调查问卷，经过审核整理，确认收回有效问卷480份。从抽中的样本看，接受调查的学生中毕业生占27%，新生占40%，其他年级学生占33%，性别比例趋于均衡，且分布在不同的专业，样本具有代表性。

二、调查数据的统计和分析

1. 月消费水平

统计结果表明，我校大学生月消费额集中在350～500元和500～800元，低于350元和超过800元的相对较少，仅占20%。样本平均值为585元，考虑到我校所处城市的物价水平相对于大城市来说较低，这一数据应当说是趋于合理的。另外，消费层次出现一定程度的两极分化，年消费最高的达到18 500元，年消费最低的只有2 500元。家庭对学生的经济供给增多，构成大学生消费的一种特殊的奢侈格局，主要表现在旅游、电脑或手机等方面的消费上。

2. 饮食与衣着支出情况

调查的样本数据显示，饮食方面支出集中于300～400元，这说明饮食消费占据大学生月消费额的多数，大学生群体的消费支出主要用于正常的生活消费，应该说符合这一群体的消费特征。吃饭穿衣仍然是支出的主要方面，价格、质量、潮流是吸引大学生消费的主要因素。访谈时了解到，在购买商品时，大学生们首先考虑的因素是价格和质量，他们会尽量搜索那些价廉物美的商品，虽然不一定买名牌，但质量显然是非常关注的内容。

3. 通信与交友支出情况

随机问卷得到的结果，拥有手机或小灵通的同学占到样本人数的71%，大学校园手机的普及率较高。在拥有手机的群体中，月话费介于50～100元的占到80%以上，主要用于家人联系、同学与朋友的联络。而且，为了节约话费支出，多数同学尽可能采取短信联络方式。另外，访谈中还了解到近一半的同学每月会有一定的网络支出费用，主要用于朋友间QQ联络，少部分用于专业课程学习，也有个别同学迷恋网络，用于网络支出费用偏高。月消费额较高的同学支出主要是恋爱消费、朋友聚餐、购买衣物等。数据结果显示，现代大学生比较注重交友与人际关系，也十分注重生活的品质。

4. 社会兼职打工情况

调查数据显示，随着在校时间的增长，有过社会兼职打工的人数所占比例逐步增多，三年级学生60%有过此方面的经历。同学们求职目的主要是增长社会经验，锻炼专业技能；打工的方式以寒暑假、“五一”、“十一”长假为主；工作岗位主要是学校提供的勤工助学岗位，个人在社会寻找的短期务工如导购、网络服务、导游、保险推销、市场调查员、家教等。少部分同学由于家庭经济收入情况偏低，为增加个人收入，在学校提供的岗位兼职的同时，还在校外选择其他打工方式。由此来看，大学生参与社会实践的热情较高，社会阅历得以锻炼，这在增加大学生收入的同时，也促进了个人能力的提升，对就业帮助较大。

5. 生活资金来源及家庭收入

调查数据显示，90%以上的被调查者资金主要是由家庭提供，这种情况是当代中国大学生的普遍情况。由于我国教育制度、社会制度的制约，尚未建立像西方国家一样的勤工助学机制，即使家庭贫困的大学生希望完全依靠个人的努力解决求学的费用，但这个愿望也是难以实现的。由此看来，我国的大学生的自理自立能力仍然需要进一步的提高，大学生应当有自主创业、自立自强的精神。

6. 证书考核培训费用支出

访谈中发现，由于就业单位对学历、技能的要求，大学生在专升本考试、职业资格证书考试等方面的投入较大，许多同学会不惜重金参加一些培训班，获取一些资格证书，为自己就业积累知识资本，购买资料等消费项目上，出手大方，家长对此项消费的投入支持力度高。需要说明的是，由于这项支出的不确定性，我们没有将其包括在月消费支出额中。

三、调查结果的分析

1. 消费结构存在不合理因素

第一，大学生的生活消费主要组成部分以生活费用和购买学习资料、用品为主。在生活费用中，饮食费用又是重中之重。但是，在被调查的同学中，多数不注意饮食的营养结构，很少喝牛奶，有的以素食为主，有的不吃蔬菜，有的只选择廉价的饭菜。

第二，存在攀比心理。调查中了解到为了拥有一款手机或者换上一款最流行的手机，有的同学情愿节衣缩食，甚至牺牲其他必要开支。男同学为了一双名牌运动鞋，女同学为了一套名牌化妆品或者一件名牌衣服，不惜向别人借钱满足自己的欲望，也就是说部分学生不懂得量入为出，而虚荣心的驱使又极易形成无休止的攀比心理。

第三，恋爱支出较多，部分谈恋爱的大学生每月大约多支出200元左右，有的高达800元（比如送名贵礼物给对方）。他们经常难以理性把握适度消费的原则，甚至有女生的恋爱支出超过男生的情况。

第四，理财意识差，储蓄观念淡薄。在调查中了解到，同学们对理财的认识较少，一学期结束后，大部分同学的消费已经超出计划范围，甚至有些同学还需要向别人借回家的路费，略有剩余的同学也想着如何把剩余的钱花完，只有极个别同学有储蓄的意识。

2. 不合理因素的成因分析

当前大学生在消费上出现无计划消费、消费结构不合理、攀比、奢侈浪费、恋爱支出过度等问题，既与社会大环境的负面影响有关，也与家庭、学校教育缺乏正确引导不无关系。

第一，今天的大学生生活在“没有围墙”的校园里，全方位地与社会接触，当某些大学生受到享乐主义、拜金主义、奢侈浪费等不良社会风气的侵袭时，如果没有及时得到学校老师和父母的正确引导，容易形成心理趋同的倾向。当学生所在家庭可以在经济上满足较高的消费条件时，这些思想就会在他们的消费行为上充分体现。

第二，父母在日常生活消费的原则立场是子女最初始的效仿对象。有些父母本身消费观念存在误区，又何以正确指导自己的孩子呢?

第三，学校教育环境对学生消费观念培养的重要影响作用。由于对大学生的消费心理和行为了解不够全面和客观以及课程设置等因素，与人生观、劳动观、金钱观、国情观等重要思想观念紧密相关的消费观的专题教育不够，校风建设范畴中普遍缺少倡导大学生勤俭节约生活消费观的内容，在校风建设上没有较好地注重塑造和强化学生良好的消费意识和消费行为，培养学生良好的消费习惯。

四、结论与建议

1. 引导大学生增强独立意识，培养和加强理财能力。

现今的大学生需要懂得如何在激烈竞争的社会中生存，那独立理财能力就成了重中之重。理财不是简单的收支平衡，个人盲目的冲动不是独立，可以通过举办一些理财课程讲座（个人理财、股票投资、基金投资等），提高大学生的理财能力，引导大学生独立的行动和理性的思考，使他们具有正确认识而运用金钱及金钱规律的能力。

2. 引导大学生克服攀比情绪，形成大学生良好消费风气。

攀比心理的形成不可避免，学校应当通过一些社团活动、主题班会、思想政治工作，教育大学生树立适应时代潮流的、正确的、科学的价值观，逐渐确立正确的人生准则，给自己理性的定位。使他们明确大学生的确需要竞争意识，但并不是所有的事物我们都需要争，生活上次于别人，并不可耻，要在学业上竞争高低。一旦良好的消费习惯得到培养和加强，就会对良好校风的塑造起促进作用，并形成校风助学风的良性循环。因此，应该把大学生良好消费心理和行为的培养作为校园文化建设的重要组成部分。在校园文化建设中设计有关大学生健康消费理念的活动专题，并且持之以恒，以大学生良好的消费心理和行为促进良好生活作风的形成，进而促进良好学风、校风的巩固与发展。

3. 家庭、社会、政府共同关注，形成良好的环境与机制。

家庭作为大学生经济来源的主渠道，应当根据家庭经济状况、大学生合理的消费水平，为大学生提供适度的资金，避免铺张奢侈；大学生的生活离不开社会，社会各界应当关注大学生消费群体，利用舆论等引导大学生合理消费，避免片面诱导；大学生能否自立，根本上取决于国家的政策制度，政府应当继续推进改革，进一步改善用人机制、高校的奖助学金管理机制，为大学生提供一个自立自强的平台。

4. 学校加强管理与引导，形成理性消费的校园环境基础。

高校是大学生生活学习的环境，校园文化、消费群体习惯等对于年轻的大学生有着巨大的影响。高校应当重视大学生的消费问题，采取措施尽量地引导学生，避免奢侈浪费，不提倡学生穿名牌、用名牌的高消费行为。采取措施为贫困学生尽可能多地提供勤工助学岗位，建立专门机构负责向大学生介绍社会兼职工作，严格管理奖助学金的发放等。多渠道、全方位构建文明的校园环境，形成理性消费的环境。

● 综合实训

实训项目十	撰写调查报告
实训任务	总结调查过程，完成最终的调查报告
实训时间	4 学时
实训重点	力争报告结构严谨、思路清晰、数据呈现生动、结论与建议合理
实训目标	1. 训练学生综合分析能力 2. 能运用恰当的形式展示调查结果
实施形式	1. 小组成员间加强调查报告写作方法学习的交流 2. 各小组成员根据原始资料选择合适结构与思路撰写报告
实训提示	报告中要求思路清晰、图文并茂
实训成果	各小组成员独立完成自己的调查报告，小组内交流，教师讲评

●课后练习

（一）问答题

1. 描述调查报告的重要性。
2. 调查报告的组成部分有哪些？
3. 调查报告有哪些类型？

（二）技能题

各小组自选题目，收集资料，完成一份调查报告，制作 PPT 在班上展示。

（三）上机题

上网查找三个行业的调查报告，分析其写作思路。

参考文献

1. 戴亦一．市场调查．北京：朝华出版社，2004
2. 苏卫国．市场调查与预测．武汉：华中科技大学出版社，2004
3. 王若军．市场调查与预测．北京：清华大学出版社，2006
4. 简明．市场调查方法与技术．北京：中国人民大学出版社，2004
5. 陈祝平．市场调查与分析．上海：上海大学出版社，2004
6. 朱胜．市场调查方法与应用．北京：中国统计出版社，2004
7. 何俊．Excel 在市场调查工作中的应用．北京：中国青年出版社，2006
8. 风笑天．现代社会调查方法．武汉：华中科技大学出版社，2005
9. 郭少英，赵丽娟，王振广．市场调查与分析技术．北京：地震出版社，2008
10. 郁广健．市场调查与预测 110 方法与实例．北京：中国国际广播出版社，2000
11. 李洁明．社会经济调查与分析．上海：复旦大学出版社，2002
12. 冯丽去．现代市场调查与预测．北京：经济管理出版社，2003
13. 刘利兰．市场调查与市场预测．北京：经济科学出版社，2001
14. 张梦霞．成功的市场调查．北京：石油工业出版社，2000
15. 于海江．如何做市场调查．大连：大连理工大学出版社，2000
16. 张飘予．市场调查宝典．北京：中国经济出版社，2006
17. 孙国辉．市场调查与预测．北京：中国财政经济出版社，2000
18. 林根祥．市场调查与预测．武汉：武汉理工大学出版社，2005
19. 李国强．市场调查与市场分析．北京：中国人民大学出版社，2005
20. 姚小远．市场调查原理与方法．上海：立信会计出版社，2006
21. 居长志．市场调查．南京：东南大学出版社，2004
22. ［美］伯恩斯，布什．营销调查——运用 Excel 数据分析．北京：机械工业出版社，2009
23. ［美］阿克，库马．营销调查．北京：中国财政经济出版社，2003
24. ［美］马尔霍特拉．市场营销研究．北京：电子工业出版社，2002